De waargebeurde verhalen van 's werelds beruchtste

ONOPGELOSTE MOORDZAKEN

TIRION *TRUE CRIME*

Voorwoord

In mijn bijna zestienjarige carrière als misdaad-verslaggever van De Telegraaf werd ik tientallen keren geconfronteerd met soms gruwelijke levensdelicten. Ook in mijn televisieprogramma Bureau Misdaad besteedde ik aandacht aan vreselijke moorden, zoals die op het Haagse meisje Anneke van der Stap en de apothekersassistente Caroline van Toledo in 2005.

Anneke werd dood aangetroffen op een industrie-terrein in Rijswijk, na eerst drie weken te zijn vermist. Caroline werd levend verbrand teruggevonden in haar uitgebrande auto in Brielle. In beide gevallen slaagde de recherche er – ondanks enorme inspanningen – niet in de dader(s) achter slot en grendel te krijgen.

Uit gesprekken met de ouders van Caroline en Anneke werd duidelijk hoe vreselijk het verdriet is dat nabestaan-den in dit soort gevallen met zich moeten meedragen. Allereerst is er de onzekerheid van hoe de laatste ogen-blikken van het leven van je kind er hebben uitgezien.

In hoeverre waren Caroline en Anneke zich bewust van het feit dat ze zouden sterven? Bovendien worstelen de nabestaanden natuurlijk met de vraag of de moorde-naar ooit zal wordt bestraft en de moordzaak wordt opgelost.

In dit boek worden 's werelds beruchtste onopge-loste moorden op een rijtje gezet. Op indringende wijze worden moordzaken geanalyseerd, waarbij de dader

– ondanks intensief speurwerk van de recherche – niet kon worden achterhaald.

Zoals de 'bijlman' van New Orleans, die zijn slachtoffer jaren achtereen met een hakbijl van het leven beroofde maar tot op de dag van vandaag niet werd gepakt. Of het 'fantoom' van Texarkana, die onder een lieflijke sterrenhemel vrijende stelletjes afschuwelijk mishandelde en vermoordde en nog steeds iedere dag kan toeslaan. Of wat te denken van de 'hamermoordenaar' die op straat in Londen jonge meisjes om niets met een hamer de hersens insloeg en nooit werd gearresteerd?

Hoe is het mogelijk dat dit soort psychopaten de politie steeds te slim af is? Wie denkt dat de perfecte moord niet bestaat, komt na het lezen van 'onopgeloste moordzaken' bedrogen uit.

John van den Heuvel

1.

DE BIJLMAN VAN NEW ORLEANS

Hij kwam in de nacht

Andrew Maggio, kapper in New Orleans, had net een oproep gekregen voor militaire dienst. Het was 22 mei 1918 en de Eerste Wereldoorlog ging aan niemand voorbij. Andrew stond niet te popelen om ten strijde te trekken en daarom ging hij die avond wat drinken. Toen hij kort voor twee uur 's ochtends terugkwam in de woning die hij deelde met zijn broer Jake, merkte hij niets ongewoons op. Niet dat hij nog in staat was veel op te merken, en dat zou hem al snel opbreken. Vergeleken met de hel die hem te wachten stond, zou een oproep voor het leger een speldenprik lijken tegenover de aanval van een haai.

De kamers van Jake en Andrew lagen naast het huis van hun getrouwde broer Joseph Maggio en diens vrouw Catherine. Zoals Robert Tallant, romanschrijver en erkende autoriteit op het gebied van de Bijlman, aangeeft werd Jake op 23 mei 's morgens rond vier uur wakker door een soort gekreun dat leek te komen van de andere kant van de muur waarachter Joseph en zijn vrouw sliepen. Jake stond op en klopte op de muur om hun aandacht te trekken. Toen hij geen reactie kreeg, klopte hij harder. Weer niets.

Ongerust probeerde Jake Andrew wakker te porren maar dat kostte moeite omdat Andrew zijn roes uitsliep. Eindelijk kreeg Jake hem wakker en samen waagden ze zich Josephs huis in. Tot hun schrik zagen ze sporen van braak. Een houten paneel was losgebeiteld en uit de keukendeur getild. Het lag op de vloer met de weggeworpen beitel erop.

Ze kwamen het huis binnen via de keuken, liepen

langs de badkamer en bereikten de kamer van Joseph. Hij lag op het bed met zijn benen over de rand en Catherine lag gedeeltelijk over hem heen. Toen Joseph zijn broers zag, probeerde hij op te staan maar viel opzij, half uit bed. Ze snelden toe om hem te helpen en ontdekten dat hij amper nog leefde. Zijn hoofd vertoonde diepe bloedende wonden. Catherine was al dood en baadde in een plas bloed. Ze belden meteen de politie.

Korporaal Arthur Hatener arriveerde als eerste, vlak voor de ambulance, maar het was al te laat. Joseph was overleden. Terwijl Hatener op ondersteuning wachtte, ondervroeg hij de broers Maggio en keek rond naar sporen.

Het dagblad Times-Picayune bracht het verhaal die ochtend op de voorpagina, inclusief een foto van de dodenkamer – de slaapkamer van het huis van de Maggio's achter hun winkel. Ze waren vijftien jaar getrouwd, kruideniers en runden een kleine winkel en bar op de hoek van Upperline Street en Magnolia Street. Het politieonderzoek op de plaats van het misdrijf leidde tot de conclusie dat de brute dubbele moord kort voor zonsopgang had plaatsgevonden.

Toen hij het bloederige tafereel bekeek, ontdekte Hatener een stapel mannenkleren midden op de badkamervloer. In de gietijzeren badkuip vond hij een bijl die tegen een van de zijkanten geleund stond. Het had er alle schijn van dat het bloed haastig van het voorwerp was afgespoeld maar er zaten nog resten aan het blad en in het bad. (In Gumbo Ya Ya, volgens het stuk over de Bijlman van de hand van dezelfde auteur, werd de bijl ontdekt onder het huis terwijl Everitt in *Human Monsters* beweert dat hij op de drempel van de achterdeur lag.)

Terug in de slaapkamer deed Hatener nog een ontdekking: een recht scheermes zoals een kapper gebruikt, lag in het bloed op het bed. De misdaad reconstruerend dacht hij dat de moordenaar de woning was binnengedrongen door een paneel uit de achterdeur te beitelen. Daarop was de moordenaar direct naar de slaapkamer gegaan. Met een bijl sloeg hij mevrouw Maggio in het hoofd en gebruikte daarop een scheermes om haar de keel door te snijden, waarbij hij haar bijna onthoofdde. Hij trof ook Joseph Magio met dezelfde bijl. Omdat Joseph half naast het bed hing, leek het of de moordenaar hem als laatste had getroffen maar omdat Catherine over hem heen lag, kon het ook andersom zijn geweest. De gang van zaken was onduidelijk. Wel was duidelijk dat de moordenaar ook het scheermes op Joseph had gebruikt voor hij het wegwierp.

De lijkschouwer arriveerde en schatte het tijdstip van overlijden op enkele uren tevoren, tussen twee en drie uur 's morgens. De slachtoffers werden afgevoerd terwijl zich buiten een menigte verzamelde om toe te kijken. Een vrouw die in de buurt woonde, kwam naar voren en vertelde de rechercheurs dat ze Andrew in de vroege uurtjes buiten had gezien. Jake en Andrew werden meegenomen voor verder verhoor. Ze zwoeren dat ze onschuldig waren maar werden toch in arrest gehouden. Jake werd de volgende dag vrijgelaten maar Andrew moest in de cel blijven.

Toen ontdekte de politie dat het scheermes waarmee de kelen van Joseph en Catherine Maggio waren doorgesneden van Andrew was. Een van zijn werknemers had gezien dat hij het dezelfde dag had meegenomen uit zijn kapperszaak aan de South Rampart Street, nr. 123

(kranten repten van de Camp Street). Zichtbaar nerveus gaf hij toe dat hij het mee naar huis had genomen om een braam weg te vijlen. De zaken zagen er slecht uit voor Andrew. Met twee getuigen en een belangrijk stuk bewijs- materiaal leek alles in zijn richting te wijzen.

Op 26 mei, twee dagen na zijn arrestatie, gaf hij een interview aan de Times-Picayune waarin hij vertelde dat hij zwaar leed onder zijn arrestatie.

'Het is vreselijk als je wordt beschuldigd van de moord op je eigen broer wanneer je hart al is gebroken door zijn dood. En als je net weet dat je de oorlog in moet gaan. Ik had veel gedronken. Ik was nog te dronken om wat dan ook vanuit het buurhuis te horen.'

Hoewel hij het nog niet eerder te berde had gebracht, vertelde hij nu dat hij rond 01.30 uur, toen hij was thuis- gekomen, een man het huis van zijn broer had zien bin- nengaan. De politie geloofde hem niet.

Ze hadden de kluis in Josephs huis open en leeg aan- getroffen, wat duidde op een inbraak, maar geld onder Josephs kussen en in laden was niet meegenomen, evenmin als de sieraden van Catherine die in een doek gewikkeld onder de kluis lagen. Een klein zwart blikje, leeg, werd in een hoek gevonden. De broers zeiden dat Joseph de kluis altijd op slot had, maar niets wees erop dat de deur met geweld was geopend. Rechercheurs stelden vast dat de bijl van de slachtoffers was geweest en ze dachten dat de moordenaar bekend moest zijn geweest met de indeling van het huis.

De lijkschouwer onderzocht zorgvuldig de wonden van de overledenen. Bij Joseph was vooral de bijl het wapen geweest dat hem had gedood toen hij door zijn schedel was geslagen. Bij Catherine was de keel van oor tot oor opengesneden met het scheermes.

Enkele dagen nadat de lichamen waren gevonden werd Andrew uit de gevangenis ontslagen. Ondanks de getuigen was er onvoldoende bewijs tegen hem en weldra zou een nieuwe ontdekking naar een andere verdachte wijzen – een die tot dusverre aan de aandacht van de politie was ontsnapt.

De zwarte hand

Ongeveer een blok verwijderd van de kleine kruidenierswinkel waar de Maggio's waren vermoord kwamen twee rechercheurs een vreemde boodschap tegen die met krijt op het trottoir was geschreven: '*Mevrouw Maggio zal vannacht wakker blijven net als mevrouw Toney.*' Ze schreven de tekst zorgvuldig over (hoewel verschillende bronnen de woorden anders weergeven. Een zegt: '*Schrijf maar naar mevrouw Toney*', maar de kranten geven de eerste versie.) Het handschrift leek op dat van een kind en dit leek een belangrijke aanwijzing. Alleen kon destijds niemand er een touw aan vastknopen. Sommigen dachten dat het was geschreven door een medeplichtige om de moordenaars ervoor te waarschuwen dat mevrouw Maggio op haar hoede was. Na enig speurwerk ontdekten ze eindelijk een mogelijk verband met eerdere misdaden in het gebied.

In 1911, zeven jaar tevoren, hadden er twee of drie vreselijke bijlmoorden plaatsgevonden (afhankelijk van welk verslag je leest. Misdaadverslaggever Michael Newton beweert dat er niets is vastgelegd over deze sterfgevallen. Het bericht was echter wel degelijk afgedrukt in de krant in 1918, beschreven door de gepensioneerde rechercheur die destijds betrokken was geweest bij het onderzoek.) De veronderstelde slachtoffers waren Italiaanse kruideniers. Aangezien alle echtparen kruideniers waren geweest, Italiaans, in bed hadden gelegen en waren vermoord met een bijl nadat was ingebroken via een paneel in de achterdeur, leek het voor de hand te liggen dat er een verband bestond hoewel alle drie de incidenten onopgelost bleven. Volgens de berichten, die heel wel uit de lucht gegrepen kunnen zijn, richtten de rechercheurs zich op de namen in de gekrabbelde boodschap om te proberen een link te leggen.

Volgens Tallant was de naam van het eerste slachtoffer Cruti (ongehuwd), die van de tweede Rosetti (vermoord samen met zijn vrouw) en die van de derde Schiambra (ook vermoord samen met zijn vrouw). De voornaam van deze laatste man was Tony. Tallant zegt dat de politie zich afvroeg of er enig verband bestond met de 'mevrouw Toney' van de raadselachtige krijtboodschap. Misschien waren niet de mannen maar de vrouwen het doelwit geweest.

Weldra begonnen de mensen in de Italiaanse gemeenschap te praten over een mogelijke connectie met de maffia. De slachtoffers waren Italianen geweest en misschien hadden ze hun 'schulden' niet betaald. Misschien hadden ze geld geleend en vervolgens niet aan hun verplichtingen kunnen voldoen. De maffia stond erom bekend dat zij mensen een lesje leerde om dergelijke beledigingen. Slechts enkele Italiaanse inwoners van New Orleans vroegen dan om politiebescherming. Sommigen fluisterden over de organisatie die 'de zwarte hand' werd genoemd, een splintergroepering van de maffia die in

1911 verantwoordelijk zou zijn geweest voor die vloed aan moorden.

Er was een tijd dat de georganiseerde misdaad in New Orleans hoogtij vierde en er heel wat bloed vloeide. In 1890 zou een groep maffiamoordenaars korpschef David Hennessy hebben doodgeschoten, zoals beschreven in Gumbo Ya Ya, op enkele passen van zijn woning. Hij had vermoedelijk een maffialeider gearresteerd en gedreigd het strafblad van anderen te onthullen tijdens een op handen zijnd proces. Ze konden niet toestaan dat hij getuigde. Verdachten werden aangehouden, maar bij hun berechting werden juryleden bedreigd en omgekocht. Een voor een ontsprongen deze mannen de dans. De inwoners van New Orleans waren des duivels over de uitslag. Ze sloten zich aaneen tot een menigte, trokken op naar de gevangenis om die mannen te halen die nog vastzaten en lynchten elf van hen die zij verantwoordelijk achtten voor de misdaad. Zo maakten zij hun standpunt duidelijk aan de georganiseerde misdaad, in plaats dat zij het recht lieten spreken over specifieke personen. De burgers hadden er genoeg van rondgedirigeerd te worden. Ze waren het beu dat de bestuurders die zij gekozen hadden gevaar liepen of werden omgekocht.

De georganiseerde misdaad bleef echter bestaan en de Zwarte Hand was in 1911 nog steeds in het geheim actief. Het genootschap heette zo omdat wie niet toegaf aan hun eisen, briefjes ontving ondertekend met een zwarte hand die waarschuwden voor vreselijke represailles. Veel Italianen werden geacht een groot deel van hun inkomsten aan deze criminele organisatie af te staan. Deden ze dat niet, dan werden ze keer op keer lastig gevallen en zelfs gedood. De Zwarte Hand bood naar verluidt een moordopleiding aan diegenen die trouw zwoeren aan het genootschap. Daar leerden de gezworenen hoe ze mensen moesten intimideren. Hoewel menigeen beweerde dat er korte metten was gemaakt met de Zwarte Hand door een reeks processen in de Midwest in 1907, vreesde de Italiaanse gemeenschap dat er nog steeds leden vrij rondliepen. Omdat de moord op de Maggio's zoveel gelijkenis vertoonde met de serie moorden uit 1911, werd er gesproken over de hernieuwde opkomst van de georganiseerde misdaad en die geruchten zouden toenemen en het schrikbeeld zou groeien naarmate zich nieuwe voorvallen voordeden.

De volgende aanval

Twee weken nadat de Maggio's waren vermoord kwam de stad weer wat tot bedaren. Op 6 juni echter (volgens Newton was het 28 juni) ging John Zanca een broodbestelling afleveren bij een van zijn klanten, Louis Besumer (of Besemer), die een kruidenierswinkel bezat. Hij trof de winkel aan de Dorgenois Street en de La Harpe Street echter potdicht. Dat was ongewoon. De heer Besumer, 59 jaar en geboren in Polen, stond altijd vroeg op en wachtte op zijn brood.

Zanca ging naar de zijdeur en klopte aan. Hij hoorde binnen geluiden en voelde zich opgelucht. Maar toen deed Besumer de deur open en Zanca zag tot zijn schrik dat zijn gezicht onder het bloed zat. Besumer vertelde dat iemand hem had aangevallen en hij wees met trillende hand naar de slaapkamer. Zanca ging kijken en trof de vrouw van Besumer (die, naar later bleek, in werkelijkheid zijn maîtresse was) aan op het bed onder een met bloed doordrenkt laken. Ze had een vreselijke hoofdwond en bloedige sporen van blote voeten leidden van het bed naar een toef vals haar.

Zanca wilde de politie bellen maar Besumer trachtte hem tegen te houden en wilde dat hij in plaats daarvan zijn huisarts belde. Zanca waarschuwde echter toch de politie en vroeg om een ambulance voor beide slachtoffers.

Ook ditmaal ontdekten de rechercheurs dat iemand was binnengedrongen door een paneel uit de achterdeur te halen met een beitel en opnieuw was een roestige bijl het moordwapen. De bijl was het bezit van Besumer en werd aangetroffen in de badkamer. Besumer was echter geen Italiaan en woonde pas drie maanden in de stad. Ondanks het feit dat hij bij bewustzijn en in leven was, kon hij geen beschrijving geven van de aanval noch van de aanvaller. Het slachtoffer, Anna Harriett Lowe, 28 jaar, werd naar het ziekenhuis vervoerd.

De verdenking viel op een zwarte man die sinds een week in dienst was bij Besumer. Hij werd aangehouden, maar kwam weer op vrije voeten hoewel hij tegenstrijdige verhalen vertelde.

Daarop kwam Anna, voor ze bezweek aan haar verwondingen en stierf, met verschillende verhalen. Eerst beweerde ze dat ze was aangevallen door een 'mulat'. Vervolgens veranderde ze haar verhaal en beschuldigde Besumer ervan dat hij haar met een bijl had geslagen. Hij zou zijn betrokken bij een Duitse samenzwering en in werkelijkheid een spion zijn. In deze tijd van ongerustheid omtrent de oorlog was dat een geloofwaardige beschuldiging. De kranten kwamen met het verhaal dat er koffers vol geheime papieren in het huis van Besumer waren aangetroffen, dat zijn kruidenierswinkel mogelijk een dekmantel was voor zijn activiteiten en dat hij brieven bezat die waren geschreven in het Duits, Russisch en Jiddisch. Hij was ook in het bezit van opiaten en een buurman vertelde dat hij en zijn vrouw drugsverslaafden waren. De federale overheid mengde zich in het onderzoek maar de plaatselijke politie vroeg zich af of het van elkaar vervreemde koppel niet gewoon dingen zei om elkaar te kwetsen.

Toen Besumer uit het ziekenhuis werd ontslagen gaf hij toe dat Anna niet zijn vrouw was hoewel ze samenwoonden. Daarop vroeg hij toestemming om zijn eigen zaak te onderzoeken. Dat wekte wantrouwen bij de politie, aangezien Besumer een kruidenier was en geen rechercheur. Het leek duidelijk dat de man iets wilde verbergen. Het vermoeden rees dat de aanval het resultaat was van een ruzie in de privé-sfeer, hoe bloederig ook, en dat Besumer gewoon het verhaal over de aanval had verzonnen. Hoewel destijds wel degelijk met vingerafdrukken werd gewerkt tijdens het onderzoeken van een misdaad, zocht niemand naar afdrukken in de woning van Besumer of die van Maggio. Er wordt niets vermeld over wat er gedaan werd met de bloedige voetafdrukken, hoewel op enig moment Lowe en Besumer beiden zeiden dat ze over de vloer hadden gelopen nadat ze waren aangevallen.

Besumer werd aangehouden op beschuldiging van moord. Toch was hij beslist niet de Bijlman van New Orleans.

De donkere figuur

Twee maanden na het incident bij Besumer, op 5 augustus (de dag dat Anna Lowe overleed), had Edward Schneider, zakenman, overgewerkt op zijn kantoor. Toen hij die avond thuiskwam, verwachtte hij dat zijn zwangere vrouw hem bij de deur tegemoet zou komen. Binnenkort zou hun kind geboren worden en hij wilde thuis zijn om haar te steunen. Maar toen hij de deur opendeed, was het stil in huis. Te stil. Hij riep zijn vrouw maar kreeg geen antwoord.

Zoekend en steeds ongeruster, bereikte hij de slaapkamer. Daar, op het bed, lag zijn vrouw, onder het bloed. Ze had een gapende wond aan haar hoofd en miste een aantal tanden. Edward snelde naar haar toe en ontdekte dat ze nog leefde. Hij waarschuwde de politie en vroeg om een ambulance.

Mevrouw Schneider lag enige dagen in kritieke toestand in het ziekenhuis maar kwam ten slotte weer bij bewustzijn. Toen ze ernaar werd gevraagd kon ze zich echter niet veel details van de aanval herinneren. Ze deed net een dutje, legde ze uit, en was wakker geworden toen een donkere figuur zich over haar heen boog. Daarop kwam de bijl op haar af en daarna herinnerde ze zich niets meer.

Gelukkig had de aanval geen effect op haar zwangerschap. Ze bleef in het ziekenhuis en schonk een week later het leven aan een gezonde dochter.

Toen de kranten het verhaal brachten, zaaiden ze angst onder de bevolking door in vette koppen te vragen: LOOPT ER EEN BIJLMAN ROND IN NEW ORLEANS? Bijlen en beitels werden bij een aantal woningen aangetroffen en er waren mensen die beweerden dat ze een potentiële indringer hadden verjaagd.

Vijf dagen na de aanval op mevrouw Schneider, op 10 augustus, werd er opnieuw een vrouw geconfronteerd met een donkere figuur in haar woning. Pauline en Mary Bruno werden die ochtend vroeg wakker door het geluid van luid gebons dat uit de kamer van hun oom Joseph leek te komen. Pauline schoot overeind en zag de lange, donkere figuur in haar eigen kamer, over haar bed gebogen (of ze liep de gang in en zag hem daar). Ze zette het op een schreeuwen. Wie de lange man ook was, hij maakte rechtsomkeert en rende het huis uit. Het meisje zei later dat het leek of hij vleugels had. *'Hij was vreselijk lichtvoetig'*, vertelde ze een verslaggever.

Op haar geschreeuw kwam Joseph Romano naar haar kamer toe (of zij ging naar de zijne), maar hij was niet in staat enige hulp te bieden. Zijn nachthemd zat onder het bloed dat uit wonden in zijn gezicht stroomde. *'Ik weet niet wie het heeft gedaan'*, vertelde hij Pauline. Toen zei hij met zijn laatste adem dat ze het Charity Hospital moest bellen, stortte in elkaar en overleed twee dagen (of een halfuur) later.

Bij nader onderzoek bleek, aldus Brian Lane en Wilfred Greeg, dat er een paneel uit de deur was gebeiteld en een bijl was achtergebleven in de tuin. Toch was Romano, hoewel Italiaan, geen kruidenier maar kapper en zijn kamer leek te zijn geplunderd.

Nu waren de mensen in New Orleans echt doodsbang. Er liep stellig een moordenaar rond die erin slaagde woningen binnen te dringen terwijl de bewoners sliepen. De burgers keken uit naar geheimzinnige figuren en bij de politiebureaus stroomden meldingen binnen. Uit de hele stad kwamen vermeende signaleringen. Een man, een kruidenier, trof een beitel aan op de grond voor zijn deur. Een ander vertelde dat er een paneel uit zijn deur was gewerkt en dat er een bijl in de tuin lag. Weer een ander hoorde geluiden en schoot dwars door de deur heen; toen de politie kwam, troffen ze sporen aan van iemand die de achterdeur had bewerkt met een beitel.

Gezien de neiging van veel inwoners van New Orleans om verhalen te vertellen, was het voor de rechercheurs lastig te bepalen wie de waarheid sprak en wie gewoon aandacht zocht. Ze kregen zelfs een versie te horen waarin de 'Bijlman', zoals hij nu algemeen werd genoemd, rondliep verkleed als vrouw.

Voor zover ze konden vaststellen liet deze indringer geen vingerafdrukken achter (het wordt niet duidelijk uit de rapporten of ze daadwerkelijk forensisch te werk gingen dan wel met het blote oog naar vingerafdrukken zochten) en werd er geen vast patroon gevolgd bij het kiezen van slachtoffers. Ze leken willekeurig te zijn uitgekozen. De meesten, maar niet allemaal, waren kruideniers. De politie vroeg zich af of het allemaal het werk was van een enkele 'maniak' of van meerdere mensen. Eén politieman had een theorie.

Jekyll and Hyde

In 1886 had de Schotse auteur Robert Louis Stevenson een verhaal uitgebracht over een eerlijk burger die een geheim elixer drinkt dat hem verandert in een kwaadaardig monster. Geïnspireerd door een droom volgt het verhaal de aanvallen van het monster. Niemand verdenkt dr. Jekyll, de ware schuldige, omdat hij in alles een normaal arbeidzaam man lijkt. Het korte verhaal werd een internationale sensatie en ruim een eeuw later wordt er nog steeds naar verwezen wanneer rechercheurs iemand willen beschrijven die lijkt te handelen vanuit twee tegenstrijdige persoonlijkheden – de een goed en de ander slecht. In New Orleans had men ervan gehoord.

Detective Joseph Dantonio, die de bijlmoorden in 1911 had onderzocht en intussen met pensioen was gegaan, verwees naar dit type mens tijdens een interview met een plaatselijke krant.

'Misdaaddeskundigen', zei hij, *'hebben vastgesteld dat een misdadiger met een dubbele persoonlijkheid een respectabel, gezagsgetrouw burger kan zijn. Dan wordt hij ineens bevangen door de drang tot doden en hij moet eraan gehoorzamen.'* In de gedachtegang van Dantonio hield de recente stroom van aanvallen verband met de gevallen die hij had onderzocht. Hij geloofde dat het mogelijk was dat de man tien jaar lang een respectabel leven had geleid en dan ineens weer was bevangen door de drang tot moorden. Voor mensen die zijn visie volgden, betekende dit dat de moordenaar min of meer onzichtbaar was, dat hij naast zijn potentiële slachtoffers kon wonen en werken zonder dat iemand hem doorhad. In feite had zijn vermogen in en uit woningen te komen en zelfs te worden gezien zonder dat ook maar een slachtoffer zich duidelijke details kon herinneren, iets bijna bovennatuurlijks. Het was onmogelijk een 'donkere voorovergebogen figuur' te arresteren.

Toch liet de moordenaar zich de rest van het jaar niet zien. Langzaamaan gaf New Orleans zich weer over aan de dagelijkse routine. Maanden gingen voorbij zonder bericht over de Bijlman. De mensen vroegen zich af of hij misschien uit de stad was vertrokken of zijn moordprogramma helemaal had afgewerkt. De Eerste Wereldoorlog kwam tot een einde en iedereen was met andere dingen bezig. Maar weldra zou men ontdekken dat de veronderstellingen over de locale moordenaar verkeerd waren.

Naäper of foutieve identificatie?

Het begon opnieuw op maandag 10 maart 1919, maar dit keer was het aan de andere kant van de rivier in Grenta, een wijk vol immigranten. Volgens Tallant klonk er geschreeuw uit het huis op de hoek van Jefferson Street en Second Street. Een buurman, Iorlando Jordano (of Jourdano) snelde toe om te helpen en trof een afschuwelijk tafereel aan. (De kranten meldden dat klanten van de kruidenierswinkel, een paar kinderen, de slachtoffers hadden gevonden en dat er geen kreten hadden geklonken.)

De zwaargewonde mevrouw Rosie Cortimiglia hield een dood kind van twee jaar, haar dochtertje Mary, in haar armen. Haar echtgenoot Charles, kruidenier, lag in een plas bloed op de vloer. Rosie vertelde dat ze waren aangevallen in hun slaap. Haar baby die in haar armen had liggen slapen was gedood door een enkele klap tegen het achterhoofd. Hoewel Charles met de aanvaller had geworsteld, zeiden de buren niets te hebben gehoord.

De politie kamde het huis en de onmiddellijke omgeving uit, maar vond alweer geen sporen. Zoals gebruikelijk was er een paneel uit de keukendeur gebeiteld en het had er alle schijn van dat de aanvaller houtblokken bij het hek had opgestapeld om zijn vlucht te vergemakkelijken. Later zocht de politie naar vingerafdrukken maar vond die niet. Wel troffen ze een met bloed bevlekte bijl aan onder een keukentrap. Geld dat voor het grijpen in de slaapkamer lag, was niet meegenomen dus diefstal leek niet het motief te zijn. De lijkschouwer verklaarde dat de daad was uitgevoerd door een maniak.

Toen Rosie Cortimiglia herstelde van haar vele verwondingen, waaronder vijf sneden in het hoofd, kwam ze met een beschuldiging. Frank en Iorlando Jordano, een vader en zoon die in het buurhuis eenzelfde nering voerden als Charles, werden aangehouden. Iorlando was de persoon die te hulp was geschoten (volgens Tallant) en nu werd hij beschuldigd. Ongelukkig genoeg had hij de jury van de onderzoeksrechter een paar dagen eerder verteld dat hij een voorgevoel had gehad dat er iets ernstigs met zijn buurman zou gebeuren. Charles had verklaard dat hij was aangevallen door een blanke man en noemde ook Frank Jordano volgens de krantenberichten uit die tijd. Anderzijds zijn verschillende auteurs stellig in hun bewering dat hij de beschuldiging van zijn vrouw betwistte en haar er zelfs om verliet. Andere berichten melden dat hij in het ziekenhuis overleed.

Hoe het ook zij, de getuigenis van Rosie tegen de twee mannen tijdens het proces was zo overtuigend dat beiden werden veroordeeld – ondanks het feit dat het 330 pond zware lijf van Frank nooit door het gat in de keukendeur had gepast en dat Charles (als hij nog in leven was) hem voor de rechtbank niet kon identificeren als de dader. Een getuige vertelde zelfs dat Rosie vlak na de aanval had verklaard dat haar eigen man het had gedaan (het was echter duidelijk dat hij nooit de wonden die op zijn hoofd werden aangetroffen zelf had kunnen aanbrengen). Uiteindelijk kreeg Frank de doodstraf en zijn vader levenslang.

Terwijl het onderzoek zich nog in een pril stadium bevond, deed zich een nieuw incident voor dat al dan niet verband hield met de reeks aanvallen. Drie dagen na de aanval op de Cortimiglia's ontving de uitgever van de Times-Picayune een brief die de Bijlman in de visie van bepaalde mensen in verband bracht met een even notoire reeks onopgeloste slachtpartijen.

Vanuit de hel

In 1888 vermoordde een man in Londen gedurende een periode van tien weken op brute wijze vijf prostituees. Uit de meesten sneed hij stukken die hij meenam. Hij werd nooit geïdentificeerd of aangehouden maar de politie kreeg meerdere brieven ten tijde van de moorden, waarvan er een ondertekend was met Jack the Ripper. Een andere brief, die een stukje nier leek te bevatten dat naar verluidt afkomstig was van een van de slachtoffers, was niet ondertekend. Er stond niets anders dan 'Vanuit de hel' en beloofde nog meer geweld. Nu leek de Bijlman een soortgelijke brief te hebben geschreven. De brief is integraal afgedrukt in Tallants boek Gumbo Ya Ya en in Julie Simons roman The Axeman's Jazz (vernoemd naar een grimmig liedje dat in die tijd werd geschreven). De brief, gedateerd 'Hel, 13 maart 1919,' luidt als volgt:

Waarde stervelingen:

Ze hebben me nooit kunnen pakken en zullen dat ook nooit doen. Ze hebben me nooit gezien, want ik ben onzichtbaar, zoals de dampkring die jullie aarde omringt. Ik ben geen menselijk wezen maar een geest en een wrede demon uit de heetste hel. Ik ben wie jullie Orleaners en de dwaze politie de Bijlman noemen.

Als het mij past, zal ik terugkomen en nieuwe slachtoffers eisen. Ik alleen weet wie het zullen zijn. Ik zal geen aanwijzing achterlaten behalve mijn bloedige bijl, besmeurd met het bloed en de hersens van degene die ik naar beneden heb gestuurd om me gezelschap te houden.

Als je wilt kun je de politie zeggen mij niet te irriteren. Natuurlijk ben ik een redelijke geest. Ik neem geen aanstoot aan de manier waarop zij hun onderzoek in het verleden gevoerd hebben. In feite zijn ze zo ontzettend stom geweest dat ze niet alleen mij hebben geamuseerd maar ook Zijne Satanische Majesteit, Francis Josef etc. Maar vertel ze dat ze op hun hoede moeten zijn. Laten ze nooit proberen te ontdekken wat ik ben, want ze zouden willen dat ze nooit geboren waren als ze zich de woede van de Bijlman op de hals halen. Ik denk dat deze waarschuwing niet nodig is want ik ben er zeker van dat de politie me altijd zal ontduiken, zoals ze in het verleden hebben gedaan. Ze zijn verstandig en weten hoe ze uit de moeilijkheden kunnen blijven.

Ongetwijfeld zien jullie Orleaners me als een afschuwelijke moordenaar, wat ik ben, maar ik zou nog veel erger kunnen zijn als ik wilde. Als ik het zou willen zou ik jullie stad elke avond een bezoekje kunnen brengen. Willekeurig zou ik duizenden van de beste burgers kunnen afslachten, want ik sta in nauw contact met de Engel des Doods.

Nu, om precies te zijn om 00.15 uur (aardse tijd) aanstaande dinsdagnacht zal ik New Orleans opnieuw bezoeken. In mijn oneindige genade zal ik jullie, mensen, een voorstel doen. Het luidt als volgt:

Ik ben dol op jazzmuziek en ik zweer bij alle duivels in de onderwereld dat iedereen gespaard zal worden in wiens huis een jazzband op het genoemde tijdstip uit alle macht speelt. Als iedereen een jazzband in zijn huis kan laten spelen, is het des te beter voor jullie mensen. Een ding staat vast, namelijk dat van de mensen die niet voor jazz kiezen dinsdagnacht (zo die er al zijn) een aantal de bijl zal ontmoeten.

Welnu, omdat ik het koud heb en verlang naar de warmte van mijn geboorteland Tartarus en omdat het tijd is jullie aardse woonstee te verlaten, zal ik mijn redevoering staken. In de hoop dat gij dit zult publiceren en dat het u wel moge gaan, verblijf ik, de vreselijkste geest die ooit heeft en zal bestaan in werkelijkheid of in het rijk der fantasie.

De Bijlman

Of het nu een grap was of ernst, de mensen namen de brief serieus. Er is wel geopperd dat, hoewel de inwoners van de 'Big Easy' elk excuus aangrijpen om een feestje te houden, er nooit een rumoeriger, rauwere avond is geweest dan die St.-Josefsnacht op 19 maart. Een gastheer schreef een uitnodiging voor de Bijlman, waarin hij hem 'vier scalpen' beloofde maar erop stond dat hij zich aan het protocol zou houden. Hij mocht via een open badkamerraam naar binnen komen. Wilde hij dus maar de deur met rust laten? En niemand werd die nacht vermoord.

Rond deze tijd, in april, begon het proces tegen Louis Besumer. Intussen was de oorlog voorbij en niemand kon het wat schelen of hij een spion was. De lijkschouwer getuigde dat alleen een man die veel sterker was dan Besumer zichzelf diens wonden had kunnen toebrengen. Het kostte de jury dan ook slechts tien minuten om hem vrij te spreken van de moord op zijn levensgezellin.

Op 10 augustus sloeg het noodlot toe voor een andere Italiaanse kruidenier. In zijn slaap werd Steve Boca geslagen met een bijl. Hij wankelde zijn huis uit om bij een vriend hulp te zoeken. Hoewel Boca herstelde, kon hij zich geen details van de aanval herinneren. Er was een paneel uit zijn deur gebeiteld en de bijl was achtergelaten in zijn keuken. Er was niets ontvreemd.

Drie weken later, op 3 september, verschafte de Bijlman (of iemand anders) zich toegang tot de woning van Sarah Laumann, maar niet via een deurpaneel. Het negentienjarige meisje werd bewusteloos aangetroffen op haar bed met talrijke hoofdwonden. Buiten voor een open raam was een bloedige bijl achtergelaten.

Het volgende slachtoffer werd Mike Pepitone op 27 oktober. In de vroege ochtenduren hoorde zijn vrouw worstelen in de kamer van haar echtgenoot, die naast de hare lag. Ze snelde toe, waarbij ze bijna tegen een man opbotste die de plaats van het misdrijf ontvluchtte. Mike baadde in zijn eigen bloed en het gebruikte wapen was duidelijk een bijl geweest. Hij was achtergelaten bij de achterdeur. Ook nu was er weer een paneel uit de deur verwijderd.

Hun dochter rende naar de politie en haalde hulp-sheriff Ben Corcoran op, die mevrouw Pepitone over haar man gebogen aantrof. *'Het lijkt erop dat de Bijlman hier is geweest en Mike heeft vermoord'*, deelde ze hem mee. Mike Pepitone werd naar het Charity Hospital vervoerd, waar hij overleed.

Mevrouw Pepitone beweerde dat ze twee mannen in haar huis had gezien, niet slechts één, en dat ze allebei groot waren. Nadat ze haar man hadden aangevallen waren beiden gevlucht zonder iets mee te nemen. Vreemd genoeg waren er op dat tijdstip acht mensen in huis geweest. De indringers hadden zich echter niet laten afschrikken door de kans dat ze zouden worden herkend. Ook vreemd was dat mevrouw Pepitone op geen enkel moment had gegild en toen ze de vragen van de politie beantwoordde, leek ze niet van streek.

Het dagblad de States speculeerde over de moordenaar en vroeg zich af of deze een duivel, een maniak, een dief, een sadist of een bovennatuurlijk wezen was. Ook anderen stelden deze vraag. Mensen hadden opgemerkt dat de deurpanelen die steeds waren verwijderd op de plaats van de misdrijven te klein waren om een volwassen man door te laten. Evenmin had hij zijn hand naar binnen gestoken om de deuren open te doen, want die waren altijd op slot gebleken. Hoe kwam hij naar binnen en weer naar buiten tenzij hij iets anders dan menselijk was?

De duivel

In en om New Orleans was bijgeloof niet ongebruikelijk, zoals blijkt uit de folkloristische verhalen in Gumbo Ya Ya. De mensen hadden het over de 'Naaldmannen' die vrouwen bewusteloos staken en ze dan wegdroegen. Verder had je de 'Mannen van de Zwarte Fles', die patiënten doodden in het ziekenhuis en de lijken dan aan medicijnenstudenten gaven. Mysterieuzer was de 'Togaman' die een lange zwarte toga droeg en in een zwarte auto rondreed op zoek naar eenzame meisjes. Sommige mensen die hem vreesden, dachten dat hij een kwaadaardig soort geest was. Hij kon evengoed uit een boom te voorschijn springen als voorrijden in zijn auto, net als de 'Domino Man' in Gentilly, een wijk in New Orleans. Gekleed in een wit gewaad met capuchon placht deze midden in groepjes meisje te springen en ze op de vlucht te jagen.

In 1914, zoals wordt vermeld in Gumbo Ya Ya, lukte het iemand die de naam 'Jack de Clipper' kreeg, om lokken af te knippen bij drie schoolmeisjes. Er werden meer gevallen gemeld en meisjes begonnen zich te beschermen. 'Jack' verdween even snel als hij gekomen was.

Het was dan ook geen verrassing, dat veel New Orleaners over de Bijlman begonnen te spreken als was hij een geest, een duivel in hun midden, vooral toen een getuige beweerde dat hij gezien was in zwarte kleding en met een zwarte slappe hoed op het hoofd. Hij was lang en mager, zoals de meeste goede fantomen. Deels om deze redenen verzamelt Kalila Smith, een historica uit New Orleans en schrijfster van *Journey into Darkness: Ghosts and Vampires of New Orleans*, verhalen over de Bijlman.

'Ik raakte geïnteresseerd omdat ik schreef over vampier-verhalen die in de stad waren opgetekend', legt ze uit. 'En ik werd geïntrigeerd door de verklaringen van een oog-getuige dat de Bijlman was verdwenen alsof hij vleugels had. Bovendien was er die brief waarin stond dat hij een geest was. Er is nooit een moordenaar gevonden en in een aantal gevallen was er evenmin enig spoor van braak. Het was een mysterieuze serie moorden in de stad en ik voelde wel wat voor het idee dat het misschien geen mensenwerk was.'

'New Orleans heeft een historie als het gaat om mensen die gek worden. Eind negentiende eeuw was er een voodoo-manie waarbij mensen elkaar doodden omdat ze dachten dat iemand een vloek over hen had uitgesproken. We hebben dit soort perioden gekend. Het is mogelijk dat deze aanval-len het werk waren van iemand die dacht dat hij bovenmen-selijk was. Mensen met moordneigingen kunnen aan een dergelijke grootheidswaan lijden. Toch wedde de Bijlman dat ze hem niet konden pakken en dat lukte ook niet. De moorden werden nooit opgelost. Tussen 1980 en 1990, toen New Orleans beschouwd werd als de moordhoofdstad van dit land, had ik willen schrijven over deze onopgeloste moorden. Ik ben echter bang dat het verhaal is verwrongen door de fantasie van fictieschrijvers en dat sommige feiten zijn verfraaid. Het is lastig te achterhalen wat er werkelijk is gebeurd.' Toch zijn er mensen die zeggen dat de Bijlman is geïdentificeerd en gedood.

Gerechtigheid?

Op 7 december 1920 kreeg mevrouw Cortimiglia, die leed aan de pokken, kennelijk een gewetenscrisis. Ze trok haar beschuldiging tegen de Jordano's in en gaf op het kantoor van de krant vrij dramatisch toe dat ze had gelogen. Een heilige had haar bezocht, beweerde ze, en haar opgedragen zichzelf te 'verlossen'. Ze smeekte om vergiffenis.

De beide mannen werden in vrijheid gesteld. Daarop kreeg de politie een rapport over een incident in Los Angeles in Californië, dat had plaatsgevonden op 2 december. Kennelijk had mevrouw Mike Pepitone, gekleed in het zwart, een inwoner van New Orleans met de naam Joseph Mumfre aangevallen. Ze was uit een donker portaal gestapt om hem neer te schieten. Hij viel dood neer op het trottoir en zij wachtte tot de politie kwam om hem te arresteren. Ze hield vol dat ze hem uit de kamer van haar echtgenoot had zien rennen op de dag dat die vermoord was.

Mumfre had een strafblad en in de periode tussen 1911 en 1918, en na de laatste moord in 1918 tot de eerste moord in 1919, had hij in de gevangenis gezeten. Ten tijde van elk van de moorden was hij op vrije voeten geweest. Hij was uit New Orleans vertrokken direct nadat Pepitone was gedood. Naast de getuigenis van mevrouw Pepitone was er echter geen enkel bewijs dat Mumfre direct in verband bracht met een van de misdaden. Newton wijst erop dat auteur Jay Robert Nash in zijn boek *Bloodletters and Badmen* Mumfre had aangewezen als huurmoordenaar van de maffia, maar legt vervolgens de zwakke punten in zijn theorie bloot. Ondanks het aantal Italiaanse kruideniers die slachtoffer werden van de Bijlman, waren niet al zijn slachtoffers kruidenier en evenmin waren allen Italiaan. Tallant wijst er bovendien op dat de maffia geen vrouwen vermoordde.

Mevrouw Pepitone zat drie jaar uit van een celstraf van

tien jaar in Los Angelos om vervolgens te verdwijnen. Er vonden geen bijlmoorden meer plaats in New Orleans. Niemand weet met zekerheid wie de Bijlman was.

2.

DE MOORD OP DE ZWARTE DAHLIA

Een lijk tussen het onkruid

Die woensdag, de vijftiende januari, begon als een druilerige grijze dag die weinig hoop op verbetering gaf. Dit weerhield huisvrouw Betty Bersinger er echter niet van naar buiten te gaan. Zij en haar drie jaar oude dochtertje verlieten hun woning aan Norton Avenue nabij het Leimert Park in Los Angeles om naar de schoenmaker te gaan. Voor ze de hoek van Norton Street en 39th Street bereikten, kwamen ze langs diverse braakliggende en met onkruid overwoekerde percelen. In 1947 had de ontwikkeling van dit gebied ten zuiden van Hollywood vertraging opgelopen door de oorlog.

Op een van de lege percelen ving Betty een glimp op van iets wat niet ver van het trottoir lag. Het leek op een stuk van een etalagepop die tussen het onkruid lag. De onderste helft van de pop was losgeraakt van de bovenste helft en op een macabere manier verwrongen. Naarmate ze dichter bij het spookachtige bleke ding kwam, begon het tot haar door te dringen dat het helemaal geen etalagepop was. Ze trok haar dochtertje weg van de gruwelijke aanblik en belde vanuit een naburig huis de politie.

De agenten Frank Perkins en Will Fitzgerald waren binnen enkele minuten ter plekke en troffen het naakte lichaam aan van een doormidden gesneden vrouw. Ze riepen onmiddellijk assistentie in. De dode vrouw leek met opzet zo te zijn neergelegd, op haar rug met de armen boven de schouders, de benen gespreid. Ze was bij haar middel doorgesneden en haar gezicht en lichaam waren wreed verminkt met een mes. Sporen van een touw om de enkels, polsen en hals suggereerden een afschuwelijk tafereel voorafgaand aan haar dood.

Het was duidelijk dat ze elders was vermoord en gedurende de nacht of de vroege morgen op het braakliggende perceel was achtergelaten. Er lag geen bloed op de grond waar ze lag en het leek of het bloed van haar gekneusde en gebroken lichaam was gewassen voor het op het perceel was gedeponeerd.

Toen kapitein John Donahoe van de afdeling moordzaken van de LAPD melding kreeg van de moord, zette hij uiterst deskundige mannen op de zaak: rechercheur brigadier Harry Hansen en zijn partner Finis Brown. Donahoe haalde bovendien rechercheur Herman Willis erbij, een slimme jongeman van de metrodivisie, om het team van Hansen en Brown te versterken.

Tegen de tijd dat de rechercheurs ter plekke arriveerden, wemelde het er van de journalisten, fotografen en een menigte nieuwsgierige omstanders. Hansen was woest dat de plaats delict werd platgetrapt door buitenstaanders die vrijwel zeker bewijsmateriaal vernietigden en onvermijdelijk de crime scene besmetten.

Terwijl de rechercheurs de plek van het misdrijf afzochten op sporen, werd het lichaam overgebracht naar het mortuarium van Los Angeles County. Hier werden vingerafdrukken van de vrouw genomen. De assistentredacteur van de Los Angeles Examiner stelde de Soundphoto-uitrusting van de krant ter beschikking en zo kwamen de vingerafdrukken terecht bij de FBI in Washington.

De FBI vond vingerafdrukken die overeenkwamen met die van de vrouw. Het slachtoffer van de brute moord was de 22-jarige Elizabeth Short, geboren in Hyde Park in Massachusetts op 29 juli 1924. Tijdens de Tweede Wereldoorlog was ze kantoorbediende geweest op Camp

Cooke in Californië. Daarom zaten haar vingerafdrukken in het bestand van de federale overheid.

De autopsie

Dr. Victor CeFalu assisteerde dr. Newbarr, patholooganatoom, bij de autopsie op de jonge vrouw. De doodsoorzaak was *'zwaar bloedverlies en shock ten gevolge van een hersenschudding en verminkingen van het gezicht.'* Hieronder wordt het rapport van Newbarr deels geciteerd: *'Er zijn vele sneden midden op het voorhoofd, rechts op het voorhoofd en boven op het hoofd langs de middellijn. Ook zijn er talrijke kleine schaafwonden en sneden. De romp is volledig doormidden gesneden door een incisie die bijna recht door de buik gaat [...]. Er lopen talrijke sneden kriskras in het gebied boven de schaamstreek die de huid en het zachte weefsel hebben aangetast.*

Er zitten sneden in de darmen en beide nieren. De uterus is klein en er zijn geen tekenen van zwangerschap. De eileiders, eierstokken en de schede zijn intact [...]. Binnen in de vagina en hogerop bevindt zich een los stukje huid met daaraan vet en subcutaan weefsel. Op dit stukje losse huid bevinden zich kriskras diverse incisies. Er zijn uitstrijkjes gemaakt voor onderzoek op sperma. De anale opening is zichtbaar verwijd en de opening heeft een diameter van 3,1 centimeter [...]. Er zijn talrijke schaafwonden [...]. Er is een uitstrijkje gemaakt voor onderzoek op sperma [...].

De maag is gevuld met een groenbruine korrelige substantie, met name feces en andere deeltjes die niet geïdentificeerd konden worden. Alle uitstrijkjes op sperma waren negatief.'

Het leek erop dat veel van de sneden, alsmede de verwijding van de anus, waren toegebracht na de dood van de vrouw. Op de dag van de autospie, 16 januari, sprak dr. Newbarr met de rechercheurs Brown, Hansen en Willis. Auteur John Gilmore heeft het in zijn boek *Severed: The True Story of the Black Dahlia Murder* over een belangrijk gesprek: Newbarr vertelde de rechercheurs dat *'we onmogelijk kunnen zeggen of ze was verkracht omdat de tests op sperma negatief waren en haar geslachtorganen onvolledig waren ontwikkeld [...]. De streek is ondiep wat erop duidt dat ze geen volledig ontwikkelde vagina had.'*

Deze informatie zou een groot effect hebben op wat de rechercheurs zouden ontdekken over het slachtoffer Elizabeth Short. Toch besloot Hansen deze informatie alleen vrij te geven aan de paar rechercheurs die nauw met hem samenwerkten. Het is heel gebruikelijk bij de politie bepaalde details in een zaak die veel media-aandacht krijgt niet openbaar te maken teneinde een echte bekentenis van een valse te kunnen onderscheiden.

De Zwarte Dahlia in Hollywood

De Zwarte Dahlia was de artiestennaam van Elizabeth Short, een eerzuchtige actrice die zich vaak geheel in het zwart kleedde. Haar haren waren gitzwart, haar huid was heel bleek en haar nagellak en lippenstift waren heel rood. Het contrast van deze kleuren, in combinatie met haar fraaie figuur en heel aantrekkelijke gezicht, sorteerden een zeer dramatisch effect, zelfs in een oord als Hollywood.

Net als talloze mooie meisjes voor en na haar kwam Elizabeth Short naar Hollywood in de hoop door te breken in de filmindustrie. Ze was slim genoeg om te begrijpen dat een doorbraak vaak een kwestie was van op het juiste moment de juiste persoon tegenkomen. Ze deed haar best als nieuwkomer om zichzelf in de schijnwerpers te plaatsen en zich in de kijker te spelen van enkele relatief belangrijke mensen in de wereld van de entertainment.

Elizabeth Short had wat kleinschalig modellenwerk gedaan voor ze naar Californië ging. De manager van het warenhuis waar ze had gewerkt, herinnerde zich haar als iemand 'met echte flair.' Ze had zoveel flair dat het publiek meer aandacht aan haar besteedde dan aan de kleding die ze toonde op modeshows.

Mannen konden hun ogen niet van haar afhouden. *'Ze was een echte vamp'*, vertelde haar vriendin, *'een vrouw die de wolf in iedere man naar boven haalt, zonder uitzondering, en ze hoefde er niets eens moeite voor te doen...'*

Toen Elizabeth naar Hollywood ging, trok ze in bij Lucille, een meisje dat trachtte een loopbaan op te bouwen als danseres. Via Lucille ontmoette ze Barbara Lee, een jonge actrice bij Paramount. Barbara had goede connecties en nam de Zwarte Dahlia mee naar de 'juiste' plekken om gezien te worden. Een van die plekken was de Hollywood Canteen. Daar ontmoette ze een rijke leeftijdgenote uit de beau monde, Georgette Bauerdorf.

Niet gemakkelijk te veroveren

John Gilmore vertelt het verhaal over de poging van acteur Franchot Tone om Elizabeth Short op te pikken bij het Formosa Café nabij de Goldwyn Studios: 'Ze zei dat ze op iemand wachtte', vertelde Tone, 'en ik zei: "Natuurlijk wacht je op iemand, je wacht op mij! En ik ben er nu."' Hij haalde haar over met hem naar het kantoor te gaan van een vriend die de Zwarte Dahlia naar zijn zeggen bij de film kon krijgen, maar de middag eindigde anders dan de acteur had gehoopt.

Het was een buitengewone ervaring, herinnerde Tone zich later... Hij probeerde haar een paar keer te kussen en vertelde haar dat ze de mooiste ogen van de wereld had – dromerige ogen die hij bijna zag als in een waas. Hij kon zich haar voorstellen als een sirene die zeelieden de dood in lokte. En daarop werd ze ijskoud.

De Zwarte Dahlia ging graag met mensen om en was dol op het nachtleven van Hollywood. Ondanks hardnekkige geruchten van het tegendeel was Elizabeth Short echter totaal niet promiscue. Een van haar vrienden, de verkoper van radiospotjes Hal McGuire, vertelde een verhaal dat typerend was voor de vele indrukken die de mensen van haar hadden: 'Ze gedroeg zich zo dat ze meteen vanaf het begin vrienden met je was, zowel met jongens als met meisjes, alleen dachten de jongens volgens mij direct dat ze verkering met hen wilde. Ze kwamen er al snel achter dat ze daar niet eens aan dacht. Het was meer zoals wat er gebeurt op een bijeenkomst van de kerk of de padvindsters. Daar was dat prachtige meisje dat begon te stralen als ze je zag, iets waarop je niet verdacht was, en ze wekte de indruk dat ze voor je gevallen was. En als je dan begreep dat dit niet het geval was, was dat vrij teleurstellend.'

Op een gegeven moment sloot de Zwarte Dahlia vriendschap met Mark Hansen, de eigenaar van nachtclubs en bioscopen die allerlei belangrijke mensen in de show-business kende. Deze vriendschap leidde tot een aanbod in te trekken in de woning van Hansen samen met een aantal andere jonge actrices die hij onderdak bood.

De Dahlia had in die dagen niet veel inkomsten. Ze leek te eten en drinken wanneer anderen, meestal haar afspraakjes, voor haar betaalden. Ze deelde kamers met vriendinnen en leende constant geld van mensen. Sommigen van haar mannelijke vrienden gaven haar vrijelijk geld, in het besef dat dat verder geen verplichtingen gaf.

Er ging een hardnekkig gerucht dat Elizabeth Short zich nu en dan prostitueerde. Gezien de opmerkingen van de patholoog-anatoom is dat echter niet waarschijnlijk. De Dahlia was niet alleen niet fysiek toegerust voor dat vak, ze was er ook niet het soort meisje voor. Er is geen reden om aan te nemen dat de Dahlia ooit iets heeft geweten van de fysieke beperkingen van haar seksualteit. Hoe mooi, extrovert, levendig en verleidelijk ook, ze was hoogstwaarschijnlijk maagd tot ze haar moordenaar ontmoette.

Raakten de mannen seksueel opgewonden van de schoonheid en de persoonlijkheid van Elizabeth Short? Het antwoord is duidelijk ja. Plaagde ze mannen onredelijk om vervolgens 'halt' te roepen? Er lijken geen bewijzen te zijn dat ze relaties zover liet komen, behalve misschien in de paar gevallen waarin ze aan een huwelijk dacht.

Betty

Natuurlijk werd de Zwarte Dahlia niet altijd bij die naam genoemd. Elizabeth Short werd geboren op 29 juli 1924 in Hyde Park, Massachusetts. Haar ouders waren Phoebe en Cleo Short. Haar familie en vrienden in Massachusetts noemden haar Betty. Het gezin verhuisde naar Medford, een paar kilometer buiten Boston, toen de zaken van Cleo goed liepen. In 1929 ging het bedrijf van Cleo, dat midget-golfbanen bouwde, echter op de fles en hij liet zijn vrouw en vijf dochters achter door ogenschijnlijk zelfmoord te plegen. Zijn lege auto werd aangetroffen in de buurt van een brug en men nam aan dat hij in de rivier eronder was gesprongen.

Phoebe moest het zien te redden met het faillissement en de vijf meisjes. Ze verdiende wat als boekhouder en administratieve kracht bij een bakkerij, maar het meeste geld kwam van de bijstand. Op een dag kreeg Phoebe een brief van Cleo waarin hij schreef berouw te hebben omdat hij hen verlaten had. Hij wilde terugkeren uit Californië en weer bij zijn gezin gaan wonen. Phoebe weigerde.

Betty groeide op tot een knap meisje. Ze zag er ouder en ervarener uit dan ze in werkelijkheid was. Haar gezondheid had echter te lijden onder de astma waaraan ook twee van haar zusjes leden. Op een moment moest ze geopereerd worden om het vocht uit haar longen te halen. Ondanks de aanvallen en een slechte gezondheid was ze een levendig en vriendelijk meisje dat iedereen graag scheen te mogen.

Het enige verzetje dat Phoebe zich permitteerde, was de film en ze nam Betty en haar jongste zusje een paar keer per week mee naar de bioscoop. Betty groeide op met liefde voor de film. Het was een manier om te dromen en te ontsnappen aan de armoede waarin ze leefden.

Elke zondag gingen de vijf meisjes in hun mooiste kleren met Phoebe naar de First Baptist Church. De meisjes werden zedig opgevoed. Zelfs rondlopen in een onderjurk was niet toegestaan.

Betty en haar vader schreven elkaar en uiteindelijk bood hij aan haar naar Californië te laten komen. Ze kon bij hem wonen tot ze een baantje zou hebben gevonden. Betty had wat werkervaring in restaurants en bioscopen maar Californië betekende slecht één ding voor haar en dat was Hollywood. Ze wilde filmster worden.

Beth

Cleo woonde in Vallejo en werkte op de marinebasis van Mare Island toen zijn dochter bij hem introk. De relatie kwam vrijwel meteen onder druk te staan. Hij zei dat ze jongensgek, lui en slordig was – typisch klachten van vaders met dochters van negentien. Uiteindelijk zei hij haar dat ze moest vertrekken.

Haar intieme vrienden noemden haar Beth. Beth was een lief romantisch meisje dat wilde trouwen met een knappe soldaat, liefst een piloot. Ze was emotioneel kwetsbaar en maakte er geen geheim van dat ze een vaste relatie zocht. Beth was het alter ego van de eerzuchtige actrice die uiteindelijk bekend zou worden als de Zwarte Dahlia. Ze ging naar Camp Cooke en solliciteerde naar een baantje als caissière bij de Post Exchange. *Thuis noemen ze me Betty'*, vertelde ze haar baas, *'maar ik word graag Beth genoemd.'* Vanaf dat moment was het Beth.

Al snel begonnen de mannen op Camp Cooke de nieuwe caissière op te merken. Ze won de titel 'Camp Cutie of Camp Cooke' bij een schoonheidswedstrijd. Even snel deed het nieuws de ronde dat Beth niet gemakkelijk te veroveren was. Een goede vriendin zei dat Beth 's avonds meestal thuisbleef en mannen vermeed. Enkele ervaringen zorgden ervoor dat ze zich onprettig ging voelen op Camp Cooke en ze trok in bij een vriendin in Santa Barbara.

Daar kwam ze in aanraking met de politie. De groep vrienden met wie ze omging, maakte te veel kabaal in een restaurant en de politie werd gebeld. Omdat Beth minderjarig was, werd ze ingerekend en werden haar vingerafdrukken genomen. Een vriendelijke agente kreeg medelijden met haar en liet haar blijven tot ze de terugreis naar Massachusetts voor haar geregeld hadden.

Uiteindelijk keerde Beth terug naar Californië en met name naar Hollywood. Hoe vastbesloten ze ook was om het te maken bij de film, er waren enkele relaties met mannen die haar van dat doel af konden brengen.

Een van die mannen was een piloot, luitenant Gordon Fickling, die Beth ontmoette in de Hollywood Canteen. Ze gingen samen uit tot Gordon naar Europa werd gedetacheerd. Ze voelden zich nog steeds sterk tot elkaar aangetrokken maar deden elkaar geen trouwbeloften.

Na een slechte ervaring als model ging Beth een tijdje terug naar de oostkust, eerst naar Medford voor de vakantie en toen naar Miami Beach waar familie woonde. Ze ging uit met verschillende soldaten, vaak met een huwelijk als doel, en werd op nieuwjaarsdag 1945 verliefd op piloot Majoor Matt Gordon. Ze hadden elkaar trouw gezworen toen hij naar India werd uitgezonden. Haar verliefdheid blijkt duidelijk de brieven die ze aan hem schreef:

'Mijn liefste,

Ik hou van je, ik hou van je, ik hou van je. Man van mijn dromen. Schat, dat zijn de woorden van een nieuw liedje in de States en geloof me als ik zeg dat ze mij op het lijf geschreven zijn.

O Matt, eerlijk, ik geloof dat als twee mensen zoveel van elkaar houden als wij, onze brieven buitenaards moeten lijken voor een censor. Het kan me niet schelen, ook al weet de hele wereld het [...].

Het wordt fantastisch, schat, als alles voorbij is. Je kunt eruit stappen en trouwen. We zullen alles doen wat je wilt, schat. Alles wat jij wilt, wil ik ook. Ik hou van je en verlang alleen naar jou [...].

Ja, ik ben uitgegaan sinds ik je voor het laatst heb gezien, maar de meeste mannen doen me walgen. Er zijn natuurlijk uitzonderingen, maar jij bent je enige voor wie ik me interesseer. Nu je me hebt gevraagd je vrouw te worden ga ik niet meer uit. Ik wil dat je me gelooft omdat ik je nooit iets zou vertellen wat niet waar is. Ik geloof en vertrouw je en wil dat je dat ook altijd voor mij zult voelen.'

Hoewel sommigen zich afvroegen of Beth niet te veel in de relatie zag, bevestigt John Gilmore dat de verloving echt was: 'Als een soort vervroegd verlovingsgeschenk gaf Matt Beth een gouden horloge dat bezet was met diamantjes en hij schreef aan zijn schoonzuster dat "Beth een verstandig en beschaafd meisje is, met wie ik wil trouwen." Matt respecteerde kennelijk de wens van Beth om hun liefde in hun huwelijksnacht te voltrekken en hij vertelde zijn bruid in spe dat ze hun huwelijksreis zouden plannen zodra hij was teruggekeerd van overzee.' Beth ging terug naar Massachusetts en kreeg een baan, terwijl ze droomde van haar huwelijk in oktober. Iedereen zag hoe de het geluk van haar afstraalde. Ze vertrouwde een vriendin toe dat ze nog steeds maagd was. Haar hoop groeide nog toen de oorlog in Europa tot een eind kwam, wat betekende dat ze nog eerder zouden kunnen trouwen.

Ineens kwam er een telegram van de moeder van Matt. Beth scheurde het open in de veronderstelling dat het over de trouwplannen ging, maar het was iets heel anders. *'Bericht gekregen van ministerie van oorlog. Matt gedood bij vliegtuigongeluk op weg terug uit India. Ons welgemeende medeleven. Bid dat het niet waar is.'*

De dood van Matt bracht Beth wat uit evenwicht. Ze begon zich in te beelden dat ze al getrouwd waren geweest en dat hun kind bij de geboorte was gestorven. Uiteindelijk pakte ze de draad van haar leven weer op en begon contact te zoeken met haar vrienden van vroeger.

De dood van Matt deed niets af aan haar wens om te trouwen. Ze nam weer contact op met haar vroegere vriendje Gordon Fickling. Hij schreef terug:

'Ik heb geprobeerd mezelf ervan te overtuigen dat je echt weer iets van me wilt horen, na al die tijd waarin ik je kennelijk volledig links heb laten liggen. Ik ben altijd aan je blijven denken. Dat kan ik niet ontkennen.

Je brief van toen gaf me de indruk dat je er niet van uit wilde gaan dat je een bijzondere claim op mijn hart kon leggen en ik heb de dingen op hun beloop gelaten. Je had me toen echt kunnen krijgen.

Ik ben soms vreselijk eenzaam en vraag me af of we niet heel kinderlijk en dwaas hebben gedaan over de hele zaak. Was dat zo?'

Zij en Gordon troffen elkaar kort in Chicago toen hij daar een paar dagen vrij kon nemen. Het was net voldoende voor Beth om opnieuw voor hem te vallen. Daarna schreven ze elkaar liefdesbrieven tot ze ermee instemde met hem mee te gaan naar Long Beach. Opnieuw was ze echt opgewonden en optimistisch.

De opwinding duurde niet lang. Ze moest in een hotel zitten, kilometers van zijn basis, en de relatie nam niet de wending die Beth wenste. Ze vertrouwde haar vriendin toe dat ze zich nooit aan een man zou geven tenzij in een huwelijk en Gordon wilde niet zover gaan.

Ze weigerde in te gaan op Gordons pogingen de relatie fysieker te maken en begon uit te gaan met andere mannen. Toen Gordon erachter kwam, maakte dat de relatie er niet beter op.

Net in die tijd kwam de film The Blue Dahlia uit met in de hoofdrollen Veronica Lake en Alan Ladd. Sommige soldaten begonnen haar de Zwarte Dahlia te noemen vanwege haar gitzwarte haren en omdat ze zwarte kleren met veel kant droeg. De naam bleef aan haar kleven en Beth begon te veranderen in een nieuwe persoon, een betoverende vamp.

Het onderzoek

De moord op de Zwarte Dahlia kreeg maximale aandacht. De politie werd onder druk gezet om met resultaten te komen en het onderzoek vertakte zich in vele richtingen. Omdat deze moord werd gezien als een seksmisdrijf werden alle bekende en vermeende perverse kerels opgepakt voor ondervraging. Ook achterhaalden ze zoveel mogelijk van haar vrienden en ondervroegen ook hen. Ze probeerden zo goed mogelijk te reconstrueren wat er was gebeurd in de dagen en uren voor haar dood.

Toen ze de activiteiten van de Zwarte Dahlia natrokken, stuitten ze op Robert Manley, een vertegenwoordiger in ijzerwaren die ze nog niet zo lang kende. Op 8 januari had hij haar opgepikt bij vrienden bij wie ze logeerde en had een kamer voor haar betaald voor de nacht. Ze gingen samen naar verschillende nachtclubs en keerden terug naar het motel. Hij had in bed geslapen, terwijl zij klaagde dat ze ziek was en in een stoel was gaan slapen.

Hij had de volgende morgen een afspraak maar kwam haar rond de middag ophalen. Ze was prachtig gekleed in een zwart jasje en zwarte rok met een witte blouse met wat kant aan de kraag.

Ze had hem verteld dat ze terug zou gaan naar Boston, maar eerst zou ze haar getrouwde zuster ontmoeten in het Biltmore Hotel. Manley moest die avond om half zeven weg en liet haar achter bij het hotel waar ze op haar zuster wachtte. Ze wachtte een tijd, telefoneerde een paar keer en verliet ten slotte het hotel.

Manley en de employees van het Biltmore Hotel waren mogelijk de laatste mensen die Beth in leven hebben gezien. Voor zover de politie kon zeggen verdween ze nadat ze het hotel had verlaten en zou zes dagen vermist blijven tot haar lichaam werd aantroffen op het braakliggende perceel.

Manley werd hoofdverdachte en de politie van Los

Angeles onderwierp hem aan een zeer slopend verhoor. Hij moest tweemaal aan de leugendetector maar werd enkele dagen later in vrijheid gesteld.

De politie werd bedolven onder telefoontjes van mensen die de Zwarte Dahlia hadden gekend, al was het maar van gezicht. Het legde een zware druk op het politiepersoneel om de stortvloed aan informatie na te trekken. Zeer tot hun ongenoegen realiseerden de rechercheurs zich dat een aantal bandensporen, voetafdrukken en ander bewijsmateriaal op de plaats delict niet waren veiliggesteld.

Terwijl de politie koortsachtig doorwerkte, reisde een verdrietige Phoebe Short naar Los Angeles om het lichaam van haar dochter op te halen. Haar vader Cleo, die haar sinds 1943 niet meer gezien had, weigerde haar te identificeren. '*Ik wil met de hele zaak niets van doen hebben*', zei hij tegen de politie.

Alsof het niet al erg genoeg was haar levenslustige dochter te verliezen, moest Phoebe ook haar gruwelijk verminkte lichaam identificeren. Om alles nog erger te maken was ze zeer geschokt door verhalen in de pers die haar dochter beschreven als een slet. Na het gerechtelijk onderzoek hielden haar weinige verwanten een ingetogen dienst voor haar en begroeven haar op het Oakland's Mountain View Cemetery.

Niet lang na haar dood werd een pakketje verstuurd aan '*de Los Angeles Examiner en andere kranten*'. Een brief met uit de krant geknipte letters luidde: '*Hier zijn de eigendommen van Dahlia*' en '*Brief volgt*'. In het pakje zaten Beths uitkeringskaart, haar geboorteakte, foto's met diverse soldaten, visitekaartjes en reçuutjes voor koffers die ze op het busstation in depot had gegeven.

Ook zat er een adresboekje bij, met de naam Mark Hansen erin gedrukt, vol met namen en adressen. Een aantal bladzijden was eruit gescheurd.

Toen de politie zocht naar vingerafdrukken op de voorwerpen ontdekte ze dat alles was afgeveegd met wasbenzine om elk spoor van afdrukken uit te wissen. Het werd een gigantisch karwei voor de politie om alle namen in het adresboekje en op de visitekaartjes na te trekken. Mark Hansen, de nachtclub- en bioscoopeigenaar, werd onder speciale surveillance gesteld en ondervraagd, maar dit leverde niets op.

Aggie Underwood, een agressieve misdaadjournaliste bij de Hearst's Herald-Express, wilde dat de politie de moord onderzocht op societyster Georgette Bauerdorf enkele jaren eerder. Aggie had het gevoel dat de moord op Bauerdorf en die op de Zwarte Dahlia met elkaar in verband stonden. Bauerdorf had de Zwarte Dahlia gekend via de Hollywood Canteen. Ze was gewurgd en verkracht voor ze in haar badkuip was achtergelaten met het gezicht naar beneden. Er was een stuk handdoek in haar keel gepropt om te voorkomen dat ze zou schreeuwen.

Een voor de hand liggende verdachte

Hoewel noch de moord op de Zwarte Dahlia noch die op Bauerdorf ooit officieel werd opgelost, dook er uiteindelijk een goede verdachte op die beide moorden had kunnen plegen. De eerste die het oog liet vallen op deze verdachte was John St. John, een van de meest bejubelde beambten van de LAPD.

St. John werkte al een jaar aan de Dahlia-zaak toen een

informant bij hem kwam met een bandopname van de verdachte die de man in verband bracht met de moord op de Zwarte Dahlia. De verdachte was een heel lange, magere man die opvallend mank liep en de naam Arnold Smith droeg. Smith beweerde dat een zekere Al Morrison de gewelddadige seksmaniak was die de Zwarte Dahlia had gedood. St. John vermoedde echter dat Al Morrison en Arnold Smith een en dezelfde persoon waren.

Smith vertelde de informant zeer gedetailleerd hoe hij Elizabeth Short naar de kamer van Al Morrison in een hotel in Hollywood had gebracht omdat ze nergens anders heen kon. Volgens Smith had het Elizabeth Short verbaasd dat hij van plan was bij haar in de kamer te blijven en had ze de drank geweigerd die hij haar aanbood. Ze had in niets laten merken dat ze enige relatie met Smith ambieerde, wat gezien zijn onaantrekkelijke uiterlijk niet verrassend was.

Toen Morrison was thuisgekomen, zo vertelde Smith, had hij Elizabeth Short meegenomen naar een huis van een vriend op de East 31st Street in de buurt van de San Pedro Street en de Trinity Street. Morrison had haar lastiggevallen en voorkomen dat ze ontsnapte. Het verslag geeft levendige details: '*En hij ging naar haar toe en pakte haar arm zo vast en begon haar achteruit te trekken maar zij verweerde zich en gaf hem ervan langs met haar tas. Ze zwaaide ermee en trof hem tegen de zijkant van zijn gezicht. Hij sloeg haar een keer en ze ging door de knieën. Hij trok haar de kamer weer in en zette haar tegen de deur terwijl hij die afsloot met de sleutel. Ze bleef gewoon staan alsof ze niet precies wist wat er zou gaan gebeuren. Hij zei dat hij haar daarop beetpakte en omverduwde en dat ze neerviel [...] op de vloer met haar jurk omhoog. Hij zei dat hij over haar heen ging staan en iets zei in de trant van dat hij haar in haar anus ging nemen. Ze begon te schreeuwen dus hij bukte en sloeg haar opnieuw. Hij zei dat hij zijn hand op haar hals legde en haar hoofd stil hield terwijl hij haar een aantal malen sloeg. Ze bewoog niet. Nu wist hij niet wat hij zou gaan doen, behalve dat hij de kamer verliet door de deur die hij had afgesloten en naar beneden ging [...].'*

Daar zou Morrison een schilmesje, een groot slagersmes en wat waslijn hebben gepakt waarna hij weer naar boven was gegaan. Ze was bang en probeerde te ontsnappen. Hij propte haar onderbroekje in haar mond en bond haar vast. Tegen die tijd had hij haar al in elkaar geslagen en snijwonden toegebracht met het mes. *'Ze was naakt, hij had alleen haar handen vastgebonden en deze zaten zo boven haar hoofd, en hij stak haar vele keren met een mes, niet zo dat je ervan doodgaat maar hij prikte en stak haar vaak en sneed toen rond een borst en daarna maakte hij een snee dwars over haar gezicht. Over de mond. Daarna was ze dood.'*

Hij legde een paar planken over de badkuip en sneed haar doormidden met het grote slagersmes en liet het bloed in de badkuip lopen. Toen het lichaam was doorgesneden en schoongewassen, wikkelde hij haar in een tafelkleed van wasdoek en een douchegordijn en legde haar in de kofferbak van de auto. Vandaar reed hij naar het braakliggende perceel en legde de stukken van haar lichaam op de grond.

Dezelfde verdachte had ook de aandacht getrokken van rechercheur Joel Lesnick van het corps van de sheriff van Los Angeles County in verband met de moord op Georgette Bauerdorf. Hij had gehoord dat Arnold Smith een van de vele aliassen was van Jack Anderson Wilson. Wilson was een heel lange, magere dronkaard met een kreupel been en een geschiedenis van seksueel wangedrag en diefstal. Lesnick had een theorie volgens welke *'naarmate de jaren verstreken het ego van Smith hem ertoe dwong niet een bekentenis af te leggen maar iemand indirect te vertellen waarmee hij met veel geluk was weggekomen [...]. (Vandaar het verhaal van Al Morrison). Wilson leek het gezelschap van schooiers, klaplopers en kennelijk tweederangs vrouwelijke oplichters te verkiezen.'*

Nadat hij het verhaal had beluisterd op de bandopname en van de informant die het uit de eerste hand van Arnold Smith had gehoord, wist rechercheur St. John dat hij onmiddellijk naar Smith toe moest. Een parallelonderzoek leverde geen bewijs op dat Al Morrison, de gewelddadige en perverse seksmaniak, bestond. Dit sterkte St. John in zijn overtuiging dat Arnold Smith (Jack Anderson Wilson) daadwerkelijk de moordenaar was.

Intussen had de pers lucht gekregen van de verdachte en St. John moest snel handelen voor Smith werd gewaarschuwd. De informant wist niet waar Smith woonde, maar liet een boodschap voor hem achter in een café. Hierop kwam geen reactie, mogelijk omdat Smith in de gaten had dat de politie het café in het oog hield. Uiteindelijk kwam het tot een afspraak voor een treffen tussen de informant en Smith waarbij de politie hem wilde oppakken voor nader verhoor.

Helaas raakte de dronkaard Smith een paar dagen voor de ontmoeting bewusteloos in zijn bed in een hotel in de buurt en stak de boel in brand met zijn sigaret. Hij verbrandde levend in de vlammen die waarschijnlijk ook foto's en persoonlijk bezittingen van de Zwarte Dahlia verteerden die hij aan de informant had laten zien. Het was niet waarschijnlijk dat de brand het gevolg was van misdadige opzet of zelfmoord, aangezien Smith al vaker kleinere brandjes in het hotel had gesticht door zijn achteloze manier van roken.

De officier van justitie vatte hun beoordeling van de verdachte en het verband tussen hem en de moord op de Zwarte Dahlia als volgt samen: *'De zaak kan niet officieel worden gesloten door de dood van de persoon die werd beschouwd als verdachte. Hoewel het bewijsmateriaal dit individu in verband lijkt te brengen met de moord op Elizabeth Short, sluit zijn dood de kans uit op een verhoor waarin hij dit had kunnen bevestigen. Daarom is elke conclusie ten aanzien van zijn betrokkenheid bij misdaden indirect en helaas kan de verdachte gezien zijn overlijden niet worden aangeklaagd of berecht. Ondanks deze onzekerheid is het indirecte bewijsmateriaal toch van dien aard dat ware de verdachte nog in leven, een intensief onderzoek zou worden gelast. En afhankelijk van de uitkomst van een dergelijk onderzoek [...] is het denkbaar dat Jack Anderson Wilson zou zijn aangeklaagd als verdachte van de moord op Elizabeth Short – ook bekend als de Zwarte Dahlia.'*

3.

DE JUÁREZ RIPPER

Het dodental

Joe Lopez Jiminez was niet op zoek naar moeilijkheden toen hij samen met een vriend op maandag 17 februari 2003 wat rondzwierf in de woestijn ten noordoosten van Ciudad Juárez. De twee tieners hadden hun honden bij zich en zochten in de woestenij naar flesjes, blikjes en ander afgedankte spullen die ze konden inwisselen voor wat extra zakgeld. Het laatste wat ze verwachtten te vinden was een menselijk lichaam. En al helemaal niet drie.

De jongens renden naar huis om het hun ouders te vertellen, die op hun beurt de plaatselijke politie waarschuwden. De agenten waren eerst erg sceptisch en reageerden erg traag. Maar toen de rechercheurs om 14.00 uur de locatie in de buurt van Mimbre Street bereikten, drong het tot hen door dat hier geen sprake was van een grap. Ze zagen de overblijfselen van drie vrouwen die nauwelijks verborgen waren.

De politie maakte er haast mee de lichamen af te voeren. Het derde lichaam lag om 14.30 uur in de ambulance die klaar was om te vertrekken. Op dat moment attendeerde een omstander uit de buurt hen op een vierde lijk, een klein stukje verwijderd van de andere. De meeste plaatselijke verslaggevers waren al vertrokken om hun artikel door te bellen. Miguel Perea, fotograaf voor de krant Norte, was de enige die bleef om de ontdekking van het vierde lijk vast te leggen.

Dit waren niet de eerste lijken die in de woestijn bij de vervallen buitenwijk waren gevonden. Niet ver ervandaan waren in oktober 2002 twee andere slachtoffers aangetroffen. Een van hen werd later geïdentificeerd als de zestienjarige Gloria Rivas. Meer recent, in januari 2003, hadden inwoners van het nabijgelegen Lomas de Poleo de vondst gemeld van nog drie lichamen. Zowel de politie als procureur-generaal Jesus Solis weigerde echter de verklaring te ontkennen dan wel te bevestigen.

Op woensdag 19 februari nam het verhaal een nog vreemdere wending toen de autoriteiten drie van de slachtoffers identificeerden. Het waren de zeventienjarige Juana Sandoval, vermist sinds 23 september 2002, de zestienjarige Esmeralda Juárez Alarcon, voor het laatst gezien op 8 januari 2003 en de achttienjarige Violeta Alvídrez Barrios die op 4 februari 2003 verdween. Alle drie de meisjes werden voor het laatst levend gezien in de binnenstad van Ciudad Juárez. De politiewoordvoerders beëindigden de briefing abrupt toen door verslaggevers gevraagd werd naar het vierde slachtoffer en weigerden te bevestigen dat er een vierde lichaam was.

De inwoners waren al gewend aan deze koppige houding van de politie. In Ciudad Juárez had het toegenomen aantal brute moorden in de afgelopen tien jaar de stad geschokt en er was wereldwijde aandacht voor geweest. Het 'dodental' is een gevoelig onderwerp in Ciudad Juárez, een bedrijvige stad net over de grens van El Paso. Geen twee bronnen zijn het eens over het aantal jonge vrouwen dat is gedood. De El Paso Times beweert dat er sinds 1993 'bijna' 340 slachtoffers zijn. Enkele zaken zijn opgelost maar onbekende 'experts' speculeren dat 'negentig of meer' mogelijk het slachtoffer zijn van seriemoordenaars. Er is echter niemand die in ernst beweert dat één persoon verantwoordelijk is voor al deze moorden.

Feit is dat de politie tientallen verdachten gevangen

heeft gezet, de eerste in 1995. Elke nieuwe arrestatie wordt begroet als de 'oplossing' van de weerzinwekkende moorden, maar het dodental groeit nog steeds. Veel inwoners en een aantal ontmoedigde rechercheurs geloven nu dat de politie zelf achter enkele van de moorden zit. Op z'n minst denken velen dat de politie de zaken in de doofpot heeft gestopt. Tien jaar na de start van het officiële 'dienstrooster van de dood' is één ding zeker: alle vrouwen in de straten van Ciudad Juárez lopen gevaar.

Deadline

De meeste Amerikanen buiten West-Texas kennen Ciudad Juárez, als ze het al kennen, van geromantiseerde portretten in drama's zoals de recent uitgezonden miniserie Kingpin van NBC-TV. Deze verhalen zijn doordrenkt van seks, drugshandel, vuurgevechten en intriges – wat allemaal aan de orde van de dag is in Ciudad Juárez. Zoals altijd bij televisie bieden deze beschrijvingen slechts een vluchtige blik in de geschiedenis van de stad.

Niemand weet exact hoeveel mensen er in Ciudad Juárez wonen. Een in 1999 gepubliceerde Rand McNally-atlas geeft het onmogelijk precieze aantal van 789.522 inwoners op, terwijl vanaf 2000 in de media schattingen van zo'n twee miljoen de ronde doen. Veel mensen zijn dakloos en overleven van dag tot dag terwijl andere alleen maar passanten zijn, op doortocht naar de grens van het beloofde land Amerika.

Deze uittocht is het gevolg van armoede. Rijkdom sijpelt zelden door van toppolitici, fabrikanten en drugskoeriers naar de rest van de mensen. In zijn boek

Crossing to Kill (2000) beschrijft de Britse auteur Simon Whitechapel Ciudad Juárez als *'een soort besmettelijke ziekte, een etterige wond die aan de grens ontstaat door wrijving tussen Amerikaanse plutocratie en Mexicaanse armoede, tussen Amerikaans verlangen en Mexicaanse wanhoop.'*

De achterblijvers werken vaak in maquiladoras, fabrieken die op basis van uitbuiting exportartikelen produceren tegen een loon van zo'n vijf Amerikaanse dollars per dag. Duizenden van deze arbeiders zijn jonge vrouwen uit de buitenwijken en dorpjes, collectief aangeduid door een 'l' toe te voegen aan de naam van hun werkplaats: maquilladoras. Ze komen hopend op het beste, maar vinden meestal het slechtste. Smerige werkomstandigheden en seksuele intimidatie kunnen een ware plaag worden in een stad waar een leven niet veel waarde heeft.

De machocultuur is één onderdeel van het probleem. Ze verheft mannen boven vrouwen, ten nadele van beide partijen. Spaanse woordenboeken definiëren haar als *'gedrag van mannen die geloven dat zij superieur aan vrouwen zijn'*. Dit gedrag manifesteert zich in verschillende vormen, van gewone beledigingen tot, volgens sommigen, rituele moorden. Corruptie speelt ook een rol. Het rechtssysteem is volledig gecorrumpeerd door drugsgeld. Politieagenten verdienen zo weinig dat omkoperij (mordida) algemeen geaccepteerd wordt. Voor geld kan elke misdaad door de vingers worden gezien. Toch is er ook nog iets anders aan de hand in Ciudad Juárez. Anders zouden ook de andere grensplaatsen, van Tijuana tot Matamoros, te maken hebben met een groeiend aantal verkrachte en vermoorde vrouwen.

Een stille schreeuw

Officieel was Alma Chavira Farel de eerste dode. Deze jonge vrouw werd, geslagen, verkracht en gewurgd, op 23 januari 1993 gevonden in Campestre Virreyes, een wijk van Ciudad Juárez. Zij is waarschijnlijk niet eens het eerste vermoorde vrouwelijke slachtoffer van 1993 geweest, want er zijn elk jaar meer lokale vermissingen dan bewezen moorden. Chavira blijft echter het eerste erkende slachtoffer van een roofdier dat later door de media de 'Juárez Ripper' of 'El Depredador Psicópata' zou worden genoemd. In het geval van Chavira werden geen verminkingen geregistreerd, maar veel van de volgende slachtoffers hadden gelijkvormige striemende wonden op hun borsten.

Aan het eind van het jaar erkende de politie nog zestien moorden op vrouwen in Ciudad Juárez waarvan de laatste werd geregistreerd op 15 december. Die zaak werd opgelost, samen met drie andere. In de twaalf overgebleven zaken, die tot op de dag van vandaag niet zijn opgelost, zijn vijf slachtoffers nog altijd niet geïdentificeerd. Van deze twaalf zijn er ten minste vier verkracht. In vier van de zaken was de doodsoorzaak verwurging, vier slachtoffers zijn doodgestoken (van wie één naderhand in brand werd gestoken), één is doodgeslagen en één is doodgeschoten. Door de staat van ontbinding kon de doodsoorzaak van de laatste twee slachtoffers niet worden vastgesteld.

In 1994 erkende de politie acht onopgeloste moorden op vrouwen in Ciudad Juárez. In drie andere zaken zijn 'mogelijke verdachten' genoemd maar er is niemand gearresteerd. Drie doden zijn nog altijd niet geïdentificeerd, de andere variëren in leeftijd van 11 tot 35 jaar. Deze keer zijn er in elk geval vier vrouwen verkracht. Van diegenen van wie de doodsoorzaak is vastgesteld zijn er zes gewurgd en twee doodgestoken, één is doodgeslagen en één is levend verbrand.

Voor het eind van dit gewelddadige jaar waarschuwde staatscriminoloog Oscar Maynez Grijalva de politie van Ciudad Juárez dat sommige van de onopgeloste moorden het werk van een seriemoordenaar zouden kunnen zijn. In latere interviews zei Maynez dat zijn waarschuwing werd genegeerd.

1995 was nog erger: halverwege september waren er al negentien vrouwen gedood. Acht slachtoffers bleven ongeïdentificeerd, één zaak werd opgelost en in twee andere gevallen werden 'mogelijke verdachten' genoemd maar niet veroordeeld. Ten minste vier van de slachtoffers zijn verkracht. Van de slachtoffers van wie de doodsoorzaak kon worden vastgesteld zijn er zes gewurgd, één is doodgestoken en één is doodgeschoten. Drie van de vier slachtoffers die alleen al in september zijn gevonden vertoonden een onmiskenbaar patroon: van ieder was de rechterborst afgesneden en de linkertepel afgebeten.

Het leek erop dat in elk geval één seriemoordenaar de vrouwen van Ciudad Juárez besloop, met een link naar de modus operandi van drie van de meest recente misdaden. De autoriteiten schenen echter niet overdreven ongerust te zijn. In oktober beweerden rechercheurs dat ze de zaak hadden opgelost. Ze hadden een verdachte aangehouden die de moord in een van de bruutste zedendelicten van de stad ten laste gelegd kreeg. En het beste van dit alles was: hij was een buitenlander.

Roofdier

De verdachte Abdel Latif Sharif werd in 1947 in Egypte geboren. Tientallen jaren later beweerde hij als kind seksueel misbruikt te zijn, naar eigen zeggen door zijn vader en andere mannelijke familieleden. Hij emigreerde in 1970 naar de Verenigde Staten waar hij zich eerst in New York City vestigde. Al gauw kreeg hij de reputatie van een drankzuchtige man met veel willekeurige seksuele contacten. Kennissen die geruime tijd na het delict werden ondervraagd herinnerden zich zijn obsessieve interesse voor jonge meisjes.

Nadat hij in 1978 was ontslagen wegens vermeende verduistering vertrok Sharif naar New Hope, Pennsylvania. Zijn vroegere vriend John Pascoe herinnerde zich later een hertenjacht met Sharif. De Egyptenaar zou een bok hebben verwond en het dier daarna hebben doodgemarteld. Pascoe verklaarde ook dat meisjes die in Sharifs gezelschap verkeerden 'vaak' verdwenen. Geen van de vermeende slachtoffers is echter ooit gevonden. Pascoe zegt de vriendschap in 1980 te hebben beëindigd nadat hij in het huis van Sharif verschillende bezittingen van een onbekend 'vermist' meisje had ontdekt en in het portiek een met modder besmeurde schep had gevonden.

Sharif vestigde zich rond 1981 in Palm Beach, Florida. Hij was naar verluidt chemicus en ingenieur en trad in dienst bij Cercoa Inc. Zijn talenten waren dusdanig indrukwekkend dat er een speciale afdeling voor hem gecreëerd werd. Op 2 mei nam hij een 23-jarige vrouw mee naar huis en sloeg en verkrachtte haar herhaaldelijk. Ineens toonde hij zich bezorgd en vroeg: '*Oh, ik heb je pijn gedaan. Moet ik je naar een ziekenhuis brengen?'*

Cercoa betaalde de advocatenkosten van Sharif in deze zaak en dat deden ze later nog een keer toen hij in augustus een tweede vrouw in West Palm Beach aanviel. Sharif werd voorwaardelijk veroordeeld voor de eerste verkrachting en heeft maar 45 dagen gezeten voor de tweede. Het daarop volgende jaar werd Sharif door Cercoa ontslagen in verband met de oplopende juridische kosten.

Terug in Gainsville, Florida, was Sharif korte tijd getrouwd. De scheiding werd uitgesproken nadat hij zijn bruid bewusteloos had geslagen. Hij plaatste op 17 maart 1983 een advertentie voor een inwonende huishoudster. De 23-jarige vrouw die hierop reageerde, werd herhaaldelijk geslagen en verkracht terwijl hij haar vertelde: *'Ik begraaf je buiten in het bos, dat heb ik eerder gedaan en ik zal het weer doen.'* Tot zijn zaak zou voorkomen werd hij vastgehouden in de gevangenis van Alachua County waaruit hij in januari 1984 ontsnapte. Hij werd echter al snel weer gearresteerd. Op 31 januari 1984 kreeg Sharif twaalf jaar gevangenisstraf voor de verkrachting. De openbare aanklager, Gordon Gorland, beloofde de verslaggevers dat de dag dat Sharif zou worden vrijgelaten hij *'aan de gevangenispoort zou worden opgehaald en begeleid naar het vliegveld'* en zou worden uitgezet naar Egypte.

Maar toen Sharif in oktober 1989 voorwaardelijk werd vrijgelaten werd hij niet uitgezet. Hij vertrok onmiddellijk naar Midland, Texas, en kreeg een baan bij Benchmark Research and Technology. Het Amerikaanse Ministerie van Energie koos hem uit om hem te eren voor zijn verdiensten. Sharif werd gefotografeerd terwijl hij de hand schudde van voormalig senator Phil Gramm.

In 1991 werd Sharif wederom gearresteerd, deze keer voor het rijden onder invloed. Deze arrestatie trok de aandacht van een vroegere kennis uit Florida die nu in Texas woonde. Hij maakte de grenspolitie attent op Sharif die zich zou onttrekken aan uitzetting. Er volgde een lange reeks hoorzittingen. Twee jaar later was de zaak nog steeds in behandeling toen Sharif een vrouw in zijn huis gevangen hield en haar herhaaldelijk verkrachtte.

De advocaat die Sharif in zijn uitzettingszaak verdedigde, deed de overheid een aanbod: indien de laatste aanklachten niet-ontvankelijk werden verklaard zou Sharif vrijwillig de Verenigde Staten verlaten. Sharif vertrok in mei 1994 naar Ciudad Juárez en ging daar werken bij een van Benchmarks maquiladora-fabrieken. Hij woonde destijds in de exclusieve wijk Rincones de San Marcos. In oktober 1995 beschuldigde een jonge maquilladora Sharif ervan dat hij haar bij hem thuis had verkracht. Zij vertelde ook dat Sharif gedreigd had haar te doden en haar lichaam te dumpen in Lote Bravo, een woestijngebied ten zuiden van de stad waar verschillende andere slachtoffers waren gevonden. Deze aanklachten werden later ingetrokken. Rechercheurs wisten toen echter al van het afspraakje dat Sharif had gehad met de zeventienjarige Elizabeth Castro Garcia die in augustus gevonden was, verkracht en vermoord.

Die moord werd Sharif ten laste gelegd en hij werd uiteindelijk in maart 1999 door de rechtbank veroordeeld. Hij kreeg dertig jaar gevangenisstraf. De politie noemde Sharif een seriemoordenaar maar de veroordeling loste het weerzinwekkende mysterie van Ciudad Juáre niet op. Het moorden ging gewoon door en nam zelfs nog toe na zijn arrestatie. Een maand nadat Sharif in hechtenis was genomen erkende de politie dat in de voorafgaande elf maanden 520 mensen waren verdwenen en dat een

belangrijk deel daarvan bestond uit 'vrouwelijke minderjarigen'. Er was een nieuwe oplossing nodig. De autoriteiten boden deze aan in de vorm van een bizarre samenzweringstheorie.

Los Rebeldes

In de periode tussen de arrestatie van Sharif en de eerste
week van april 1996 werden er in Ciudad Juárez nog
ten minste veertien vrouwelijke slachtoffers vermoord.
Zij varieerden in leeftijd van tien tot dertig jaar. Van
de vrouwen bij wie de doodsoorzaak vaststaat, zijn er
tien doodgestoken en is er één doodgeschoten en één
gewurgd. In zeker vier gevallen was er sprake van niet
nader omschreven verminkingen, toegebracht na de
moord. De vijftienjarige Adriana Torres, een van de
slachtoffers, paste precies in het patroon van drie andere
moorden: haar rechterborst was afgesneden en de linkertepel afgebeten.

Het moorden ging dus gewoon door en dit sprak de
officiële rapporten tegen die beweerden dat de golf van
moordzaken in de stad na de arrestatie van Sharif was
geëindigd. De inwoners waren bang. De lokale politie was
in verlegenheid gebracht. Ze moesten met een verklaring
komen voor de moorden, maar dan wel met een die hun
belangrijkste verdachte niet zou vrijpleiten. Op 8 april
1996 kregen ze wat ze wilden toen het verkrachte en
verminkte lichaam van de achttienjarige Rosario Garcia
Leal werd ontdekt.

Een van de ondervraagden in deze zaak was Hector
Olivares Villalba, lid van de lokale bende Los Rebeldes

('De Rebellen'). Terwijl hij in hechtenis zat, verklaarde Olivares dat hij op 7 december 1995 had deelgenomen aan de moord op Garcia. Hij beweerde dat hierbij zes Rebellen betrokken waren geweest, onder wie bendeleider Sergio Armendariz Diaz (ook bekend onder de naam El Diablo). Gewapend met de bekentenis van Olivares deden politie-agenten invallen bij verschillende nachtclubs en hielden driehonderd personen aan. (De bekentenis werd overigens later herroepen; ze zou zijn afgelegd na marteling door politie.) Onder de arrestanten bevonden zich nog negen Rebellen, inclusief Armendariz, Juan Contreras Jurado (El Grande), Carlos Hernandez Molina, Carlos Barrientos Vidales, Romel Cerniceros Garcia, Fernando Guermes Aguirre, Luis Adrade, Jose JuáreRosales en Erika Fierro.

Deze negen werden samen met Olivares beschuldigd van samenspannen met Sharif om hem vrij te pleiten. Door het vermoorden van lokale vrouwen moesten ze de indruk wekken dat de oorspronkelijke 'Ripper' nog steeds op vrije voeten was. De politie verklaarde dat enkelen van de Rebellen Sharif in de gevangenis hadden bezocht en werden betaald voor hun 'nageaapte' misdaden. Juan Contreras vertelde de politie dat Armendariz hem naar de gevangenis had gestuurd om 'een pakket' van Sharif op te halen. De envelop bevatte vierduizend Amerikaanse dollars aan contanten. Later verklaarde Contreras dat hij met Armendariz en andere Rebellen had meegedaan bij het verkrachten en vermoorden van een jonge vrouw genaamd Lucy.

Contreras trok later eveneens zijn verklaring in met het gevolg dat de aanklacht tegen de verdachten Ceniceros, Fierro, Guermes, Hernandez en Olivaris werd ingetrokken. De overigen bleven, in afwachting van het voorkomen van hun rechtszaak, in voorarrest. Dit is bij de Mexicaanse rechtbanken een langdurig proces. El Diablo werd veroordeeld tot zes jaar gevangenisstraf voor het leiden van de groepsverkrachting van een negentienjarige medegevangene in februari 1998.

De andere Rebellen beweren allemaal dat ze door de politie zijn gemarteld. Sommigen laten brandwonden zien die het gevolg zouden zijn van wrede marteling met sigaren en sigaretten. De autoriteiten blijven intussen bij hun beschuldigingen en beweren dat Sharif en de Rebellen samen zeventien moorden hebben gepleegd. De lijkschouwer van Chihuahua gaat nog verder en vertelt verslaggevers dat de afdruk van het gebit van Armendariz 'identiek' is aan bijtafdrukken die op ten minste drie van de slachtoffers zijn gevonden.

Een Mexicaanse rechtbank besliste echter in 1999 dat er onvoldoende bewijs was om Abdel Sharif te veroordelen voor samenzwering in enige van de moorden die werden toegeschreven aan de Rebellen. Al voor de uitspraak besefte de politie dat haar samenzweringstheorie onvolledig was.

Zoals het moorden niet stopte na de arrestatie van Sharif, stopte het ook niet na het oprollen van Los Rebeldes. Integendeel: het aantal moorden bleef stijgen.

Rampgebied

De arrestatie van Los Rebeldes veranderde niets in Juárez. De brute moorden bleven plaatsvinden en plaatselijke groeperingen beschuldigden de politie van nalatigheid of erger. Tussen eind april en november 1996 werden er minstens zestien vrouwen vermoord. Acht konden niet worden geïdentificeerd. Vijf zijn doodgestoken, drie doodgeschoten en één werd aangetroffen in een vat met zuur. In enkele gevallen was de staat van ontbinding dusdanig dat de doodsoorzaak en eventueel seksueel misbruik niet meer konden worden vastgesteld.

Het daaropvolgende jaar vonden er zeventien moorden op vrouwen plaats die niet opgelost werden. Weer varieerde de leeftijd van de slachtoffers van tien tot dertig jaar en zeven lichamen werden nooit geïdentificeerd. Verkrachting kon maar in vier gevallen worden bevestigd maar de houding en de naaktheid van verschillende andere lichamen deed seksueel misbruik vermoeden. Van de vrouwen bij wie de doodsoorzaak kon worden vastgesteld zijn er vijf neergestoken, drie gewurgd, drie doodgeschoten en twee doodgeslagen.

Statistisch gezien was 1998 het slechtste jaar van de stad tot dan toe. In december stonden 23 moorden geregistreerd. Zes lichamen bleven ongeïdentificeerd. De moorden volgden het gebruikelijke patroon van steekpartijen, verwurgingen, kogels en verbrandingen. Rocio Barrazza Gallegos werd op 21 september vermoord op de parkeerplaats van de plaatselijke politieschool. Zij werd gewurgd in een patrouillewagen van de politie door een smeris die ingedeeld was bij de zaak 'vermoorde vrouwen'. De autoriteiten beschreven de dood van de twintigjarige Rosalina Veloz Vasquez, die op 25 januari werd gevonden, als 'vergelijkbaar met de twintig andere moorden in de stad'.

Het langlopende onderzoek was in 1998 in feite een getallenloterij geworden. In mei werd in de media geschreven over *'meer dan honderd verkrachte en vermoorde vrouwen'* in Ciudad Juárez. Een maand later werd in rapporten uit dezelfde bron (Associated Press) het aantal verhoogd naar 117. In oktober 1998 vermeldde een ander AP-bericht een officieel dodental van 95. Een vrouwenadvocatengroep, Women for Juárez, hield het aantal intussen op ergens tussen de 130 en 150.

De Mexicaanse Commissie voor de Mensenrechten publiceerde in 1998 een rapport dat de politie over de hekel haalde. Politici blokkeerden dit echter om een eventuele ongunstige uitwerking op de aanstaande staatsverkiezingen te vermijden. Terwijl hij Sharif nog steeds als verdachte bleef beschouwen vertelde procureur-generaal Arturo Chavez op 10 juni 1998 aan Reuters: *'De politie denkt dat er een andere seriemoordenaar aan het werk is, gezien de overeenkomsten in drie misdaden van het afgelopen jaar.'* Eind van dat jaar, op 9 december, berichtte de Associated Press: *'Ten minste zeventien lichamen laten zoveel overeenkomsten zien – de manier waarop schoenveters aan elkaar waren geknoopt, de manier waarop ze waren begraven, de aard van de verminkingen – dat rechercheurs kunnen zeggen dat er op zijn minst één seriemoordenaar aan het werk is. Zesenzeventig andere zaken vertonen zoveel overeenkomsten dat rechercheurs kunnen zeggen dat er één of meer na-apers aan het werk zijn.'* In feite was het enige wat met zekerheid kon worden vastgesteld dat er geen einde kwam aan het moorden.

Los Choferes

Het eerste kwartaal van 1999 bracht de gebruikelijke optelsom van de slachtoffers van bloedbaden: ten minste acht vrouwelijke slachtoffers. Op 3 maart begon het proces tegen Abdel Sharif voor de moord op Elizabeth Castro, maar als de autoriteiten dachten dat de zaak zou worden opgelost zaten ze er ver naast.

In de vroege ochtend van 18 maart wankelde een veertienjarig meisje in de buitenwijken van de stad naar de deur van een onbekende. Bloedend en snikkend vertelde ze haar verhaal over haar verkrachting en de poging haar te doden. Ze vertelde dat ze was verkracht en bijna gewurgd door de handen van de chauffeur van een maquiladora, Jesus Guardado Marquez genaamd. Zijn bijnamen waren El Dracula en El Tolteca. Een antecedenten-onderzoek bracht aan het licht dat Guardado één keer eerder veroordeeld was voor seksueel misbruik. Tegen de tijd dat de politie hem wilde aanhouden was hij al uit Ciudad Juárez vertokken, samen met zijn zwangere vrouw.

De autoriteiten in Durango arresteerden Guardado een paar dagen later. Guardado verklaarde later dat hij bij aankomst in Ciudad Juárez door de politie was geslagen. De politieagenten reageerden hierop door te verklaren dat Guardado de meervoudige moorden had bekend en de namen van vier medeplichtigen had genoemd. De anderen die in hechtenis zaten, waren Victor Moreno Rivera (El Narco), Augustin Toribio Castillo (El Kiani), Bernardo Hernando Fernandez (El Samber) en Jose Gaspar Cerballos Chavez (El Gaspy). Zij waren allen maquiladora-chauffeurs met als collectieve bijnaam Los Choferes ('De Chauffeurs'). Volgens de politie was Moreno de leider van de verkrachtende en moordende bende en werkte hij samen met Abdel Sharif in een ander plan van na-aperij dat was bedoeld om Sharif uit de gevangenis te krijgen.

Los Choferes ontkenden elke betrokkenheid bij de in totaal twintig moorden waarvoor ze werden aangeklaagd. Ze vertelden dat ze tijdens hun opsluiting wreed behandeld werden; ze zouden zijn geslagen en verstikt en stroomschokken hebben gekregen. Door deze martelingen zouden ze hun belastende verklaringen hebben afgelegd. Deze verklaringen zouden niet geloofwaardig zijn omdat ze onder dwang waren gegeven. Sharif ontkende elke connectie met Los Choferes en hield vol dat hij onschuldig was.

Terwijl de politie overtuigd was van haar nieuwste samenzweringstheorie spraken de feiten de theorie tegen. In mei 1999 berichtten de media dat 'bijna 200 vrouwen' sinds 1993 waren vermoord – veel meer dan het in oktober gemelde dodental van 117. De gepensioneerde FBI-profieldeskundige Robert Ressler was al vele keren van en naar Ciudad Juárez gekomen, met in zijn kielzog meer vragen dan antwoorden. Een team van dienstdoende FBI-agenten probeerde ook een profielschets van de Juárez Ripper te maken, maar zonder succes. De Mexicaanse functionaris Steve Salter, die de hulp van de FBI inriep, vertelde de Dallas Morning News: *'We zijn nu op een punt gekomen dat we deze moordzaken koste wat kost moeten oplossen.'* Met weer een woestijnzomer in het verschiet vreesden zowel politie als burgers dat de situatie alleen nog maar erger zou worden.

Publiek protest

Met de nadering van het nieuwe millennium kwam er geen verlichting in de beproeving van Ciudad Juárez. Op woensdag 6 en donderdag 7 november 2001 werden de stoffelijke resten gevonden van nog eens acht vrouwen. Zij werden aangetroffen op een leeg perceel, 300 meter van het hoofdkantoor van de Association of Maquiladoras, een groep waarin de meeste van de Amerikaanse export-montagebedrijven uit de stad vertegenwoordigd zijn. De politie kondigde de oprichting aan van een speciale eenheid die de moorden zou onderzoeken en een beloning van 21.500 Amerikaanse dollars voor het gevangennemen van de moordenaar(s). Maar dit nieuwe vertoon van daadkracht kon niemand bemoedigen.

De laatste slachtoffers waren op 10 november nog steeds niet geïdentificeerd toen functionarissen uit Chihuahua de arrestatie bekendmaakten van twee 28-jarige buschauffeurs, Javier Garcia Uribe en Gustavo Gonzalez Meza. Zij werden verdacht van het vermoorden van de acht vrouwen die drie dagen eerder waren gevonden. De woordvoerder van de openbare aanklager, Fernando Medina, verklaarde dat de twee mannen 'behoren tot een bende waarvan de leden vastzitten voor ten minste twintig van de verkrachtings- en moordzaken' en dat de slachtoffers die waren gevonden op 6 en 7 november geïdentificeerd waren. De politie noemde de namen van de negentienjarige Maria Acosta, de twintigjarige Claudia Gonzales, de vijftienjarige Esmeralda Herrera, de twintigjarige Guadalupe Luna, de twintigjarige Barbara Martinez, de negentienjarige Veronica Martinez (geen familie van Barbara), de zeventienjarige Laura Ramos en de zeventienjarige Mayra Reyes.

De verdachten verklaarden intussen dat al hun bekentenissen onder druk van martelingen waren afgelegd. De advocaten van de verdachten werden met de dood bedreigd. Een van hen, Mario Escobedo Jr., werd door de politie op 5 februari 2002 gedood tijdens een wilde achtervolging. De agenten hadden hem naar verluidt 'aangezien voor een voortvluchtige'. (In juni 2002 oordeelde de rechter dat het schietincident een kwestie was van 'zelfverdediging'.) Elf weken later, op 22 april, gaf de politie met tegenzin toe dat ze er niet in geslaagd was met DNA-tests de identiteit van de eerdere slachtoffers te bevestigen. Op 5 November 2002 ging de onzin weer verder: de aanklagers verklaarden dat nieuwe DNA-tests de identiteit van Veronica Martinez kennelijk bevestigden maar dat in de andere zeven gevallen geen resultaat was geboekt. (Gonzalez overleed op 8 februari 2003, naar verluidt als gevolg van complicaties die optraden na een operatie in de gevangenis.)

Door de arrestatie van Garcia en Gonzalez kwam volgens sommige rapporten het totale aantal verdachten dat in hechtenis zat op 51, maar de arrestatie had geen merkbaar effect op het moorden. Tien dagen nadat Garcia en Gonzalez waren gearresteerd werd in Ciudad Juárez een andere jonge vrouw gevonden. Zij was ontkleed en doodgeslagen. Zes dagen na de 'dood door een ongeval' van procureur Escobedo werd Marta Altolaguirre door de Inter-American Commission for Human Rights aangesteld om een onderzoek in te stellen naar de verhalen over de zogeheten tegenstanders in de stad die door de politie getreiterd en bedreigd zouden worden. Deze nieuwe publiciteit bracht de Mexicaanse president Vincente Fox ertoe opdracht te geven voor een nieuw onderzoek door 'federale misdaadspecialisten'. Lokale aanklagers waren hierover zeer verontwaardigd. Zij betoogden in de Dallas Morning News dat '27 van de 76 zaken' waren opgelost terwijl *'de overige moorden op vrouwen op zichzelf staande incidenten waren.'*

De wereldwijde publiciteit zorgde ervoor dat de gemoederen in Ciudad Juárez nog meer verhit raakten. Op 9 maart 2002 deden Texaanse wetgevers mee aan een protestmars van de twee landen door El Paso. De federale plaatsvervangend procureur-generaal in Mexico City, Jorge Campos Murillo, hitste de verslaggevers op door te zeggen dat sommige moorden waren gepleegd door 'juniors', zoons uit rijke Mexicaanse families die door geld en connecties aan vervolging waren ontkomen. (Kort nadat hij deze opmerkingen maakte, werd Campos overgeplaatst naar een andere baan en weigerde hij elk commentaar.) In oktober 2002 zette de FBI het onderzoek voort. Pogingen van hun kant om een profielschets te maken hebben tot dusver geen resultaat gehad.

De leiders van de stad Ciudad Juárez bleven intussen gespitst op de commercie. Bij de grens werd een groot houten kruis opgericht ter nagedachtenis aan de vermoorde en vermiste vrouwen. Majoor Jesus Delgado ontving hierop een boze brief van de Association of Business Owners and Professionals van Juárez Avenue, met de klacht dat dit vertoon een 'afgrijselijk beeld voor de toeristen' was. Op dezelfde dag dat de brief was geschreven, 23 september 2002, vond de politie nog eens twee vrouwelijke lichamen in Ciudad Juárez. Een van de slachtoffers was gewurgd en gedeeltelijk ontkleed, de andere was volgens de politie overleden aan de gevolgen van een overdosis drugs. Rechercheur David Rodriguez was echter zeer 'sceptisch' over deze uitspraak. Op 8 oktober werd opnieuw een jonge vrouw gevonden; ze was duidelijk doodgeslagen.

Het jaar eindigde niet best voor de middenstanders in Ciudad Juárez die zich zorgen maakten over hun reputatie. De First Lady van Mexico, Sahagun de Fox, riep op 25 november publiekelijk op een eind te maken aan het moorden toen meer dan duizend, in het zwart geklede, vrouwen in Mexico Stad een protestmars hielden tegen het trage onderzoek. Rechercheurs hadden intussen geen gebrek aan verdachten. Eigenlijk hadden ze er veel te veel en enkelen daarvan waren politieagenten.

Muerte

Rond januari 2002 varieerden de gepubliceerde schattingen van het dodental van 'bijna 100 tot 340'. Er was niemand meer die de doden probeerde te classificeren, niemand meer die het aantal verdachten nog wist. In de pers werd nog wel gespeculeerd over nieuwe verdachten, onder anderen:

Angel Resendez-Ramirez – Zit in Texas vast in afwachting van zijn executie. Hij blijft wel in beeld als dader van enkele van de Chihuahua-moorden. Candice Skrapec en profieldeskundige Robbert Ressler hebben hem genoemd.

Pedro Padilla Flores – Een voormalig inwoner van Ciudad Juárez die in 1986 werd beschuldigd van de verkrachting van en moord op twee vrouwen en een dertienjarig meisje. Hij bekende nog meer moorden maar werd daarvoor niet aangeklaagd. Padilla ontsnapte in 1991 uit detentie en is nog steeds op vrije voeten.

Armando Martinez (ook bekend als 'Alejandro Maynez') – In 1992 gearresteerd voor de moord op een vrouw in

Chihuahua City. Hij werd 'per ongeluk' vrijgelaten en verdween vervolgens (samen met zijn politiedossier). Ana Benavides, beschuldigd van het doden en in stukken snijden van een echtpaar en hun baby uit Ciudad Juárez in 1998, beweert dat Martinez deze drievoudige moord heeft gepleegd en haar heeft laten opdraaien voor zijn misdaad.

Carlos Cardenas Cruz en Jorge Garcia Paz – Voormalige federale agenten die voortvluchtig zijn. Zij worden gezocht voor ondervraging in de zaak van de verdwijning van de 29-jarige Silvia Arce en de 24-jarige Griselda Mares. Mares werd naar verluidt gedood door de politie tijdens een 'op een vergissing berustende' ruzie over gestolen wapens.

Perdo Valles – Hij was aangenomen om de moorden in Ciudad Juárez te onderzoeken toen hij zijn vriendin in 1998 op de politieacademie van Texas vermoordde. Hij is nog steeds voortvluchtig.

Dagoberto Ramirez – Nog een politieagent uit Ciudad Juarez. Hij werd in 1999 ontslagen nadat hij was beschuldigd van het vermoorden van zijn geliefde. Ramirez werd vrijgelaten nadat hij had beweerd dat de vrouw zelfmoord had gepleegd. Politiefunctionarissen hebben hem echter zijn functie niet teruggegeven.

Julio Rodriquez Valenzuela – Voormalig politiechef van de buitenwijk El Sauzal. Hij werd in april 1990 beschuldigd van een poging tot verkrachting van een zestienjarig meisje, vlak bij de plaats waar twee eerdere moorden zijn gepleegd. De autoriteiten van Chihuahua melden dat hij *naar El Paso of New Mexico* is uitgeweken en nog steeds voortvluchtig is.

Sergio Hernandez Pereda – Tot 1997 agent bij de

staatspolitie in Chihuahua. Hij verdween het jaar daarop, kort nadat zijn vrouw was vermoord. Hij is nog steeds voortvluchtig.

Melchor Baca – Een voormalig federaal politieagent, al acht jaar op de vlucht. Hij verdween nadat hij een vriend van zijn vrouw vermoordde in de rechtbank waar zij allebei werkzaam waren.

In een poging de leegte op te vullen worden allerlei samenzweringstheorieën gelanceerd, waaronder:

Satanische sekten – Er komen herinneringen boven aan de drugs-cultusmoorden die tussen 1980 en 1990 zijn gepleegd door de volgelingen van Adolfo Constanzo in Matamoros. Sommige inwoners van Chihuahua beweren hier een occulte macht aan het werk te zien.

Organenverzamelaars – Een stedelijke mythe die in een paar films en romans naar voren komt, heeft een griezelige weerklank in Ciudad Juárez. Er gaan praatjes dat er vitale organen uit enkele slachtoffers waren verwijderd.

De politie – In de afgelopen vijf jaar hebben ten minste tien vrouwen uit Ciudad Juárez politieagenten beschuldigd van gijzeling en seksuele intimidatie. Er zijn geen aanklachten ingediend. Rechercheurs zeggen echter wel dat ze een niet met name genoemde politieman verdenken in twee moordzaken uit 1995. Het betreft de moord op de 29-jarige Elizabeth Gomez en die op de 27-jarige Laura Inere.

Drugkartels – Volgens de autoriteiten waren enkelen van de vermoorde en vermiste vrouwen uit Chihuahua verslaafd of onbelangrijke smokkelaars die uit de weg geruimd werden omdat ze 'te veel wisten'. In een FBI-rapport van afgelopen november werden niet met name genoemde drugskoeriers beschuldigd van de marteldood in februari 2001 van de zeventienjarige Lilia Garcia. Zij werd gevonden op 100 meter van de plek waar in november 2002 acht andere slachtoffers werden aangetroffen.

Rijke sadisten – Er zijn nog steeds agenten die de moorden toeschrijven aan 'een complot van rijke en machtige mannen' die door hun rijkdom ongrijpbaar zijn voor de politie.

Voor wat betreft Abdel Sharif: *'problemen met bewijsstukken'* leverden hem in februari 2003, in de zaak Elizabeth Garcia, een gerechtelijke heroverweging op. Hoewel de tenlastelegging van moord overeind bleef, werd het vonnis verminderd van dertig naar twintig jaar. Beide partijen verklaarden dat ze tegen de uitspraak in beroep zullen gaan. De openbaar aanklager beweert dat Sharif van nog meer moorden beschuldigd zal worden.

Ondanks alle verdachten, alle samenzweringstheorieën en alle geruststellende woorden van de politiefunctionarissen is nu wel duidelijk dat deze zaak nog lang niet zal worden opgelost. Het enige waar deze hele toestand toe leidt, is nog meer lichamen in de woestijn.

4.

DE FRANKFORD SLASHER

Moord op het rangeerterrein

Het lijk lag tussen de rijen opgestapelde spoorbielzen op het SEPTA-rangeerterrein in Philadelphia, Pennsylvania, aan Penn Street en Bridge Street in het laaggelegen noordoostelijke stadsdeel dat Frankford wordt genoemd. Spoorwegpersoneel vond de dode vrouw omstreeks half negen 's morgens op 26 augustus 1985, maar het was onduidelijk wie ze was. (In zijn beide boeken noemt Michael Newton 28 augustus als datum, maar volgens de Philadelphia Inquirer gebeurde het incident twee dagen eerder.)

Volgens Newton was het slachtoffer naakt vanaf haar middel en ze was in een seksueel uitdagende houding neergelegd met gespreide benen en haar blouse opgetrokken tot boven haar borsten.

De volgende dag, 27 augustus, gaf de politie de identiteit van het slachtoffer vrij aan de Philadelphia Inquirer: Helen Patent, woonachtig in Parkland, Pennsylvania, een stad in de nabijgelegen Bucks County. Ze was 52 toen ze stierf en hoewel het voor de politie duidelijk was dat ze vele malen met een mes was gestoken, was een autopsie nodig om de officiële doodsoorzaak vast te stellen. Helen Patent was seksueel misbruikt en was overleden aan 46 steekwonden in haar hoofd en borst (Newton houdt staande dat het aantal steekwonden in feite 19 bedroeg). Ze was ook in de rechterarm gestoken en een gruwelijke diepe snee dwars over de buik had haar organen blootgelegd.

Bij de reconstructie van haar laatste uren stelden rechercheurs vast dat Patent voor het laatst was gezien bij haar woning op 19 augustus, zoals verklaard door

Kermit Patent, haar ex-echtgenoot. Kermit Patent identificeerde het lichaam en bevestigde dat de vermoorde vrouw Helen was. Ondanks het feit dat ze gescheiden waren, woonden ze samen in hun woning in Bucks County. Patent beweerde dat zijn vrouw een week eerder was weggegaan zonder te vertellen waar ze heen ging. Dat was niet ongebruikelijk aangezien ze elk hun eigen leven leidden. (In werkelijkheid waren kennissen rond Frankford verbaasd toen ze hoorden dat ze een woning buiten de stad had.)

Er was geen voor de hand liggend motief, maar ze kon zijn vermoord om haar het zwijgen op te leggen. Volgens de verklaringen bezocht Patent regelmatig de bars in het gebied en het kon heel goed dat ze een vreemdeling had ontmoet en vervolgens was verkracht en vermoord. De kranten repten niet van prostitutie maar naarmate zich meer van dit soort incidenten voordeden, werd het als mogelijkheid overwogen. In de anderhalf jaar die erop volgden werden nog drie slachtoffers in verband gebracht met de moordenaar van Patent en de plaatselijke krant zou een naam bedenken voor deze mysterieuze duivel: de Frankford Slasher.

Toeslagen en gemist

Begin 1986, op 3 januari, werd het volgende slachtoffer van een steekpartij gevonden. Anna Carroll, 68, woonde in een andere wijk in Philadelphia, in blok 1400 aan Ritner Street. De deur van haar appartement stond open op die koude winterdag en ze werd liggend op de vloer in haar slaapkamer aangetroffen. Zoals Newton vertelt, was ze naakt vanaf het middel en was ze slechts zesmaal in de rug gestoken; verder vertoonde ze een na haar dood toegebrachte gapende wond vanaf het borstbeen tot aan de lies alsof de moordenaar de ingewanden uit het lichaam had willen halen. In haar lichaam stak nog een keukenmes. Hoewel dit tafereel werd aangetroffen op 16 kilometer van de plaats waar Helen Patent was gevonden, waren de korte tijdsspanne tussen de incidenten en de overeenkomstige houding van de lichamen evenals het tijdstip – 's nachts – waarop de incidenten hadden plaatsgevonden, voor de autoriteiten aanleiding om de mogelijkheid te overwegen dat beide vrouwen slachtoffer van dezelfde dader waren geworden. Dit aspect werd echter niet actief nagetrokken.

Ook Anna Carroll was gezien in bars in de buurt Frankford, zoals de Philadelphia Inquirer meldde, en dat gold ook voor het volgende slachtoffer dat bijna een jaar later, op kerstavond, vermoord werd aangetroffen toen buren haar deur zagen openstaan. In feite waren ze alle drie gezien in 'Goldie's', zoals de Golden Bar werd genoemd. Deze bevond zich in blok 5200 aan Frankford Avenue, een locatie niet ver van het eindstation van de luchtspoorweg. Susan Olszef, 64, werd ook in haar appartement gevonden en was ook zesmaal in de rug gestoken. Ze woonde in Richmond Street, ruim 11 kilometer dichter bij de plek van de eerste moord.

Frankford was oorspronkelijk een zelfstandige stad, ouder zelfs dan Philadelphia, schrijft Lina Loyd in de Inquirer, en stond bekend als winterkwartier voor rondreizende circussen. De buurt had een symfonieorkest en een rugbyteam, dat uiteindelijk uitgroeide tot de Philadelphia Eagles. De El (luchtspoorweg) kwam in 1922 en bracht welvaart en industrie toen de grotere stad de kleinere annexeerde. Tegen 1980 was de plek echter een achterstandswijk waar misdaad regeerde, bevolkt door prostituees, junkies en kleine zelfstandigen die worstelden om het hoofd boven water te houden. Newton vermeldt dat Sylvester Stallone dit verloederde gebied als locatie koos voor zijn film Rocky. Aan Frankford Avenue, ooit befaamd als de King's Highway, stond een stuk van dertien blokken met allerlei winkelpuien in de schaduw van de El. Forenzen stapten uit op het drukke station maar verdwenen snel naar huis.

Onder de problemen die het onderzoek naar de moord belemmerden was het feit dat veel mensen naar de omgeving van Frankford Street werden getrokken vanwege het nachtleven. Je kon er een donut of een krantje halen of op elk moment van de dag een borrel drinken en dat maakte het tot een druk gebied. Een anonieme moord kon er gemakkelijk worden gepleegd. Een ander probleem was dat de politie er nog niet aan wilde dat de drie moorden met elkaar in verband stonden omdat ze in verschillende delen van de stad hadden plaatsgevonden. Ze hadden geen betrouwbare aanwijzingen na drie moorden maar er stond hun nog een nare verrassing te wachten. Om 7.30 uur op 8 januari 1987 werd een vierde slachtoffer gevonden.

Stad van broederliefde?

Jeanne Durkin leefde op straat, meestal in het portiek van een verlaten bakkerij, twee gebouwen voorbij Goldie's. Ze was 28 en in potentie een makkelijke prooi voor verkrachting of moord. Haar lichaam werd door een medewerker van een restaurant gevonden onder een opslagwagen (volgens Newton werd ze echter gevonden onder een kraam voor groente en fruit) op een perceel aan Pratt Street ten westen van Frankford Avenue, dat eigendom was van een fruitverkoper. Ze was 74 keer gestoken in borst, billen en rug. Het perceel lag maar een blok verwijderd van de plek waar Helen Patent was gedood. Durkin, badend in een plas bloed, was naakt vanaf haar middel en haar benen waren gespreid. Bloedspatten zaten op een hek en de zijkant van de wagen. Uit de autopsie bleek dat ze seksueel was misbruikt.

Nu zij slachtoffer nummer vier was, begon de krant druk uit te oefenen op de politie om deze misdaden op te lossen. Het was nu wel duidelijk dat er een seriemoordenaar rondliep in Philadelphia. In feite beleefde de Stad der broederliefde tussen 1985 en 1989 drie afzonderlijke reeksen brute moorden. Terwijl de misdaden van de Frankford Slasher werden onderzocht, kreeg de politie van een vrouw de melding dat ze was ontsnapt aan een excentrieke man die vrouwen gevangen hield in zijn huis aan North Marshall Street. Harold Schechter vertelt het verhaal in *The Serial Killer Files*. Een gevangene was gestorven nadat ze dagenlang aan kettingen had gehangen en een was vermoord. De politie viel het huis binnen en vond nog drie vrouwen die meer dood dan levend in een smerige kelder waren vastgeketend. Een zekere Gary Heidnik had hen als seksslavinnen gebruikt. Na zijn arrestatie gaf hij toe dat hij stukken van een slachtoffer had gegeten en ze aan zijn andere gevangenen had gevoerd.

Toen, op een snikhete dag in augustus 1987, werd Harrison 'Marty' Graham zijn appartement in

Noord-Philadelphia uitgedreven door een vreselijke stank. Hij vertrok maar toen de stank erger werd, ging de politie naar binnen. Ze ontdekten de in staat van ontbinding verkerende lijken van zes vrouwen en de stoffelijke resten van een zevende. Graham probeerde staande te houden dat de lichamen er al waren toen hij het appartement betrok. Uiteindelijk bekende hij echter dat hij hen allemaal seksueel had misbruikt en had gewurgd. Ondanks zijn beroep op ontoerekeningsvatbaarheid veroordeelde een rechter hem voor elk van de zeven moorden.

De autoriteiten formeerden snel een eenheid voor een huis-aan-huisonderzoek in de buurt rond Frankford Avenue om te zien of ze iemand konden vinden die getuige was geweest van iets wat verband hield met de slachtoffers. Ze ondervroegen een paar uur lang een vrouwelijke barkeeper bij Goldie's omdat ze de vrouwen gezien had en zelfs wist dat Durkin in de winter vaak binnenkwam om warm te worden. Ze spraken ook met allerlei klanten, oude en nieuwe. Barkeeper Dee Hughes vertelde Thomas Gibbons van de Inquirer dat ze dacht dat de moordenaar een klant was. *Ik geloof oprecht dat het iemand was die hier ook kwam en die hen had leren kennen.'* Ze noemde een man die ze verdacht, maar kon niets meedelen wat ze daadwerkelijk had gezien. Olszef was drie dagen voor ze werd vermoord nog in de bar geweest en ze had met mensen gesproken, maar Carroll bleef meestal op zichzelf en betaalde haar eigen drankjes.

Uit de gesprekken bleek dat mensen die het vierde slachtoffer hadden gekend niet dachten dat ze gemakkelijk overmeesterd had kunnen worden. Toen zes agenten eens hadden getracht haar te arresteren, had ze zo hevig teruggevochten dat ze het hadden moeten opgeven.

Dat bracht de onderzoekers ertoe te geloven dat ze haar aanvaller had gekend en dat hij list en geen kracht had gebruikt om haar in een kwetsbare positie te manoeuvreren. Een vrouw met de naam Michelle Martin, die ook vaak in de bars aan de Frankford Avenue kwam, had de nacht voor de moord ruzie gemaakt met Durkin om een deken. Maar dat was alles wat Martin in verband bracht met het slachtoffer. Tussen opnamen in psychiatrische inrichtingen door had Durkin de laatste vijf jaar op straat geleefd. Ze was gewiekst en onafhankelijk geweest. Sommige mensen zeiden hetzelfde van Helen Patent. Ze geloofden niet dat ze ooit met een vreemde naar het rangeerterrein zou zijn gegaan. De politie stond voor een raadsel.

Op 20 januari staken vijftig buurtbewoners kaarsen aan bij de El om te bidden voor de slachtoffers en de moordenaar te waarschuwen dat ze naar hem uitkeken. Velen huilden om de zwerfster, moeder van vier kinderen, die deel had uitgemaakt van hun gemeenschap. Onder hen was een man die in de zomer met haar had willen trouwen. In Israël werden twee bomen geplant te harer nagedachtenis. Zoals de kranten vermelden, had de politie in januari 1988 aarzelend besloten dat de moorden wellicht geen verband met elkaar hielden, ondanks de vergelijkbare omstandigheden. Maar binnen een jaar zou ze haar mening moeten herzien.

Gesignaleerd

Zoals Robert Terry en Thomas Gibbons berichtten in de Inquirer werd Margaret Vaughan, 66, liggend aangetroffen in de hal van een appartementengebouw in blok 4900 aan Penn Street. Ze had ooit in een van de appartementen gewoond maar was er diezelfde dag uitgezet omdat ze de huur niet betaalde. De vrouw, die 29 maal was gestoken, zo schrijft Newton, was vermoord op slechts drie blokken afstand van de plek waar Jeanne Durkin eerder dat jaar was gevonden.

Een barmeisje herinnerde zich dat Vaughan de avond voor haar dood in de bar was geweest met een blanke man met een rond gezicht die mankt liep en een bril droeg. Ze hadden samen wat gedronken. De getuige kon zoveel details geven dat een politietekenaar een portret kon schetsen, dat in de stad werd verspreid. Toch kwam niemand hem identificeren.

Toen werd op 19 januari 1989 de dertigjarige Theresa Sciortino in haar appartement gevonden met 25 keer messteken. Ze woonde alleen in haar woning aan Arrott Street, drie blokken verwijderd van het vijfde slachtoffer en anderhalf blok van Frankford Avenue. Net als Durkin was ze in diverse psychiatrische inrichtingen geweest en de laatste tijd woonde ze zelfstandig als poliklinische patiënt. Toen ze werd ontdekt, droeg ze alleen een paar witte sokken. Ze was achtergelaten in een plas bloed op haar keukenvloer, liggend op haar rug. Opnieuw had de moordenaar een scherp mes gebruikt om haar vijfentwintig keer in gezicht, armen en borst te steken. Bovendien had hij haar seksueel misbruikt met een houten stok van een meter lengte. Hij had het met bloed bevlekte wapen tegen de gootsteen gezet en volgens Newton een bloederige voetafdruk achtergelaten. Een buurman had de avond ervoor geluiden van een worsteling gehoord en een luide klap alsof er een groot

voorwerp op de grond werd gegooid. Rechercheurs bevestigden dat de toestand in het appartement erop wees dat
er een hevig gevecht had plaatsgevonden, dat zich van de
ene kamer naar de andere had verplaatst. Overal zaten
bloedspatten.

Sciortino was net als de andere slachtoffers vaak te
vinden geweest op Frankford Avenue en had vaak in man-
nelijk gezelschap verkeerd. Een van haar buren vertelde:
'Ze had veel kennissen.' Ondervraging bevestigde dat ze
voor het laatst in leven was gezien in de Jolly Post Tavern,
op de hoek van Griscom Street en Arrott Street (die
onterecht bekend staat als een van de pleisterplaatsen
van George Washington). Iemand had haar gezien in het
gezelschap van een middelbare blanke man, kort na zes
uur 's avonds. Niet lang daarna had haar buurman het
kabaal in haar appartement gehoord.

Rechercheur James Henwood vertelde verslaggevers
dat ze met dit zesde slachtoffer in de wijk Frankford weer
waren teruggekeerd naar de mogelijkheid dat er een
seriemoordenaar aan het werk was in die buurt, maar
politiearts Paul Hoyer ging uit van de veelvoorkomende
maar foutieve veronderstelling dat seriemoordenaars veel
vaker doden, met slechts enkele weken tussen hun misdaden. Toch spraken de feiten voor zich: alle slachtoffers
waren blanke vrouwen en hoewel ze sterk verschilden in
leeftijd, van 28 tot 68 jaar, kwamen ze vaak in dezelfde
buurt, waren ze wreed gestoken en gedood op een manier
die weinig sporen en geen getuigen naliet. Rechercheurs
wezen op dozen vol verslagen van gesprekken die ze
hadden gehad met werknemers en vaste klanten in het
gebied en die geen enkele aanwijzing hadden opgeleverd.
Ze hadden de riolering en vuilnisbakken doorzocht in de

buurt van Sciortino's appartement in de hoop het moordwapen te vinden, maar lieten niets los over het resultaat.
(Later zou blijken dat er niets was gevonden.)

Gezien de mogelijkheid dat het om een seriemoordenaar ging, had de politie toch een aantal oude dossiers
ingekeken en geconcludeerd dat een moord uit 1987 heel
goed verband kon houden met de laatste zes. Catherine
M. Jones, 29, was op 29 januari bevroren, bedekt door
sneeuw en deels ontkleed aangetroffen op een trottoir in
het stadsdeel Northern Liberties. Ze werkte als serveerster
en was een vaste klant geweest in de bars op Frankford
Avenue. Hoewel ze was doodgeknuppeld en er elementen
in haar achtergrond waren die erop wezen dat haar dood
niet in verband stond met de andere, kon ze evenmin uit
de reeks worden uitgesloten. Haar kaak was gebroken
en haar schedel verbrijzeld. (In latere verslagen wordt ze
vaak uit de serie slachtoffers weggelaten. Daarom kan het
zijn dat ze niet terechtkwam in de officiële slottelling van
de slachtoffers van de Frankford Slasher.)

De familie van de slachtoffers vond dat alles op alles
moest worden gezet om de moordenaar werd gepakt voor
hij de kans kreeg nog iemand te doden. Hun wens kwam
niet uit.

Nog een

Op 29 april 1990 ontdekte een agent tijdens zijn ronde
tegen twee uur 's morgens het naakte lichaam van Carol
Dowd, 46, in een steegje achter Newman's Sea Food op
nummer 4511 aan Frankford Avenue. Haar hoofd en
gezicht waren stukgeslagen en ze was 36 keer wreed

gestoken in gezicht, hals, borst en rug. Bovendien was in haar buik een lange wond toegebracht waardoor de ingewanden naar buiten kwamen. Newton vermeldt dat haar linkertepel was afgesneden. Ze had ook wonden op haar handen alsof ze zich tegen de dader had verweerd. De agent die haar vond, had gepatrouilleerd in verband met een eerder gepleegde inbraak. Naar schatting was Dowd vermoord ergens tussen middernacht en tien over half twee.

Ze had niet ver van de plaats van het misdrijf gewoond en een getuige vertelde de politie dat ze Dowd slechts enkele uren eerder had zien lopen met een oudere blanke man. Haar kleren werden vlak bij haar lichaam gevonden en haar portemonnee lag open in de steeg met de inhoud deels over de grond verspreid. Omdat er niets was ontvreemd, werd roof uitgesloten als motief (hoewel het later opnieuw in overweging werd genomen).

Haar broer vertelde verslaggevers dat er niets bijzonders was gebeurd in het leven van Dowd tot het eind van de jaren zestig, toen hun broer overleed en zij stemmen begon te horen. Er werd toen paranoïde schizofrenie gediagnosticeerd en ze werd opgenomen. Na een periode in een woongemeenschap onder toezicht, was ze in een appartement getrokken waar ze was verkracht. De laatste tijd woonde ze echter in een gemeentewoning waar ze heel gelukkig leek.

Onmiddellijk verdacht de politie dezelfde man die de zeven eerdere moorden in het gebied had gepleegd. Hun hypothese was dat hij zijn slachtoffers volgde als die 's avonds een bar uitkwamen of ze overviel voor ze op hun bestemming waren aangekomen. Voor hun onderzoek ondervroegen ze werknemers van de viswinkel. Leonard

Christopher, die er werkte en ook in de buurt woonde, vertelde verslaggevers dat er de laatste tijd regelmatig in de winkel was ingebroken. Toen hij de politie die ochtend in het steegje had gezien had hij gezegd: '*Ik dacht gewoon dat er weer was ingebroken.*' Het was dat, had hij gedacht, of ze hielden iemand aan vanwege drugshandel of prostitutie, praktijken die vaak voorkwamen in het steegje. Toen hij hoorde dat de politie in werkelijkheid een moord onderzocht, was hij met hen gaan praten en had toegegeven dat hij een van de eerdere slachtoffers, Margaret Vaughan, had gekend.

Zijn duidelijke kennis van het gebied en de slacht-offers maakte hem al snel verdacht. Toen hem werd gevraagd waar hij de nacht ervoor was geweest, beweerde hij dat hij bij zijn vriendin was geweest. Zij vertelde de rechercheurs echter dat ze de hele nacht alleen thuis was geweest. Die inconsistentie was aanleiding tot een indringender ondervraging en rechercheurs vonden een getuige die Christopher met Dowd had gezien in een bar op de avond dat ze was vermoord. Een prostituee die aanvankelijk loog, gaf uiteindelijk toe dat ook zij hen samen buiten een bar had gezien terwijl een andere getuige hem uit de steeg bij de viswinkel had zien komen. Ze zei dat hij hevig had getranspireerd en dat er een groot mes aan zijn riem had gehangen.

Zijn appartement werd doorzocht en er werd bebloede kleding gevonden. Christopher belde een vriend in de winkel met het verzoek te vertellen dat de politie hem verdacht. Die persoon, die anoniem bleef, vertelde de krant dat hun baas Christopher had gezegd dat hij bloed in de steeg moest opruimen, vandaar het bloed op zijn kleding. Anderen die met hem samenwerkten stonden in voor zijn goede karakter en menslievende aard. Ze vonden dat het verkeerd was om hem de moorden in de schoenen te schuiven. De huisbaas van Christopher bevestigde de positieve indruk en kon alleen maar zeggen dat hij soms te veel lawaai maakte.

Hoewel hij zwart was en niet de blanke man van middelbare leeftijd die met de andere slachtoffers was gezien, werd Christopher op 5 mei gearresteerd op beschuldiging van roof, mishandeling, moord en het bezit van een mogelijk moordwapen. Hij werd in hechtenis genomen zonder recht op borgtocht. Terwijl hij in de gevangenis zat, kreeg echter opnieuw een vrouw in het gebied rond Frankford Avenue dezelfde behandeling als de eerdere slachtoffers.

De vloek van Frankford

Op 20 juni moest Leonard Christopher voor de rechtbank verschijnen voor de moord op Dowd, omdat de bewijzen toereikend werden geacht. Twee vrouwen die hem kenden, hadden gezegd dat ze hem die nacht hadden gezien. Een van hen, Emma Leigh, zei dat hij rond een uur 's morgens de steeg achter de viswinkel was ingelopen en ze een vrouw had horen gillen. Ze werd opgepikt door een man in een auto (Newton heeft het over een afspraak, maar de kranten noemen het een klant die haar oppikte) en daarom had ze verder niets gezien. Linda Washington, de tweede vrouw, beweerde dat ze Christopher had gezien toen deze uit de steeg kwam met zijn shirt over zijn arm en pronkend met een mes dat in een schede aan zijn riem stak.

De advocaat van Christopher, Jack McMahon, verklaarde dat de getuigen elkaar tegenspraken en dat van hun verklaring niets overeind zou blijven tijdens een proces. Dat gold ook voor de beschuldiging van roof, omdat de geopende portemonnee van Dowd nog geld had bevat. Het voorwerp kon heel goed op de grond zijn gevallen tijdens de aanval.

Hoewel de schuld van de verdachte niet was bewezen, voelden de inwoners van de buurt rond Frankford Avenue zich opgelucht omdat er iemand was opgepakt. Ze wisten zich ervan verzekerd dat de buurt weer kon terugkeren tot de normale gang van zaken. Ze hadden het mis.

Christopher, in hechtenis genomen zonder recht op borg, zat veilig achter de tralies op 6 september 1990 toen Michelle Dehner vermoord werd aangetroffen (Newton noemt haar Michelle Martin, net als latere krantenberichten). Ze was dertig en woonde in een eenvoudig appartement op de vierde verdieping aan Arrott Street, niet ver van Frankford Avenue. Deze vrouw, die ooit verdacht werd van de moord op Durkin omdat ze hadden geruzied over een deken, was nu officieel van de lijst van verdachten geschrapt. Ze was een slachtoffer.

De politie die op die zaterdagmiddag naar haar flat was geroepen, trof haar liggend op de vloer aan. Ze was 23 keer stoken in borst en buik. Opnieuw leek het op het werk van de Frankford Slasher. Net als bij de andere binnenshuis gepleegde moorden was er geen spoor van inbraak en werd er geen duidelijk moordwapen ter plekke of in de buurt gevonden. Deze plaats delict was slechts drie blokken verwijderd van de locatie waar Carol Dowd was vermoord en in dezelfde straat waar in 1989 de mood op Theresa Sciortino was gepleegd.

De Inquirer beschreef Dehner/Martin als een zwaar aan drank verslaafde, paranoïde eenling. De mensen in de buurt noemden haar zelfs 'Crazy Michelle'. Ze gold als een wat onconventioneel type. Soms sloot ze zichzelf op in haar appartement en andere keren gooide ze van alles uit het raam, ongeacht wie eronder stond. Ze was vrijgezel, ruw in de omgang en kwam in dezelfde bars die ook de vorige moordslachtoffers regelmatig hadden bezocht. De grote blondine droeg vaak flodderige sweatshirts en een spijkerbroek en doodde de tijd door van de ene bar naar de andere te zwerven. Soms verkocht ze zachte zoute krakelingen op straat maar meestal dronk ze de hele dag door. Buren vertelden verslaggevers dat ze niet erg vriendelijk was en een persoon wist te melden dat ze zich niet vaak waste. Anderhalve dag voor haar dood had ze een bar verlaten in gezelschap van een blanke man (Newton zegt dat dit de avond van de zesde september was, maar dat was de dag waarop ze vermoord werd aangetroffen). De mensen hadden haar echter wel vaker mannen mee naar huis zien nemen.

Burgerwacht

Nu dachten de mensen dat de politie misschien de verkeerde man had aangehouden. Christopher leek immers niet op de blanke man van middelbare leeftijd die in gezelschap van twee andere slachtoffers was gezien voor deze waren vermoord. Bovendien hadden veel mensen getuigd dat hij een fatsoenlijke, vriendelijke kerel was. Als de politie hem ten onrechte had gearresteerd, betekende dit dat de echte moordenaar de hele tijd op vrije voeten was geweest en naar alle waarschijnlijkheid opnieuw had toegeslagen.

Op 27 oktober hielden vijftig inwoners van Philadelphia een stille tocht door de verregende straten van Frankford, langs de routes die volgens hen de moordenaar van de negen potentiële slachtoffers had genomen. Het was winderig en koud maar dat scheen niemand te deren. '*Langs de viswinkel*', berichtte de krant, '*waarachter een lichaam was aangetroffen, afgeslacht met een mes; langs een bar waar vier van de doden klant waren geweest en door Arrott Street, waar het laatste slachtoffer begin vorige maand neergestoken werd aangetroffen.*' Ze staken kaarsen aan, zongen liederen en baden, als eerbetoon aan '*de vrouwen die er niet bij konden zijn.*' Ze lazen ook uit de Bijbel en spraken zich uit tegen het geweld in hun buurt.

Rechercheurs van de afdeling moordzaken patrouilleerden door de straten en hielden vrouwen in het oog die in en uit de bars liepen en eruitzagen als mogelijke slachtoffers. Ze hoopten een glimp op te vangen van een man die er verdacht uitzag of zich zo gedroeg. Nadat ze meer dan vijftig mannen hadden nagetrokken die waren gezien toen ze een bar verlieten met een vrouw, bleven er twee mannen over die werden gesurveilleerd en er waren aanwijzingen voor een derde verdachte. Maar omdat er geen duidelijk patroon zat in de moorden in termen van een tijdsspanne of een type slachtoffer, had de politie geen duidelijke aanknopingspunten.

Het verbaasde hen ten zeerste dat in geen enkel geval iemand een man op straat had zien lopen met bloed op zijn kleding. Alle slachtoffers waren wreed bewerkt met een mes. Hun aanvaller moest heel wat bloed over zich heen gekregen hebben. Naar aanleiding van getuigenverklaringen was een compositiefoto gemaakt en hoewel ze menig telefoontje kregen, had niemand een persoon aangegeven die in alle redelijkheid verdacht leek. Het was het bekende liedje: oudere dames hadden de chauffeur van hun SEPTA-busje aangewezen, wraakzuchtige buren hadden de politie op iemand afgestuurd tegen wie ze een wrok koesterden. Paranormaal begaafden boden zinloze hulp en een tip droeg hekserij aan als motief. In feite hield een sekte inderdaad diensten in een naburig park. Die aanwijzing werd dan ook niet volledig uitgesloten.

De beste aanwijzing die de onderzoekers kregen, was de identificatie door de fabrikant van de schoen die een afdruk had achtergelaten op de locatie van een van de moorden. Een man werd gevonden die dezelfde schoenen in de juiste maat bezat. Hij kende het slachtoffer maar werd uiteindelijk niet in verband gebracht met de misdaad (volgens Newton ging het om de vriend van het slachtoffer). Er waren mensen die de vrijlating van Leonard Christopher eisten, maar in november begon zijn proces.

Het proces

Voor de civiele rechtbank luisterde een jury naar de openingsverklaringen op 29 november 1990, kort na Thanksgiving. Christopher was gekleed in een grijs kostuum en droeg een zwarte hoornen bril. Zoals de kranten het zeiden: hij zag er 'gestudeerd' uit. Hij leek in niets op de waanzinnige moordenaar die geacht werd de afgelopen vijf jaar door Frankford rond te rennen terwijl hij vrouwen verkrachtte en vermoordde.

Plaatsvervangend officier van justitie Judith Rubino verklaarde dat Christopher een wrede moordenaar was die een 'mes à la Rambo' had gebruikt om Carol Dowd neer te steken en te doden in de steeg achter de viswinkel waar hij werkte. Ze gaf toe dat ze geen getuigen had voor de daadwerkelijke moord, maar ze had wel getuigen die iets op straat hadden gezien. Deze getuigen zouden voldoende indirect bewijs leveren om de schuld van de aangeklaagde te bewijzen. Christopher was met Dowd in de steeg gezien en een getuige had een vrouw horen gillen. Hij was gezien toen hij de steeg uitkwam en Dowd werd onmiddellijk daarna dood aangetroffen. Hij was gezien met een mes en er zat bloed op zijn kleding. Bovendien had hij gelogen over zijn doen en laten die nacht en nog meer vreemde verklaringen afgelegd omtrent de moord.

Advocaat van de verdediging Jack McMahon vertelde de jury dat Christopher bekend stond als een zachtmoedig man, dat hij geliefd was en nooit eerder geweld had gepleegd. Hij wees erop dat aangezien de politie onder druk stond om de zaak op te lossen, er wellicht te snel een conclusie was getrokken.

De aanklager maakte hiertegen bezwaar en rechter George Ivins waarschuwde McMahon dat hij zich aan de feiten diende te houden. McMahon zette zijn pleidooi voort door erop te wijzen dat er zes gevallen waren voorafgaand aan de dood van Dowd die voldoende overeenkomsten vertoonden om te worden aangemerkt als het werk van een seriemoordenaar. Opnieuw maakte de aanklager bezwaar tegen deze redenering. Het was duidelijk dat McMahon trachtte het op gerede twijfel te spelen door te praten over de moord die had plaatsgevonden terwijl

Christopher in de cel op zijn proces zat te wachten.

De rechter riep de advocaten bij zich, die tegen elkaar begonnen te schreeuwen. Toch mocht McMahon zijn redenering voortzetten: '*Druk leidt soms tot onbetrouwbare resultaten.*' McMahon zei dat de politie had vertrouwd op bewijzen die in sterkere zaken terzijde zouden zijn geschoven en dat daarmee een fout was begaan. De getuigen waren prostituees en junkies, die ieder een flink strafblad hadden en negen van hen droegen een schuilnaam. Hij kon zich niet voorstellen dat iemand de jury ertoe zou aansporen deze mensen te geloven zonder gerede twijfel. In feite had Leigh toegeven tweemaal tegen de politie te hebben gelogen over het incident. Aanvankelijk had ze ontkend dat ze iets wist omdat ze de aangeklaagde graag mocht. Dat maakte haar tot een onbetrouwbare getuige.

McMahon wees erop dat Christopher bij zijn aanhouding door de politie geen verwondingen vertoonde en dat er geen fysiek bewijsmateriaal was dat hem in verband bracht met de plaats van het misdrijf. Er was geen moordwapen gevonden, geen zogenaamd Rambo-mes. Er was geen reden hem als moordenaar te beschouwen. Zo simpel was het echter niet.

Samenvatting

Tegenover het pleidooi van McMahon zette aanklager Rubino het feit dat toen de winkel de morgen na de moord op Dowd openging, Christopher aan zijn baas, Jaesa Phang, had verteld dat een blanke vrouw van ongeveer 45 jaar in de steeg was vermoord. De politie had deze feiten toen echter nog niet openbaar gemaakt. Ook had hij enkele dagen na de moord een vreemde opmerking tegen Phang gemaakt: *'Misschien heb ik haar vermoord.'* Hoewel hij zijn woorden snel had teruggenomen was de opmerking zijn werkgeefster bijgebleven, vooral omdat hij het niet alleen erg serieus leek te menen maar ook opmerkelijk zonderling had gedaan over het incident zelf. Volgens Phang had Christopher gebaren gemaakt alsof hij iemands ingewanden eruit haalde toen hij de misdaad beschreef. Hij beweerde omstreeks een uur 's morgens een blanke man op straat te hebben gezien, maar daarvoor waren geen verdere getuigen. In plaats daarvan noemden de enige getuigen die de politie had die die nacht op straat waren geweest allen Christopher.

Phang getuigde op 3 december dat Christopher haar ongeveer vijf dagen na de moord had verteld dat hij niet meer goed sliep omdat hij getuige was geweest van een moord. Hij sprak onsamenhangend en gedroeg zich zenuwachtig. Hij zei dat hij dacht dat een blanke man, die wist dat hij het gezien had, probeerde hem te doden. Hij geloofde dat de man zijn appartement in kon komen en zich in een kast zou schuilhouden. De volgende dag werd Christopher gearresteerd.

Het fysieke bewijs dat de openbare aanklager kon aandragen bleek een miniem bloedspatje op de broek van Christopher dat te klein was om te analyseren. Bovendien werd er bij vele rechtbanken destijds nog getwijfeld aan de waarde van DNA-onderzoek. Er waren ook nog geen tests beschikbaar voor dergelijke kleine hoeveelheden biologisch materiaal en het onderzoek was bovendien erg duur. De politie had ook een doekje met bloedvlekken gevonden van de bloedgroep O – die van Dowd – op een

oprit naast het gebouw waarin Christopher een appartement bewoonde. Maar Christopher had de politie verteld,
zo bleek uit verklaringen die werden voorgelezen aan de
jury, dat hij toen hij die nacht in het appartement van
zijn vriendin was, buiten een goedgeklede blanke man
van rond de veertig had gezien die zijn handen afveegde
aan iets wat eruitzag als een zakdoek of tissue. Het probleem was alleen dat Christopher die nacht niet in dat
appartement was geweest.

Het proces was kort en de slotpleidooien volgden al op
11 december. McMahon benadrukte het goede karakter
van Christopher en het feit dat de wreedheid waarvan
hij werd beschuldigd totaal niet in zijn karakter lag. De
openbare aanklager had geen motief, geen wapen en
geen direct bewijsmateriaal kunnen opvoeren. En de verklaring over de blanke man in de nacht van de moord
paste bij de beschrijving die eerdere getuigen hadden
gegeven van mannen die ze samen met de vorige slachtoffers hadden gezien. *'Er klopt gewoon niets van'*, zei
McMahon over het scenario van de aanklager. Toen de
jury op 11 december in beraad ging, vertelde hij verslaggevers: *'De zaak stinkt. Het slaat nergens op.'*

Officier van justitie Rubino vroeg echter welk motief de
getuigen hadden om te liegen. In feite waren sommigen
bevriend met Christopher, onder wie de getuige die ten
gunste van hem had gelogen tegenover de politie. Die
getuige had geen andere reden om haar verhaal uiteindelijk te veranderen dan dat ze ten slotte toch de waarheid had willen vertellen. Bovendien herinnerde Rubino
de jury eraan dat ze nog twee getuigen had opgevoerd
die Christopher in een bar met Dowd hadden zien praten
rond twaalf uur in de nacht dat ze was vermoord. Ze had

bovendien de verklaring van de vriendin van Christopher, Vivien Carter, dat hij die nacht niet bij haar was geweest zoals hij beweerd had. Rubino sloot af met een emotioneel pleidooi waarin ze zich afvroeg wat Carol Dowd gevoeld moest hebben toen ze met een mes was aangevallen en doodgestoken. Ze moest hebben geweten dat ze zou sterven. De sneden in haar handen zeiden genoeg.

Toen beide slotpleidooien waren gehouden, instrueerde de rechter de jury. Ze beraadslaagden meer dan vier uur voor hij de zitting schorste en de jury gebood zich voor de nacht af te zonderen. De volgende dag was duidelijk dat de jury geloof hechtte aan de zaak van de aanklager. Op 12 december, na nog vier uur van overleg, veroordeelden ze Christopher voor moord met voorbedachten rade op Carol Dowd. Een aantal juryleden was duidelijk emotioneel. *'Christopher vertoonde geen zichtbare reactie'*, schreef Linda Loyd in de Philadelphia Inquirer, *'maar zijn advocaat schudde zijn hoofd in ongeloof.'* Hoewel de aanklager de doodstraf had geëist, werd Christopher veroordeeld tot levenslang. Zijn reactie was dat hij in de gevangenis belandde door 'pipers' (prostituees die door de politie zijn overgehaald om te getuigen). Afgezien van zijn vreemde opmerking tegen zijn baas, had hij niets bekend. McMahon wees erop dat *'de echte moordenaar naar wie Christopher verwees als de Northeast Stalker wellicht nog steeds vrij rondliep.'* Had hij gelijk?

Onopgelost

Newton rangschikt de zaak van de Frankford Slasher in zijn boeken onder de noemer onopgelost, hoewel hij weet dat Leonard Christopher werd veroordeeld voor ten minste een van de moorden. Toch zet hij vraagtekens bij de veroordeling en wijst erop dat er geen bewijsmateriaal was dat Christopher in verband bracht met een van de andere moorden. (Hoewel hij terecht zegt dat de officier geen motief en geen wapen kon opvoeren, neemt hij een volledig verslag van het bewijsmateriaal tegen Christopher niet op. De uitspraken van Phang zijn op zijn minst uitzonderlijk.)

Antonia Mendoza neemt de Frankford Slasher niet op in zijn boek over onopgeloste seriemoorden, hoewel het aantal slachtoffers zeker hoog genoeg is om dat te rechtvaardigen. Hij gelooft de achterhaalde en officieel als dwaling erkende FBI-statistieken volgens welke er tussen de 35 en 50 seriemoordenaars vrij rondlopen in de Verenigde Staten. Hoewel het waar is dat een aantal moorden die door dezelfde dader gepleegd lijken te zijn onopgelost is gebleven, is het in het algemeen niet verstandig om er gewoon van uit te gaan dat ze het werk van een seriemoordenaar zijn. Het stuntelige geval van de Boston Strangler [de Wurger van Boston, vert.] is een goed voorbeeld om te onthouden. Er zijn goede verdachten voor veel van die elf moorden en technisch gezien zouden we ten minste enkele moorden in die 'serie' als onopgelost kunnen beschouwen. In elk geval was het zaad dat werd aangetroffen op het laatste slachtoffer van de Boston Strangler, Mary Sullivan, niet van Albert DeSalvo die gezien werd als de Strangler. Bovendien zat zijn beschrijving van de moord, evenals die van sommige andere misdaden, vol fouten die de rechercheurs over het hoofd zagen in hun haast om de gruwelijke zaak te sluiten.

Kortom: terwijl ten minste zeven (of acht) van de moorden van de Frankford Slasher nog onopgelost waren toen dit boek werd geschreven en een ervan plaatsvond terwijl Christopher in de gevangenis zat, kunnen we een na-aper niet uitsluiten en evenmin de mogelijkheid dat niet alle moorden met elkaar verband houden. En ook al zijn ze allemaal het werk een enkele moordenaar en is Christopher niet de dader, het lijkt er toch op dat er na 1990 geen soortgelijke misdaden meer zijn gepleegd in het gebied. Belangrijke vragen staan echter nog open ten aanzien van de kwaliteit van het bewijsmateriaal waarop Christopher is veroordeeld en het feit dat hij niet overeenkwam met de getuigenverklaringen over een blanke man die in gezelschap van andere slachtoffers was gezien. In veel opzichten lijkt het erop dat iemand ongestraft heeft kunnen moorden.

Tegenwoordig staat de buurt Frankford op de nominatie voor renovatie en wedergeboorte als een kunstenaarsgemeenschap. De mensen willen het smerige verleden vergeten en overgaan tot uitbreiding en expressie. In 2000 claimde de Inquirer dat de statistieken aantoonden dat Frankford tot de veiligste locaties in de stad behoorde. Hoewel de Frankford Slasher de buurt ooit een dreigende sfeer verleende, vinden de burgers tegenwoordig dat die reputatie onverdiend is.

5.

LA CROSSE: ONGELUK OF SERIE- MOORDE- NAAR?

Jubileum

Het was een bewolkte en koele nacht. De temperatuur zweefde rond de 10 graden en vanaf de misleidend kalme Mississippi joeg een kille bries door universiteitsstad La Crosse in Wisconsin. Maar na een lange strenge winter in de koude hogere regionen van het Middenwesten had de nacht van de 9e april 2004 voldoende belofte in zich van een naderende lente om studenten van de universiteit van Winsconsin en andere scholen in de buurt in drommen de straten van La Crosse in te lokken.

Bovendien was het vrijdagavond, de wildste nacht in feeststad La Crosse. Jared Dion ging die avond stappen met vrienden en zijn broer Adam. De stoere 21-jarige tweedejaars student maakte deel uit van het worstelteam van de universiteit van Wisconsin-La Crosse en was al op de middelbare school een uitmuntend atleet geweest. Dion had duidelijk gedronken. Volgens alle berichten was hij echter niet zo dronken dat het zijn medefeestgangers opviel toen hij uit een van de bars in het centrum kwam met zijn baseballpet op en gekleed in een bruin UW-LaX-sweatshirt. Het was jammer dat ze niet beter opletten. Het was de laatste keer dat een van hen de sterke jonge worstelaar in leven zou zien.

Vijf dagen later werd het opgezwollen lichaam van Jared Dion uit het ijskoude water van de Mississippi gevist. Later zouden de autoriteiten verklaren dat zijn dood een ongeluk was. Hij was verdronken, zo bleek uit de autopsie, nadat hij voldoende alcohol had geconsumeerd om het alcoholpercentage in zijn bloed naar een waarde van .28 te jagen, bijna drie keer de hoeveelheid waarbij iemand volgens de wet onder invloed verkeert.

Het was zeker tragisch, zei de politie, dat alweer een jonge student te veel had gedronken en te dicht bij de rivier was gekomen. Meer was er volgens hen echter niet aan de hand. Natuurlijk waren er facetten aan de dood van Dion die op het eerste gezicht vreemd leken zoals het feit dat zijn baseballpet nonchalant op een paaltje hing, niet ver van de plek waar Dion naar werd verondersteld in het water was gevallen.

Dit liet zich echter eenvoudig verklaren, volgens de autoriteiten. Een groepje passerende joggers had het ding op de grond zien liggen en over het paaltje gehangen, beweerde korpschef Ed Kondracki later. Het kon hem niet veel schelen dat een van diezelfde hardlopers later aan Anne Marie Conte van het blad Stuff vertelde dat zijn interpretatie van dat voorval niet correct was. In werkelijkheid, zo vertelde de hardloper aan Conte, hing de pet al over het paaltje toen hij er de eerste keer langskwam. *'Hij hing al aan het paaltje'*, vertelde de vijfdejaars aan Stuff. *'We zijn helemaal niet gestopt. We hebben niets aangeraakt. En dat staat ook in het politierapport.'* Toch bleef de politie ervan overtuigd dat de dood van Dion een ongeluk was geweest.

Het was gewoon een stom toeval, zei men, een macaber toeval maar niettemin een toeval dat de verdwijning van Jared plaatsvond precies vijf jaar na de dag dat een andere jonge student, een jongeman die verbluffend veel gelijkenis had vertoond met Dion, was verdronken in hetzelfde deel van de rivier onder omstandigheden die ijzingwekkend veel leken op die waaronder Dion de dood had gevonden.

IJzingwekkende overeenkomst

Zelfs dat zou heel aanvaardbaar zijn geweest als die jongeman, wiens naam Jeff Geesey was, de enige jonge student was geweest die snakkend naar adem en wild spartelend in het ijzige water van de 'Big Muddy' was gestorven. Maar de waarheid was dat Dion en Geesey twee van vijf atletische, knappe, baseballpetjes dragende jongemannen waren die allen op een heel gelijksoortige manier hun einde hadden gevonden.

Hoewel de politie erbij bleef dat allen waren overleden ten gevolge van de drinkgewoonten op de universiteit – een theorie die werd gesteund door diverse leidinggevenden op de universiteit – dacht menigeen in La Crosse er heel anders over.

In de dagen na de dood van Dion staken oude geruchten weer de kop op in de gemeenschap. Waren de jongemannen gewoon ongelukkige slachtoffers van traditioneel overmatig alcoholgebruik op de universiteit en in de stad La Crosse of was er iets ergers, iets gruwelijkers aan de hand?

Jaren eerder, toen het lijk van Geesey was blijven haken in een boomstronk in de rivier waar het was gevonden door vissers, waren inwoners van La Crosse al begonnen te fluisteren dat er misschien een moordenaar aan het werk was in hun stad, een moordenaar die het om welke reden dan ook had gemunt op gespierde jongemannen en zijn slag sloeg wanneer deze te diep in het glaasje hadden gekeken.

Misschien, vertelden inwoners later aan Conte van Stuff, was de moordenaar een taxichauffeur die zijn slachtoffers in de val lokte door hun een 'veilig' ritje naar huis te beloven. Misschien liep er een gestoorde prostituee rond, een diepvriesversie van Aileen Wuornos, de hoer uit Florida die haar ziedende haat jegens mannen toonde door haar vrijers neer te schieten. Misschien, speculeerde een aantal mensen, patrouilleerde er in de vroege uurtjes een moordzuchtige agent door de straten van de 50.000 inwoners tellende stad.

Geruchten

Die geruchten waren verstomd in de maanden en jaren die volgden op de dood van Geesey. Maar ze kwamen allemaal weer naar boven toen het lichaam van Dion werd gevonden. In feite werden de geruchten een week nadat Dions lijk was ontdekt zo hardnekkig dat Kondracki namens de politie de ongebruikelijke stap zette een openbare bijeenkomst te organiseren. Tijdens de bijeenkomst, die ook op tv werd uitgezonden, legden de inwoners de politie, het bestuur van universiteit en de gezondheidsdienst het vuur na aan de schenen. Onder de mensen die zij bestookten met provocerende vragen was ook Dan Marcou. Deze politieman uit La Crosse was echter tragisch genoeg ook de oom van een van de vijf jongens die de dood vonden in de rivier.

Zoals Conte de scène beschrijft, moest Marcou *'zijn tranen terugdringen toen hij de menigte de les las.'*

'De politie van La Crosse heeft al deze sterfgevallen grondig onderzocht', citeert ze de woorden van Marcou. *'Ik moet aanhoren hoe mensen applaudisseren bij de gedachte dat mijn neef is gedood door een seriemoordenaar. Deze gemeenschap is zelf als een alcoholverslaafde. Ze denkt*

*liever dat er een moordenaar vrij rondloopt dan dat ze toe-
geeft dat er een alcoholprobleem bestaat.'*

Misschien had Marcou gelijk. Misschien was de seriemoordenaar die het op de jongemannen van La Crosse
had gemunt niets anders dan een verzinsel, voortkomend
uit hun eigen neiging tot overdrijven. Het lijdt geen
twijfel dat moord door verdrinking op zijn zachtst gezegd
ongebruikelijk is voor een seriemoordenaar. Over het
algemeen streven seriemoordenaars ernaar controle uit
te oefenen over elk aspect van de dood van hun slachtoffers. Het zou wel een zeer aparte seriemoordenaar zijn,
vertelden diverse deskundigen aan het tijdschrift, als hij
het aan de luimen van de rivier zou overlaten om zijn
prooi af te maken.

Maar, zoals het tijdschrift Stuff betoogde, daartegen-
over stond een even steekhoudend argument namelijk
dat *'de politie wellicht te voortvarend de mogelijkheid had
ontkend dat een of meer moordenaars verantwoordelijk
waren voor enkele of alle sterfgevallen, domweg omdat
het onwaarschijnlijk leek.'* Bovendien, zo meende het tijdschrift, waren er sterke aanwijzingen dat de politie 'nooit
een van de sterfgevallen grondig had onderzocht op de
mogelijkheid van moord.'

Nog overtuigender was volgens het blad het bestaan
van ten minste één persoon, een lid van een vreemde
subcultuur die seksueel opgewonden raakt door verdrinking. Deze had in veel opzichten gepast binnen het
profiel van het type persoon dat een reeks moorden had
kunnen plegen volgens het scenario waarvoor de inwoners van La Crosse vreesden. In feite was de man al eens
aangewezen als een 'verdacht persoon' bij ten minste
één gelijksoortig geval van verdrinking stroomopwaarts

in Minnesota. Maar zes maanden nadat Stuff de poltie van La Crosse voor het eerst wees op zijn bestaan, negen maanden nadat het lijk van Dion was gevonden en bijna een decennium nadat de eerste jonge mannelijke student in La CRosse dood werd aangetroffen, geven de autoriteiten toe dat de man nooit is ondervraagd. Evenmin werden zijn activiteiten tijdens de betreffende periode nagetrokken om te bepalen of hij in de buurt van La Crosse was ten tijde van een van de sterfgevallen aldaar.

Dientengevolge zijn er tot nu toe weinig harde feiten die erop wijzen dat er een seriemoordenaar aan het werk is in La Crosse in Wisconsin. Maar het is even waar dat de plaatselijke politie nog niet veel heeft gedaan om afdoende te bewijzen dat de mensen in La Crosse en de studenten aan de universiteit ten onrechte denken dat die er wel is.

Deel van de overlevering

Er zijn natuurlijk duizenden redenen aan te voeren waarom de autoriteiten met recht de gedachte van de hand wijzen dat een moordzuchtige maniak het gemunt heeft op de jongemannen in La Crosse.

Kim Vogt is professor in de criminologie aan de universiteit en medeauteur van een open brief aan de studenten, die na de dood van Dion is opgesteld. In het epistel met de titel *Waarom we er voor 99 procent zeker van zijn dat het geen seriemoordenaar is'* stelde ze dat er veel andere plausibele verklaringen zijn voor de reeks tragische sterfgevallen in La Crosse. Maar elk van die verklaringen zou het studentencorps en de gemeenschap in zijn geheel dwingen kritisch te kijken naar zichzelf, het drinkgedrag van studenten en de economische voordelen die dat gedrag bepaalde sectoren binnen de ondernemende gemeenschap brengt. En, zo zegt ze, er bestaat geen enkele bereidheid dat te doen. In zekere zin is het bestaan van een seriemoordenaar, zelfs een fictieve, beter te verteren. *'Ik denk dat mensen gemakkelijker geloven dat de dood van de studenten is veroorzaakt door iets waarover ze geen controle hebben'*, vertelde Vogt aan Stuff. *'Ik bedoel dat het ze minder zwaar op het geweten drukt.'*

'Ik denk dat [...] we niet willen zien dat ons persoonlijk handelen ons mogelijk kan schaden', zei ze. Voeg daarbij het feit dat zolang het gerucht bestaat, de media dat zullen opblazen, aldus Vogt. *'Even reëel is dat de media graag het feit opkloppen dat het om een onbekende kan gaan. Er doen in dit soort gevallen verhalen de ronde [...] die dit vuurtje aanwakkeren en zulke verhalen gaan rond onder studenten in de bars, zelfs onder studenten die de laatste keer dat er iemand verdronk niet hier waren.'* Met andere woorden, zo zei ze: het idee van een seriemoordenaar is deel gaan uitmaken van de overlevering op de universiteit van Winconsin in La Crosse. Legenden, vooral die met een vleugje spookverhaal erin zoals deze, zijn moeilijk uit te roeien. Het is zo'n vast gespreksthema geworden, merkte Conte op, dat de plaatselijke columnist Matt James zich geroepen voelde om, zoals zij het stelt, het praatje over seriemoordenaar af te doen als een 'stadslegende'; hij *'schreef een boos artikel waarin hij de mensen opriep er niet meer over te praten, te schrijven of te bellen naar de TV-zenders.'*

Uit weinig blijkt dat de mensen in La Crosse naar James luisterden.

Een cultuur van scepticisme

Er is natuurlijk nog een ander aspect binnen de cultuur van UW-LaX dat bijdraagt tot, in haar woorden, het scepticisme waarmee de politie telkens wordt begroet wanneer ze probeert een eind te maken aan speculaties dat er een seriemoordenaar aan het werk is. Uiteindelijk, zegt ze, komt het erop neer dat de studenten de politie gewoon niet vertrouwen. *'Er speelt hier een soort ondertoon'*, zei Vogt. *'De korpschef heeft uitstekend werk verricht in de afgelopen tien jaar door zich te concentreren op het gemeentelijke politiewerk, maar zijn relatie [...] met de universiteit [...] met de studenten aan de universiteit in het bijzonder is altijd gespannen geweest. Er is sprake van veel voorschriften en politieoptreden gericht tegen drankgebruik onder minderjarigen. Ik denk dat voor veel studenten het contact met de politie zich daartoe beperkt en dat de politie daarom niet bepaald als een steun wordt gezien.'*

Korpschef Kondracki heeft zijn opvattingen over de zaken bovendien niet erg effectief over het voetlicht gebracht, aldus Vogt. *'Hoewel de chef van de politie, en ik geloof dat stellig omdat ik er met hem over heb gesproken, zegt dat hij openstaat voor elk idee, denk ik niet dat hij dat vanaf het begin heeft laten blijken.'* Volgens haar waren de studenten ook niet de enigen die meenden dat Kondracki hun zorgen bagatelliseerde. *'Ook de gemeenschap [...] vindt dat de korpschef zich neerbuigend opstelde'*, zei ze. *'Misschien kwam zijn toon zo over, maar ik denk niet dat hij het zo bedoeld heeft.'*

Het resultaat was dat de politie, de gemeenschap en de studenten, allemaal tot op zekere hoogte verdrietig en verward en misschien zelfs bevreesd, uit elkaar dreven door een groot gevoel van wantrouwen. En dat, zei ze, is de perfecte paaigrond voor spookverhalen.

Het kunnen zebra's zijn

Toch houdt Vogt vol dat er heel weinig bewijs is dat de theorie van een seriemoordenaar staaft. Voor Vogt zijn de overeenkomsten in de fysieke beschrijving van de slachtoffers niet echt doorslaggevend bewijs dat er een seriemoordenaar rondwaart. Hoewel het waar is dat een specifiek soort moordenaar dat doodt uit woede geneigd is een specifiek type slachtoffers te kiezen, zou een seriemoordenaar onder de zeer homogene bevolking van het Middenwesten heel hard moeten zoeken om een jongeman te vinden die niet binnen het profiel van de slachtoffers past, zei ze. *'De toevallige overeenkomsten die mensen altijd naar voren brengen, zijn dat ze allemaal de studentenleeftijd hadden, allemaal bruin haar hadden en allemaal blank waren'*, zei Vogt. *'Maar die beschrijving past bij 95 procent van onze bevolking.'* En wat betreft dood door verdrinking, aldus Vogt, blijkt uit haar vooronderzoek dat bij jongemannen de kans daarop tien keer zo groot is als bij jonge vrouwen.

De feiten willen dat ze geen enkel rapport heeft kunnen vinden over een seriemoordenaar die verdrinking als methode gebruikte. *'Ik maak deel uit van een internationaal team dat moorden onderzoekt en nog voor we onze brief schreven [...] stuurde ik een memo [...] naar het team met de strekking: is er iets wat mij is ontgaan?'*

'Nee', antwoordden ze, *'niets. Het past gewoon niet binnen het patroon van een seriemoordenaar'*, aldus Vogt.

Natuurlijk zijn er wel gevallen geweest waarin moordenaars met opzet hun slachtoffers hebben verdronken en in enkele, zij het zeldzame, gevallen verdrinking hebben gebruikt om meerdere slachtoffers te vermoorden. Andrea Yates, de geestelijk gestoorde Texaanse moeder die haar vijf jonge kinderen verdronk, is een voorbeeld. Maar seriemoordenaars, die zorgvuldig hun aanval plannen en genieten van de uitvoering ervan, zijn een ander soort beesten, zegt ze. *'Seriemoordenaars willen zien hoe mensen sterven.'*

Zoals psychotherapeut en profieldeskundige John Kelly tegen Stuff zei, was het bewijs op zijn best twijfelachtig. Simpel gezegd waren de verdrinkingen in La Crosse 'tamelijk vreemd', vertelde hij het tijdschrift. *'De jongens kunnen zijn vermoord, maar de dader moet zijn werk dan zo goed hebben gedaan dat er geen fysiek bewijsmateriaal is achtergelaten. Als er sprake zou zijn van een seriemoordenaar, zou deze zich ervan vergewist hebben dat het slachtoffer dood was voor hij het in de rivier gooide. Een seriemoordenaar wil niet het risico lopen dat hij later voor de rechter kan worden geïdentificeerd. Ik zou me wel kunnen voorstellen dat de dader het slachtoffer verdooft en het dan in een bad of zo verdrinkt en vervolgens in de rivier gooit.'* Maar een dergelijk scenario maakt de zaak er niet plausibeler op, naar het idee van Vogt.

Zoals Vogt het ziet, maken de statistieken, de geschiedenis van alcoholmisbruik in de gemeenschap en het gebrek aan vertrouwen tussen de politie en bepaalde elementen binnen de gemeenschap tezamen het veel plausibeler dat het spook van een seriemoordenaar veeleer nep is dan een echte kwade genius. Zoals Vogt het uitdrukte: *'Als je hoefgetrappel achter je hoort, verwacht je achter je paarden te zien en geen zebra's.'*

Toch denken veel mensen een goede reden te hebben om ervan uit te gaan dat er ten minste één zebra in de kudde loopt. *'De waarschijnlijkheid dat vijf dronken studenten toevallig dezelfde of zelfs verschillende routes volgen en dan uitkomen op de oever van de rivier is vrijwel nihil'*, zei de bij het politieonderzoek betrokken psycholoog dr. Maurice Godwin, die op verzoek van Stuff de rapporten van het politieonderzoek en de autopsie in de zaak analyseerde. In zijn visie is het hoogstwaarschijnlijk dat er een seriemoordenaar in La Crosse is of was, die betrokken was bij een of meer van de sterfgevallen in de afgelopen zeven jaar.

Een andere visie

Godwin is niet de enige die er zo over denkt. *'Er lopen meer seriemoordenaars rond dan we weten en er worden meer mensen gedood door seriemoordenaars dan we ons realiseren'*, zegt Pat Brown, onderzoeker en oprichter van de Sexual Homicide Exchange.

Brown, profieldeskundige en ster uit de serie *I, Detective*, is graag bereid toe te geven dat er veel redenen zijn om sceptisch te staan tegenover de mogelijkheid dat een seriemoordenaar verdrinking zou kiezen als methode om zijn drang tot moorden te bevredigen. *'Het is niet erg gemakkelijk'*, zegt ze. *'Daarom hebben seriemoordenaars er zo'n moeite mee. Het is een fantastisch idee maar het is heel moeilijk om die hoeveelheden water te vinden als je ze nodig hebt. Je moet iemand dus mee naar huis nemen en proberen hem in je badkuip te krijgen: geen gemakkelijke klus, tenzij je Jeffrey Dahmer bent.'*

Maar dat betekent niet, zegt ze, dat er geen kandidaten rondlopen, wellicht seriemoordenaars in spe die seksueel opgewonden raken van de daad van verdrinking en in hun fantasie de volgende Dahmer worden.

In feite heeft Brown de afgelopen jaren één man in het bijzonder gevolgd.

Ze zegt er direct bij dat de man – zowel Stuff als de uitgever hebben besloten zijn naam niet te vermelden omdat hij niet in staat van beschuldiging is gesteld in deze zaak – geen formele verdachte is. Maar in veel opzichten, zo zegt ze, past hij binnen het profiel van het type man dat in staat geacht mag worden het soort misdaden te plegen dat volgens velen in La Crosse heeft plaatsgevonden. Ze maakte voor het eerst kennis met de man toen ze een soortgelijke zaak onderzocht, de dood van de 21-jarige student Chris Jenkins, een van meerdere studenten die verdronken in Minnesota. Brown – en met haar Chuck Loesch, een privé-detective ingehuurd door de familie van Jenkins – houdt staande dat ze hebben vastgesteld dat deze X, een voormalige gigolo, in Minneapolis woonde, slechts enkele straten verwijderd van de plek waar Jenkins verdween ten tijde van zijn dood. Brown beweert verder dat er ook bewijs is dat de man enige tijd in Wisconsin heeft doorgebracht.

De verdachte van de profieldeskundige

De man kwam voor het eerst onder de aandacht van Brown aan het eind van de jaren negentig, vertelde ze, toen de autoriteiten in St. Charles, Missouri, contact met haar opnamen. *'Ze hadden iemand op het politiebureau binnengekregen die extreem vervelend was'*, zei Brown. *'Hij was binnen komen lopen [...] met een verhaal dat hij de volgende Jeffrey Dahmer zou worden.'*

Het behoeft geen betoog dat de agenten hem niet geloofden. De autoriteiten in St. Charles hebben dat erkend. In feite werd hij van de ene agent naar de andere doorgeschoven, kreeg hij eenmaal de instructie zijn verhaal aan de FBI te vertellen en een politieagent liet zelfs een dwangbevel tegen hem uitvaardigen, allemaal omdat ze genoeg van hem hadden.

Het mag de agenten vergeven worden dat ze de man wegstuurden. Zij zagen het zo: als iemand beweert dat hij een seriemoordenaar is, dan hij is het niet, aldus Brown. Het probleem is natuurlijk dat dat 'niet klopt.' *'Er zijn in het verleden dergelijke gevallen geweest, waarin ze precies zijn wat ze beweren te zijn'*, zegt Brown. *'Ze willen het concept uitproberen [...], mensen zeggen "Ik wil iets zijn, dus laat ik erop uitgaan en zeggen ik ben iets en na een tijdje raak ik gewend aan het idee en kan ik het ook echt zijn."'*

'Mensen doen dat bij allerlei beroepen. Dus waarom niet als seriemoordenaar?' vraagt Brown.

Toch nam ten minste een van de rechercheurs in het district St.-Charles de beweringen van de man zo serieus dat hij Brown om een second opinion vroeg. De rechercheur, die bereid was met het tijdschrift te spreken op voorwaarde dat hij anoniem zou blijven, was met name verontrust door de kennelijk obsessieve seksuele fantasie van de man dat hij toekeek hoe jonge mannen en jongens worstelden terwijl ze verdronken.

De man had bij een begrafenisonderneming de perfecte

baan gevonden voor iemand die gefascineerd wordt door de dood. Het bleek dat hij regelmatig een website bezocht die was gewijd aan een subcultuur van fetisjisten die hun seksuele prikkels haalden uit fantasieën over verdrinking.

De agent vroeg Brown te kijken of ze via de website met de man in contact kon komen en kon bepalen of hij al dan niet serieus was, vertelde Brown. Ze zei zeer onder de indruk te zijn van de proactieve houding van de agent. *'In plaats van te zeggen: "Nou, hij heeft nog geen misdaad gepleegd" [...] zei hij: trek de zaak na, en dat is precies wat we hebben gedaan.'*

Een heel bizarre fetisj

Hoewel ze al tientallen jaren te maken heeft met de laagste criminelen die men zich kan voorstellen, werd zelfs Brown verrast door het bizarre karakter van deze specifieke fetisj en de website die de adepten voorzag van voer. *'Als je lang genoeg meedraait in mijn vakgebied kom je dingen tegen waarvan je je domweg niet kunt voorstellen dat ze bestaan'*, zei ze. *'Ik bedoel: er is een hele site voor mensen die slangen willen zijn zodat ze mensen kunnen opslokken. Dat is ook iets seksueels.'* Maar een website die volledig gewijd is aan verdrinking als een fetisj? *'Dat is het vreemdste wat ik ooit ben tegengekomen.'*

Niemand weet met zekerheid hoeveel mensen die specifieke neiging delen, aldus Brown. *'Ik bedoel dat deze site niet de enige site op het net is. Ik kan geen feitelijke cijfers geven over dergelijke dingen [...] maar het komt beslist vaker voor dan mensen zich realiseren.'*

'Het is niet een van de meest voorkomende fetisjen', zei ze verder, 'omdat het eerlijk gezegd heel onaangenaam is. Ik bedoel: als je wordt verdronken in het water is dat echt niet overdreven grappig en de meeste mensen zijn er niet voor in. Denk niet dat het een enorme kick is [...] om elkaar daadwerkelijk onder water te trekken en de angst te hebben: [...] zal ik nog lucht krijgen? [...] Het is veel moeilijker te begrijpen.'

Brown deed zich voor als een vijftienjarige jongen die zijn eigen broer jaren eerder in het zwembad in de achtertuin had zien verdrinken. Zo dook ze in de macabere fantasiewereld van de verdrinkingsfetisjisten en legde al snel contact met de 37-jarige medewerker bij een begrafenisonderneming over wie de agent haar had verteld. De e-mails die de twee uitwisselden, waren even ijzingwekkend als tekenend.

In alle gevallen was het de man die de ander wilde verdrinken. 'Sommige mensen zullen zich online aandienen als iemand die samen met een ander onder water wil gaan. De gedachte daarbij is: "jij verdrinkt mij en dan verdrink ik jou"', vertelde Brown. 'Deze man is heel anders. Hij wil niet verdronken worden. Hij liegt daarover en deelt de zaak dus niet met je. Zodra je met hem gaat fantaseren, wil hij al het verdrinkwerk doen. Ik bedoel, hij speelt mee of doet net alsof [...] jij ook aan de beurt komt, maar dat is niet het geval.'

Iets verontrustends

Er was nog iets verontrustends aan de man. De meeste adepten van SM zijn meer geïnteresseerd in het gevecht dan in de uiteindelijke uitkomst, aldus Brown. 'Sommige mensen houden van het gevecht. Het betekent macht. Sadomasochisme... je zoekt naar een gevecht, hoe lang kun je je verzetten onder de macht van die persoon onder water [...] en zij [...] laten je tot een climax komen', zei ze. 'De bedoeling ervan is [...] "We gaan samen een spel spelen". [...] De opzet ervan is niet sadistisch.'

Maar zo staken de dingen niet elkaar bij de prooi van Brown. 'Als je tot de kern doordringt [...] draaide zijn versie meer om: ik houd je onder water. Jij worstelt. Ik kijk hoe de luchtbellen omhoog borrelen... Daar gaat het hem om. Hij wil kijken hoe je verdrinkt, je in de ogen kijken als je verdrinkt', herinnerde Brown zich. 'Hij zou me onder water houden, naakt of deels naakt dan wel gekleed, in verschillende waterlocaties en hij zou toekijken hoe ik worstelde en stierf. Op dat moment zou hij een orgasme krijgen', vertelde ze.

Maar de man had ook iets berekenends, merkte Brown op. Gedurende een van hun chat-sessies bijvoorbeeld, fantaserend over moord door verdrinking, merkte de man op dat hij veel moeite zou doen om niet te doden in een staat die de doodstraf kende. 'Hij zei dat hij nooit zou doden in Missouri', herinnerde Brown zich, 'omdat daar de doodstraf wordt gehanteerd.' Minnesota, waar Chris Jenkins stierf, kent geen doodstraf en Wisconsin evenmin.

Uiteindelijk concludeerde Brown dat de man die zij voor de politie in het geheim had moeten evalueren inderdaad potentieel even gevaarlijk was als hij beweerde te zijn. 'Hij is een psychopaat', vertelde zij deze verslaggever. 'Heel veel mensen hebben fantasieën maar als je met hen praat op het net of een rollenspel met hen probeert te spelen merk je meteen dat ze geen psychopaat zijn. Ze hebben te veel gevoel voor jou en de slechte dingen *die gebeuren [...] als je dergelijke gevoelens hebt voor een persoon dan heb je geen psychopathische persoonlijkheid; de kans is groot dat je nooit de grens overschrijdt.'*

Maar voor haar was de man die haar tientallen keren had verdronken via het internet zeer wel in staat om dat ook in het werkelijke leven te doen. Waar anderen betwijfelen of er wel een seriemoordenaar aan het werk is in La Crosse, is Brown niet zeer sceptisch. En ook al is de man met wie ze talloze uren een rollenspel heeft gespeeld in de cyberhel niet de moordenaar, dan kan het heel goed een kopie van hem zijn. *'Ten eerste hebben we een kerel die een psychopaat is en ik twijfel er niet aan dat hij dat werkelijk is'*, zei ze. *'Alles wat hij ooit heeft gedaan is psychopathisch, werkelijk heel psychopathisch. Dan kijk je naar een persoon wiens leven aan gruzelementen ligt, in wiens leven het zo slecht gaat dat niets hem meer kan schelen, en zo is het leven van die man.'*

'Je zoekt naar iemand die vol woede en razernij zit', ging ze verder. Ook hiervan leek haar prooi over te lopen. Maar meer dan door wat ook wordt de seriemoordenaar gedreven door een behoefte aan macht en overheersing. Ook in dat opzicht past de man in Missouri volgens Brown in het plaatje. In haar visie *'wil hij macht en controle omdat hij geen respect krijgt.'*

Misschien de ijzingwekkendste aantekening over Browns studieobject stond in de gerechtelijke documenten die twee jaar eerder waren opgeslagen in Missouri toen er een arrestatiebevel was uitgevaardigd tegen de man. Hij werd ervan beschuldigd dat hij de zoon van de begrafenisondernemer voor wie hij werkte seksueel had benaderd. De autoriteiten vertelden Stuff dat toen de vader tegenover de man kwam te staan, deze de hele familie van de begrafenisondernemer bedreigde, een misdaad waarvoor hij later werd veroordeeld en waarvoor hij een jaar in de gevangenis zat. Op het bevel tot aanhouding schreef de politie van St. Charles: *'De beschuldigde is een gevaar voor de gemeenschap [...] omdat hij valt op blanke mannen tussen de 16 en 25 jaar [...] en neigt naar het plegen van seriemoorden.'* Het moge gelden als maatstaf voor de gewelddadige neigingen van de man dat de politie hem pas kon arresteren na een urenlange achtervolging die begon toen hij zijn voertuig in een politiewagen ramde. In juli, na zeven maanden achter de tralies, werd de man vrijgelaten.

Een alibi betekent geen onschuld

Het was duidelijk dat Browns verdachte onmogelijk verantwoordelijk kon zijn voor de dood van Jared Dion. Toen Dion stierf, bevond hij zich bijna 800 kilometer zuidelijker in de gevangenis. Maar dat sluit hem niet per se uit van betrokkenheid bij de andere gevallen, zegt Brown. Volgens haar pleit het feit dat de man een ogenschijnlijk waterdicht alibi heeft voor een van de gevallen, hem niet vrij. Misschien was de moordenaar verantwoordelijk voor slechts een of twee of misschien drie van de sterfgevallen, zei ze. *'Het kan zijn dat een man misschien twee van hen doodde en het daarbij liet, of een seriemoordenaar doodde niet meer dan één persoon in dat gebied en op die manier.'*

Brown en anderen die de zaken hebben bestudeerd houden vol dat de man uit Missouri weliswaar niet per se de moordenaar hoeft te zijn, maar dat hij ten minste een sterk argument verschaft dat zo iemand kan bestaan, dat het echt mogelijk is dat het hoefgetrappel dat langs de Mississippi klinkt soms van één, misschien meer zebra's afkomstig is.

Het is zeker, zei Brown, dat de man uit Missouri althans in haar visie in staat is een dergelijke misdaad te plegen. *'Hij is dat onweerlegbaar'*, aldus Brown. *'Maar weet je, hij had gewoon een gelegenheid nodig. De dingen die hij zei waren erg zorgwekkend, dingen over waar hij het kon doen en waar niet; welke staat de doodstraf kent en welke staat niet. Hij had het nagetrokken.'*

'En natuurlijk', voegde ze eraan toe, *'is er de kwestie van zijn route. Hij trekt veel rond. Hij is in Wisconsin geweest; hij is in Pennsylvania geweest. Hij is overal geweest [...] alleen weten we echt niet wanneer hij waar was.'*

'Dat is een van de problemen bij seriemoordenaars', zegt Brown. *'Tegen de tijd dat de autoriteiten in de gaten hebben dat er een moordenaar in hun gemeenschap rondwaart, is hij in veel gevallen alweer vertrokken. Ze hebben niet in de gaten wat zo iemand doet, tot hij weer weg is. Ze zeggen: "Weet je, er is een persoon gedood in de gemeenschap en verder is er niemand gestorven. Daarom gaat het niet om een seriemoordenaar."'*

De verwarring rondom de gevallen in La Crosse wordt nog vergroot door het soort slachtoffers en het feit dat er zo'n tragisch plausibele en prozaïsche verklaring voor de sterfgevallen voorhanden is. *'Heus, het probleem is dat dronken studenten zowel fantastische slachtoffers als stommelingen zijn. Ze kunnen inderdaad gewoon in het water zijn gevallen. Ze kunnen iets stoms hebben uitgehaald en zichzelf verdronken hebben. Maar ze zijn ook een gemakkelijke prooi.'*

Dat is zeker een facet dat de vijf slachtoffers gemeen hadden. Volgens de autopsierapporten waren ze alle vijf jong en sterk en de tests wezen uit dat het alcoholpercentage in hun bloed ten tijde van hun dood de wettelijke limiet overschreed. In geen van de gevallen was er een spoor van enig trauma voorafgaand aan de dood en allemaal verdwenen ze of werden ze gevonden in oktober of april wanneer de rivier koud maar niet bevroren is.

De vijf slachtoffers

Het eerste en oudste slachtoffer was Chuck Blatz, een 28-jarige oorlogsveteraan die naar La Crosse was gekomen voor het jaarlijkse oktoberfeest. Zijn vrienden zagen de 1.87 meter lange, 65 kilo zware Blatz voor het laatst in leven rond middernacht op zaterdag 29 september 1997 in Sneakers, een populaire bar in het centrum. Vijf dagen later, op 3 oktober, werd zijn lichaam uit de rivier getrokken nadat een eendenjager hem had gevonden. Blatz, die bekendstond als een goede zwemmer en die duiklessen had gehad, miste een sok en een van zijn zwarte instappers.

Twee dagen later verdween Tony Skifton. Zoals Conte schreef in *Stuff* '*had Tony de naam dat hij snel dronken werd en bewusteloos raakte. Hij was iemand die door iedereen werd bewerkt met viltstiften zodat hij wakker werd met een volledig volgeklad gezicht.*'

Skifton werd voor het laatst in leven gezien om half drie 's nachts op 5 oktober 1997, toen hij een feestje verliet met een krat bier. Hij werd vijf dagen later gevonden, drijvend in de Swift Creek niet ver van notoir trefpunt voor homo's. Zijn gulp stond open en zijn blaas was leeg, wat de autoriteiten deed veronderstellen dat hij was gestopt om te plassen en in het ijskoude water was gevallen. Maar raadselachtiger was het feit dat de krat bier ontbrak en nooit werd teruggevonden.

De volgende die stierf was Nathan Kampfer, een honkbalspeler die met een beurs studeerde aan het nabijgelegen Viterbo College. Met zijn 1.87 meter en ongeveer 75 kilo vertoonde hij een opvallende gelijkenis met de andere twee vermiste jongens. Hoewel hij graag een drankje mocht nemen werd Kampfer door zijn vrienden niet gezien als een wilde jongen en hij was ook niet iemand die met iedereen ruziemaakte als hij dronken was. Maar in de nacht van 22 februari 1998 was Kampfer volgens het verhaal van vrienden dronken opgedoken in café Brothers Bar nadat hij als dj had gefungeerd op een feestje in de stad. Toen de barkeeper weigerde hem te schenken, was hij volgens de politie boos geworden en, zoals Conte berichtte, *'vloekte hij tegen de uitsmijter toen die hem de bar uit zette.'* In het geval van Kampfer lijkt de politie een kans te hebben gehad om tussenbeide te komen. De politie werd gebeld en ze pikten Kampfer op, zo hebben de autoriteiten bevestigd, maar in plaats van hem op te sluiten wegens verstoring van de openbare orde lieten ze hem om 2.00 uur 's morgens gaan. Niet lang daarna vond men zijn pet, zijn portemonnee en vier bonnen die de politieagent had uitgeschreven wegens verstoring van de openbare orde netjes opgestapeld op het dek van een varende souvenirwinkel. Zijn lichaam werd 42 dagen later gevonden. De autoriteiten meenden dat de aanwijzingen sterk wezen in de richting van zelfmoord. Maar het publiek bleef sceptisch.

Toen stierf Geesey. Ook nu vermoedden de autoriteiten dat hij suïcidaal was toen hij op 11 april 1999 verdween. Hij was immers al eens een nacht opgenomen geweest ter observatie en had vier ondiepe, zelftoegebrachte littekens op zijn armen. Maar toen enkele vissers Geeseys lichaam 41 dagen later ontdekten, hielden zijn vrienden en familie allen staande dat de jongeman niet suïcidaal was en dat er meer achter zijn dood zat dan de autoriteiten wilden toegeven. Toen kwam Dion en ten langen leste kwamen alle openbare twijfels, de angst en het wantrouwen naar de oppervlakte.

Onbeantwoorde vragen

Het is zeker mogelijk dat alle vijf sterfgevallen verklaard kunnen worden als ongeluk of zelfmoord. De politie van La Crosse had ze oorspronkelijk allemaal gerubriceerd als 'uitzonderlijke verdwijning'. Hiermee wordt bedoeld dat er geen getuigen waren van het overlijden en de autoriteiten geen aanwijzingen hadden die suggereerden dat er een misdaad was gepleegd, althans niet een die vervolgd kon worden.

Maar afgelopen lente, toen vanuit de bevolking protest opklonk na de dood van Dion, stemde de politie met hulp van de afdeling strafrechtelijk onderzoek van Wisconsin erin toe de theorie dat een seriemoordenaar verantwoordelijk kon zijn voor sommige of alle sterfgevallen opnieuw onder de loep te nemen.

In juni overhandigde het tijdschrift Stuff de informatie die het blad had verzameld over de man uit Missouri aan de politie in La Crosse. Zoals diverse politiebeambten destijds zeiden, hoorden de autoriteiten in La Crosse voor het eerst van deze figuur.

Het verdient vermelding dat noch het tijdschrift noch de autoriteiten hebben beweerd dat de man verantwoordelijk is voor een van de doden. In een interview met verslaggevers uit Milwaukee ontkende de man elke betrokkenheid bij de sterfgevallen in Minneapolis. Maar, zoals een voormalig profieldeskundige het stelde, er was ruim voldoende reden om hem ten minste aan de tand te voelen over de sterfgevallen in La Crosse. Het ligt voor de hand, aldus de profieldeskundige, dat deze bijna veertigjarige man die zelf zegt dat hij net als Jeffrey Dahmer wil zijn, *'meer heeft gedaan dan alleen toekijken. Als ik moest stemmen, dan stemde ik dat hij de moordenaar is.'* En ook al is er geen bewijs dat de man met de zaken in verband brengt, merkte de profieldeskundige op, alleen al het feit dat hij een soort gemeenschap heeft gevonden, een plek waar hij via de ether kan communiceren met mannen die zijn bizarre seksuele neigingen en misschien zelfs zijn gewelddadige fantasieën delen, duidt er sterk op dat er iets kan bestaan als een seriemoordenaar die doodt door verdrinking. Dat alleen al, zegt de profieldeskundige, zou een vruchtbare bodem voor onderzoek zijn.

De gevoelens van de profieldeskundige vonden weerklank bij de rechercheur in St. Charles, Missouri, die als eerste gealarmeerd werd door de beweringen van de man. Hoewel hij betwijfelt of de man een moordenaar is, merkte de rechercheur snel op: *'Ik denk dat als ik die zaken moest onderzoeken, hij een gerede mogelijkheid was die eerst uitgesloten zou moeten worden.'*

Er zijn zes maanden verstreken sinds het tijdschrift voor het eerst zijn bevindingen overhandigde aan

Kondracki en de politie van La Crosse. Maar tot dusverre heeft volgens commandant en woordvoerder Mitch Brohmer zijn afdeling nog geen volledig beeld van de activiteiten van de man en is er geen poging gedaan de man te ondervragen ten einde hem aan te merken of uit te sluiten als verdachte inzake de sterfgevallen.

6.

HET MONSTER VAN FLORENCE

Het mysterie begint

Het mysterie van het 'Monster van Florence' begon in augustus 1968 met de moord op Barbara Locci, een 32-jarige getrouwde vrouw uit Lastra a Signa, en haar minnaar Antonio Lo Bianco. Hoewel Barbara getrouwd was en een kind had, kende men haar in de stad als een promiscue vrouw aan wie al eerder de bijnaam 'de Bijenkoningin' was toegekend.

Op de avond van 21 augustus 1968 waren Barbara, haar zoontje en Antonio na bioscoopbezoek op weg naar huis toen Antonio voorstelde te stoppen bij een kerkhof in de buurt voor een kort seksueel liaison. Aangezien haar zoontje diep in slaap was op de achterbank, stemde Barbara zonder aarzelen toe. Hun plezier was van korte duur. Toen Antonio Barbara's kleren begon uit te doen dook vanuit het duister een donkere figuur op en schoot hen allebei dood. Na de dubbele moord griste de dader Barbara's zoon uit de auto en liep met hem weg.

Wat later die nacht werd een plaatselijk boer wakker doordat er op zijn voordeur werd geklopt. Toen de man de deur opendeed, stond daar een jongetje bij wie de tranen over het gezicht stroomden. *'Mijn moeder en mijn "oom" zijn dood'*, vertelde het kind tegen de man. De moordenaar had de jonge jongen kennelijk geen kwaad willen doen en hem achtergelaten op de stoep van de boer. Deze waarschuwde onmiddellijk de politie.

Toen rechercheurs de plaats van het misdrijf onderzochten, ontdekten ze bij de auto acht patroonhulzen van kaliber .22. De auto was een witte Alfa Romeo 'Giulietta' met kentekenplaten uit de provincie Arezzo. Navraag naar de registratie van de auto leerde dat hij op naam stond van Antonio Lo Bianco. Aanvankelijk stonden de rechercheurs voor raadsels. Wie had deze afschuwelijke misdaad gepleegd en waarom?

Tussen zes en zeven uur 's morgens arriveerde een patrouillewagen van de politie bij het huis van Stefano Mele, de man van Barbara. Toen rechercheurs naar Mele's voordeur liepen, ging die plotseling open en stapte hij naar buiten met een koffer, kennelijk in grote haast. Toen hij nauwelijks reageerde op de mededeling dat zijn vrouw was vermoord nam de argwaan bij de rechercheurs toe. Mele stemde er aarzelend in toe met hen te praten en vergezelde hen naar het politiebureau.

Op het bureau vertelde Mele de politie dat hij zich sinds de vorige middag niet goed had gevoeld en was thuisgebleven. Daar had hij bezoek gekregen van twee mensen, Carmelo Cutrona en Antonio Lo Bianco, beiden ex-minnaars van zijn vrouw. Tijdens de ondervraging noemde Mele nog een minnaar van zijn vrouw, Francesco Vinci. Vinci was in november 1967 gearresteerd nadat hij door zijn eigen vrouw was beschuldigd van overspel. Zodra Vinci uit de gevangenis kwam, hervatte hij zijn relatie met zijn minnares. Barbara was het liefje geweest van alle drie de broers Vinci: Giovanni, Salvatore en Francesco. De rechercheurs besloten enkele van Mele's beschuldigingen na te trekken en vroegen hem de volgende dag terug te komen.

Onthullingen

Op 23 augustus 1968, de dag nadat hij de rechercheurs had verteld dat hij de andere minnaars van zijn vrouw als mogelijke verdachten voor de dubbele moord zag, verraste Mele iedereen door te bekennen dat hij samen met Salvatore Vinci zijn vrouw Barbara en Antonio Lo Bianco had vermoord. Tijdens zijn bekentenis verklaarde Mele dat hij zijn vrouw en zoon was gaan zoeken toen ze op 21 augustus om 23.20 uur nog niet thuis waren. Uiteindelijk kwam hij op het Lastra a Signa-plein waar hij Salvatore Vinci trof en hem vertelde dat Barbara naar de bioscoop was gegaan, mogelijk met Antonio Lo Bianco, en hun kind had meegenomen. Vinci wierp Stefano voor de voeten dat hij zich voortdurend liet beduvelen door zijn vrouw en drong erop aan dat hij een einde maakte aan de situatie. Vinci had een klein wapen bij zich en de twee reden naar de bioscoop in Signa.

Bij aankomst daar zagen de twee mannen de Alfa Romeo van Antonio bij de Giardino Michelacci-bioscoop staan. Stefano en Salvatore wachtten bij de uitgang en zagen uiteindelijk Lo Bianco en Barbara, met het kind in haar armen, uit de bioscoop komen. Stefano en Salvatore stapten in hun auto en volgden het stel naar het kerkhof, even buiten de stad. Stefano vertelde de rechercheurs dat toen Antonio en Barbara begonnen te vrijen, Salvatore een klein pistool uit een tas haalde en aan hem overhandigde.

Stefano vertelde dat hij naar de Alfa liep en vuurde tot het pistool leeg was. Zijn zoon sliep door het eerste spervuur heen, maar werd onmiddellijk daarna wakker. Toen Stefano bij de auto van Salvatore terugkwam, vertelde hij dat hij hen had gedood. De twee mannen reden daarop naar de Signabrug waar ze zich van het wapen ontdeden. Korte tijd later was hij weer thuis.

Stefano sloot zijn bekentenis af met de verklaring:

'Ik heb mijn vrouw en haar minnaar gedood omdat ik het zat was voortdurend te worden vernederd. Mijn vrouw bedroog me al een aantal jaren, maar pas sinds een paar maanden dacht ik erover haar te doden.' Hoewel het verhaal van Stefano vele hiaten vertoonde – zo had hij niet verteld of zijn zoon hem had gezien of hoe hij bij de boerderij was beland – werd hij meteen in hechtenis genomen in afwachting van de officiële aanklacht.

De volgende dag, 24 augustus 1968, zocht de politie overal naar het pistool, maar tevergeefs. De openbare aanklager ondervroeg Stefano over het pistool, waarop deze snel zijn verhaal veranderde en verklaarde dat hij het wapen niet had weggegooid maar aan Salvatore had teruggegeven. Een paar uur later trok Stefano echter zijn hele bekentenis in en wierp hij de schuld op de broer van Salvatore, Francesco Vinci. Hij vertelde dat het wapen eigendom was van Francesco en dat deze zijn vrouw had gedood. De daaropvolgende drie dagen vertelde Stefano de politie precies het tegenovergestelde van wat hij eerder had verklaard.

Twee jaar na de dubbele moord werd Stefano Mele in een haastig proces schuldig bevonden als de enige dader. Hij werd veroordeeld tot veertien jaar gevangenisstraf op basis van gedeeltelijke ontoerekeningsvatbaarheid.

Verminking en waanzin

In 1974, zes jaar na de dubbele moord van 1968, was de naam Stefano Mele bijna in vergetelheid geraakt en werden de plaatselijke autoriteiten in beslag genomen door een andere verontrustende dubbele moord. Op

14 september 1974 werden rechercheurs naar Borgo San Lorenzo geroepen, net ten noorden van Florence. Een voorbijganger had in een geparkeerde auto de lichamen ontdekt van de achttienjarige Stefania Pettini en de negentienjarige Pasquale Gentilcore en het politiebureau gebeld.

Bij aankomst op de plek des onheils ontdekten de rechercheurs het halfnaakte lichaam van een jongeman op de bestuurdersplaats van een Fiat 127 die, zoals later bleek, van zijn vader was. Hij leek het slachtoffer te zijn geworden van talrijke schotwonden. Er waren geen zichtbare sporen van een worsteling en de locatie was bezaaid met koperen kogelhulzen.

Op de grond achter de auto ontdekten de rechercheurs het geheel naakte lichaam van een jonge vrouw. De moordenaar had haar lichaam op een walgelijke manier neergelegd. Haar armen en benen waren gespreid en een wijntak stak uit haar verminkte vagina. Op het eerste gezicht leek ze te zijn doodgestoken.

In een nabijgelegen veld ontdekten rechercheurs de tas van de jonge vrouw te midden van de verstrooide inhoud. Na onderzoek van de plaats delict en nadat de fotograaf alles had vastgelegd werden beide lichamen in een lijkenzak gedaan en naar het mortuarium gebracht voor nader onderzoek.

Tijdens de autopsie op de slachtoffers kwam al snel aan het licht dat beiden vele malen waren beschoten met een klein kaliber wapen. Ballistisch onderzoek wees uit dat het wapen een automatische Beretta was, kaliber .22, model 73 of 74, en dat de kogels een opvallend Winchester-type waren dat in Australië was gefabriceerd in de jaren vijftig. Terwijl het mannelijke slachtoffer was overleden aan vijf schotwonden, was het vrouwelijke slachtoffer slechts driemaal beschoten. Haar dood was uiteindelijk het gevolg geweest van ten minste een van 96 steekwonden. Het mes moest naar schatting een lemmet hebben gehad van 10 tot 12 centimeter lang en 1,5 centimeter breed met één snijdende kant.

In het begin richtten de rechercheurs hun aandacht op drie mannen. De eerste was de 53-jarige Bruno Mocali die zich opwierp als genezer. Giuseppe Francini, de tweede, was een geestelijk instabiele man die uit vrije wil naar het politiebureau was gekomen en de misdaad had bekend. Tot slot was Guido Giovannini, een voyeur, door een aantal getuigen aangewezen als iemand die stelletjes bespiedde in de omgeving waar de misdaad had plaatsgevonden. Er was echter geen bewijsmateriaal dat een van de mannen in verband bracht met de misdaad en uiteindelijk werden ze alle drie uitgesloten als mogelijke verdachten.

De recherche concludeerde dat de moordenaar een maniak was met seksueel afwijkend gedrag. Bij gebrek aan duidelijke aanwijzingen of verdachten om na te trekken liep de zaak vast.

Keerpunt

In juni 1981 waren zeven jaren verstreken sinds de moorden in Borgo San Lorenzo en waren ze net als Stefano Mele vrijwel vergeten. Op zaterdag 6 juni 1981 werden rechercheurs opnieuw voor een raadsel gesteld toen een agent tijdens een wandeling met zijn jonge zoon bij toeval de lichamen ontdekte van de 21-jarige Carmela

De Nuccio en haar 30-jarige minnaar Giovanni Foggi. De agent ontdekte eerst de koperkleurige Fiat Ritmo die langs de weg stond geparkeerd. De portieren van de wagen waren gesloten, maar de handtas van een vrouw lag bij het portier aan de bestuurderskant en de inhoud van de tas was verspreid over de grond. Nieuwsgierig geworden besloot de agent een kijkje te gaan nemen. Terwijl hij naar de auto toe liep, ontdekte hij dat het raam aan de bestuurderskant was ingeslagen. Achter het stuur van de wagen zat het lichaam van een jongeman wiens keel zo te zien was doorgesneden. De agent verliet onmiddellijk de plaats van het misdrijf om het hoofdbureau van de politie te waarschuwen.

Rechercheurs op de plaats van het misdrijf in Foggi

Toen rechercheurs zich bij de agent voegden op de plek van het misdrijf ontdekten ze al snel het lichaam van een vrouwelijk slachtoffer dat onder aan een steile helling lag, op nog geen 20 meter van de rode Fiat. Haar benen waren gespreid, haar T-shirt en spijkerbroek gescheurd en het gruwelijkste van alles: haar vagina was op grove wijze verwijderd. Er waren geen sporen en geen getuigen.

De autopsie wees uit dat beiden waren overleden door talrijke schotwonden terwijl ze nog in het voertuig zaten. Vervolgens was de jongeman driemaal gestoken, tweemaal in de nek en een derde maal in de borst. De vagina van het meisje was weggesneden met een extreem scherp instrument wat de patholoog tot de conclusie bracht dat de moordenaar vaardig kon omgaan met snij-instrumenten.

Ballistisch onderzoek toonde aan dat beide slachtoffers waren gedood door minimaal zeven schotwonden uit een automatisch pistool, kaliber .22, met Winchestermunitie. Deze onthulling deed een lichtje opgaan bij oudere rechercheurs en ze lieten de kogels vergelijken met die welke waren aangetroffen bij de dubbele moord in 1974. De kogels bleken overeen te komen en het begon de rechercheurs te dagen dat ze mogelijk met een seriemoordenaar te maken hadden.

De recherche richtte de aandacht op Enzo Spalletti, een gelegenheidsvoyeur wiens rode Ford in de buurt van de plaats van het misdrijf was waargenomen. Hoewel de verdachte de rechercheurs een verward alibi gaf, hadden ze meer belangstelling voor het feit dat hij al om half tien 's morgens met zijn vrouw had gesproken over twee lijken en een koperkleurige Fiat Ritmo. Hij had haar gezegd dat hij erover had gelezen in de krant, terwijl het verhaal pas de dag na de vondst van de lichamen werd bekendgemaakt. Spaletti werd meteen opgepakt voor de misdaad en achter de tralies gezet in afwachting van zijn proces.

En toen waren er acht

Op 23 oktober 1981, slechts enkele maanden na de dubbele moord op Nuccio en Foggi, sloeg de moordenaar opnieuw toe. Een jong stel, de 24-jarige Susanna Cambi en haar 26-jarige vriend Stefano Baldi, had besloten die avond te parkeren bij een panoramapunt nabij Calenzo, even ten noorden van Florence. Het jonge stel had echter niet in de gaten dat er een moordenaar op de loer lag.

Later die avond ontdekte een ander jong stel hun met kogels doorzeefde en verminkte lichamen.

Toen de rechercheurs ter plekke arriveerden, troffen ze op de grond naast een Volkswagen een man aan. Hij was halfnaakt en leek vele malen te zijn beschoten en gestoken. Een vrouwelijk slachtoffer lag aan de andere kant van het voertuig. Hoewel haar verwondingen gelijk waren aan die van het mannelijke slachtoffer, viel een detail de rechercheurs onmiddellijk op: haar vagina was op dezelfde manier verwijderd als bij Carmela De Nuccio.

Een patholoog concludeerde dat beide slachtoffers waren beschoten door de voorruit en dat ze nog in leven waren geweest toen de eerste van de vele steekwonden waren toegebracht. Er waren geen bewijzen dat een van de lijken was versleept naar de plek waar ze uiteindelijk waren gevonden en het mes had een lemmet gehad met één snijdende zijde en moest ongeveer 3 cm breed en 5 tot 7 cm lang zijn geweest.

De vagina leek te zijn weggesneden met hetzelfde instrument dat in de vorige zaak was gebruikt, maar ditmaal was de moordenaar duidelijk minder nauwkeurig te werk gegaan en had een veel groter deel verwijderd. De buikwand was ingesneden door alle lagen heen waardoor een groot deel van de buikholte open was komen te liggen en een deel van de darmen was doorgesneden. Dit duidde erop dat de moordenaar haast had gehad. Ballistisch onderzoek wees ten slotte uit dat deze laatste dubbele moord was uitgevoerd met dezelfde Beretta .22 als de eerdere misdaden.

Toen het nieuws van de moorden de pers bereikte, meldden zich twee afzonderlijke stellen die verklaarden dat ze een rode Alfa GT met daarin alleen een mannelijke chauffeur met hoge snelheid hadden zien wegrijden van de plaats van het misdrijf. De recherche besloot dat het tijd was de pers op de hoogte te brengen van hun theorie over een seriemoordenaar die het voorzien had op jonge stellen. Ze hoopten dat een uitgebreid verslag anderen ertoe zou brengen naar voren te komen met mogelijke aanwijzingen. Er kwamen echter geen nieuwe feiten aan het licht en het enige resultaat was dat angstige burgers zich in huis opsloten uit vrees het volgende slachtoffer te worden van de moordenaar die door de media het 'Monster van Florence' gedoopt was.

De rechercheurs besloten tevens hun aanklacht in te trekken tegen Enzo Spaletti voor de op 6 juni 1981 gepleegde dubbele moord op Carmela De Nuccio en Giovanni Foggi. Aangezien Spalletti achter de tralies had gezeten op het moment van de meest recente moord, kon hij onmogelijk de misdaad hebben gepleegd. Zijn proces werd afgelast en hij werd vrijgelaten.

Bedrieglijke tactieken

Op 19 juni 1982, een zaterdagnacht, sloeg de moordenaar opnieuw toe nabij Montespertoli, ten zuidwesten van Florence. Een jong stel, de 22-jarige Paolo Mainardi en zijn vriendin, de 20-jarige Antonella Migliorini, waren aan het vrijen op een parkeerplaats naast de provinciale weg, de Via Nuova Virgilio, toen iemand uit de struiken te voorschijn kwam en begon te schieten. Beiden werden geraakt door het eerste spervuur en Antonella stierf vrijwel onmiddellijk. Hoewel hij zwaargewond was, lukte het Paolo de auto te starten, de koplampen aan te doen en de auto in zijn achteruit te zetten.

Jammer genoeg belandde de auto in een greppel en slaagde Paolo er niet in eruit te komen. De moordenaar verspilde geen tijd en schoot snel de koplampen van de wagen uit, herstelde zo de duisternis en leegde zijn pistool vervolgens op de beide slachtoffers. Hij zette de motor af, trok de sleutel uit het contact en gooide die in het onkruid. Kennelijk gestoord door het verkeer in de omgeving besloot de moordenaar zijn gruwelijke rituele verminking over te slaan en ontvluchtte de plaats van het misdrijf, zich niet bewust van het feit dat Paolo Mainardi nog in leven was.

Helaas werd Paolo pas de volgende morgen ontdekt. Hij stierf enkele uren later zonder weer bij bewustzijn te zijn geweest. Later diezelfde ochtend riep de plaatsvervangend officier van justitie die op de zaak was gezet, Silvia Della Monica, diverse journalisten bij zich in haar kantoor en vroeg hun een leugentje te verspreiden. De slimme officier wilde dat de pers zou schrijven dat Paolo Mainardi nog in leven was geweest bij aankomst in het ziekenhuis en dat hij de tijd had gehad om een beschrijving van de moordenaar te geven voor hij overleed. De journalisten stemden toe en de informatie verscheen in de avondeditie. Silvia Della Monica hoopte dat de moordenaar zenuwachtig zou worden en een fout zou maken.

De truc van de officier maakte de moordenaar inderdaad zenuwachtig. Na de middageditie kreeg een van de ambulancebroeders van het Rode Kruis die Paolo Mainardi naar het ziekenhuis hadden begeleid twee telefoontjes van een persoon die eerst beweerde dat hij een medewerker van de officier van justitie was om vervolgens zijn verhaal te veranderen en zich bekend te maken als de moordenaar. Hij wilde weten wat de jongeman had verteld voor hij stierf.

Enkele dagen na de moord op Paolo Mainardi en Antonella Migliorini herinnerde een brigadier van politie, Francesco Fiore, zich de moord op Barbara Locci en Antonio Lo Bianco, gepleegd in 1968 toen hij was gestationeerd in Signa. Francesco vroeg zich af of er een verband bestond met de misdaden van het Monster. Op zijn aandringen werden de hulzen vergeleken en de tests wezen uit dat hetzelfde wapen, een Beretta kaliber .22, alle Winchester-kogels had afgevuurd en dat alle hulzen afkomstig waren uit één enkele doos van vijftig kogels. Het wapen dat het Monster gebruikte, was hetzelfde als het wapen waarmee Locci en Lo Bianci waren gedood in 1968.

Toen de situatie veertien jaar na de moorden van 1968 werd geanalyseerd was meteen duidelijk dat Stefano Mele, de echtgenoot van de vermoorde vrouw, niet het 'Monster van Florence' kon zijn omdat hij zowel in 1974 als in 1981 in de gevangenis had gezeten. Op dat moment trokken de rechercheurs de conclusie dat Mele een medeplichtige moest hebben, iemand die doorging met moorden nadat Mele in de gevangenis was gezet. Desondanks hield Mele nog steeds zijn onschuld vol en weigerde mee te werken met de rechercheurs.

Per abuis vermoord

De moordenaar wachtte ongeveer een jaar voor hij opnieuw toesloeg. Op 9 september 1983 verraste het 'Monster' de politie door zijn patroon te doorbreken, zij het per ongeluk, door twee West-Duitse jongens te vermoorden, Horst Meyer en Uwe Rusch Sens. De twee jonge slachtoffers werden doodgeschoten toen ze lagen te slapen in een Volkswagencamper, net 28 kilometer ten zuiden van Florence op een met gras begroeide open plek. In enkele latere rapporten stond dat de jongens homoseksueel waren, maar er werd geen bewijs aangetroffen om die bewering te staven.

De lichamen van de slachtoffers vertoonden geen duidelijke verminkingen en de recherche bracht de moorden in eerste instantie niet in verband met het 'Monster van Florence'. Ballistisch onderzoek toonde echter aan dat het moordwapen dezelfde Beretta .22 was. Deze ontdekking verbaasde de rechercheurs hogelijk. Waarom had de moordenaar zijn werkwijze veranderd? Misschien had hij zich vergist. Een van de slachtoffers had heel lang blond haar en kon zijn aangezien voor een meisje. Toen hij zijn vergissing had gemerkt, wilde de moordenaar mogelijk niet zijn gebruikelijke verminkingen aanbrengen bij een man.

Afgezien van het pistool en de kogels die de moordenaar had gebruikt, waren de rechercheurs geïntrigeerd door bepaalde facetten die de misdaden met elkaar gemeen hadden. Alle slachtoffers hadden hun laatste avond doorgebracht in een discotheek; de moordenaar sloeg meestal toe op zaterdag; en hij sloeg het liefst toe als de maan schuilging achter de wolken. Voor dit laatste kon een cryptische verklaring bestaan maar evengoed kon het gewoon een voorzorgsmaatregel zijn die de moordenaar trof om de kans op herkenning te verkleinen. Bovendien werd geopperd dat de moordenaar de bezittingen van de vrouwelijke slachtoffers doorzocht om een soort macaber souvenir te kunnen meenemen.

Na de persberichten over de meest recente moorden meldde Massimo Introvigne, theoloog en historicus, zich om met de rechercheurs te praten over de misdaden. Introvigne vertelde hun dat Florence, de stad die de dichter Dante deels had geïnspireerd om zijn Inferno te schrijven, een lange traditie van hekserij kende. Verder wees hij hen erop dat occulte sekten niet per se satanisten hoefden de zijn en dat het rituele karakter van de moorden erop duidde dat er fetisjisten bij betrokken waren. Deze mededeling sloeg aan bij de rechercheurs die al vermoedden dat de geslachtsdelen die de moordenaar had weggesneden waren gebruikt als een soort trofee bij een religieuze cultus.

Korte tijd na de moord op de twee jonge kampeerders kreeg de ambulancebroeder die Paolo Mainardi in 1982 naar het ziekenhuis had begeleid en later contact had gehad met de moordenaar, opnieuw een verontrustend telefoontje terwijl hij op vakantie was in Rimini. De moordenaar bleef hem lastigvallen over wat Mainardi aan de politie had verteld voor hij stierf. Deze onthulling schokte de politie. Wie had kunnen weten dat de broeder op vakantie was en hoe had hij geweten hoe hij hem kon bereiken?

Een lange onderbreking

De moordenaar wachtte bijna een jaar voor hij opnieuw toesloeg op 29 juli 1984, ditmaal met de moord op een jong stel in Vicchio di Mugello, iets ten noorden van Florence. Deze dubbele moord vertoonde alle kenmerken van de voorgaande. Het lichaam van een man werd gevonden op de achterbank van zijn auto, slechts gekleed in een onderbroek en een hemd. Niet ver van de auto, achter een paar struiken, lag het geheel naakte lichaam van het meisje. Net als haar voorgangsters lag ze met haar armen en benen gespreid en waren haar geslachtsdelen verwijderd. De enige variatie was dat de moordenaar ook had besloten haar linkerborst te verwijderen en haar meer dan honderd snijwonden had toegebracht.

De autopsie onthulde weldra dat beide slachtoffers door de voorruit waren neergeschoten voor ze met een mes waren bewerkt. Het lichaam van het meisje was toen bij de enkels gepakt en ongeveer 10 meter verder gesleept.

Ballistisch onderzoek leverde voor de rechercheurs weinig verrassingen op. Het wapen was een .22 automatische Beretta geweest en de kogels kwamen overeen met de kogels die voor alle eerdere slachtoffers waren gebruikt. Het mes bleek wederom één snijkant te hebben en had dezelfde kenmerken als bij de eerdere verminkingen waren aangetroffen. Bovendien werden er geen vingerafdrukken aangetroffen op de plek van het misdrijf. Dit bevestigde de indruk van de rechercheurs dat de moordenaar operatiehandschoenen droeg als hij zijn misdaden pleegde.

De recherche wilde graag weten waarom de moordenaar een borst had verwijderd bij zijn laatste vrouwelijke slachtoffer. Werden zijn daden domweg steeds gruwelijker of had het te maken met een cultusaspect?

De politie gaf tegenover de pers oprecht toe dat ze geen aanwijzingen had en voor even grote raadsels stond als voorheen. In een persbericht volgend op de moorden zei Francisco Fleury, de officier van justitie die op dat moment belast was met het onderzoek: *'De man zou je keurige buurman kunnen zijn, iemand die je nooit zou verdenken.'*

Anders dan de achterliggende motieven van moordenaar was glashelder wie zijn doelwitten waren. De moordenaar was kennelijk een sadist die het bij voorkeur had gemunt op willekeurige stelletjes in een landelijke omgeving. Voor de oudere rechercheurs was hij een spookbeeld. Na bijna twee decennia hadden ze nog steeds geen verdachte, geen substantiële aanwijzingen en weinig hoop ooit het 'Monster van Florence' te pakken te krijgen.

Een laatste bewijs van verdorvenheid

De laatste moord die voor zover bekend door het 'Monster van Florence' is gepleegd vond bijna een jaar later plaats, op 8 september 1985. Toen doodde hij twee Fransen, de 25-jarige Jean-Michel Kraveichvili en de 36-jarige Nadine Mauriot, die kampeerden in de buurt van San Casciano net buiten Florence. Aan het lichaam van de vrouw, dat werd ontdekt in een tent, was te zien dat ze viermaal beschoten was. De eerste drie kogels hadden zich in haar schedel geboord en de vierde was door haar keel gegaan. Ook het mannelijke slachtoffer was getroffen door vier kogels: een in de mond, twee in de linkerbovenarm en een in de rechterelleboog.

Volgens het rapport van de patholoog waren alle schoten van dichtbij afgevuurd, van een afstand van maximaal 35 tot 50 centimeter. Bovendien veronderstelde hij dat het stel bezig was de liefde te bedrijven toen het werd overvallen. De man had waarschijnlijk op zijn rug gelegen en de vrouw had op hem gezeten. De vrouw was nog in de tent overleden aan haar schotwonden maar de man, die slechts oppervlakkig gewond was, had geprobeerd te vluchten. Hij was erin geslaagd de tent uit te komen en was ongeveer 25 meter weggerend voor hij door de moordenaar was ingehaald en doodgestoken. Vervolgens werd hij vanaf een helling de struiken in gegooid, waar hij uiteindelijk was ontdekt. Na de moord op het mannelijke slachtoffer was de moordenaar de tent ingegaan en had gedecideerd de vagina en de linkerborst van de vrouw verwijderd. Volgens de patholoog kon de moordenaar de operatie binnen tien minuten hebben voltooid.

Direct na de ontdekking van Jean-Michel en Nadine meenden de rechercheurs hun eerste echte aanwijzing te pakken te hebben toen een Winchester-kogel met koperen huls werd gevonden op de stoep voor een ziekenhuis in de buurt. De nabijheid van het ziekenhuis in combinatie met de theorie van de rechercheurs over de operatiehandschoenen en een scalpel bracht hen ertoe het ziekenhuispersoneel te ondervragen. Er werden echter geen verdachten gevonden en de aanwijzing liep met een sisser af.

Op de dag na de meest recente moorden werd een enveloppe afgeleverd op het kantoor van de openbare aanklager, geadresseerd aan plaatsvervangend officier van justitie Silvia Della Monica. Het adres op de enveloppe was samengesteld met uit een tijdschrift of krant geknipte letters en bevatte één spelfout. In de enveloppe zat een opgevouwen vel papier dat aan de randen was dichtgeplakt. In het vel bevond zich een plastic zakje. En in dat plastic zakje zat een blokje vlees uit de linkerborst van Nadine Mauriot.

Rechtspraak op de televisie

Gedurende de volgende acht jaar ondervroeg de recherche meer dan honderdduizend mensen in de hoop een aanwijzing te vinden. In het begin van de jaren negentig concentreerde het onderzoek zich rond Pietro Pacciani, een 68-jarige halfgeletterde boer wiens hobby's jagen en taxidermie waren. Intrigerend voor de onderzoekers was het feit dat Pacciani in 1951 was gearresteerd voor de moord op een vertegenwoordiger, die hij had betrapt in bed bij zijn verloofde. Nadat hij de vertegenwoordiger negentien maal had gestoken en daarna had doodgeslagen, had Pacciani zijn lijk verkracht. Hij was snel veroordeeld en had dertien jaar in de gevangenis gezeten voor zijn misdaden. Weer op vrije voeten was hij getrouwd en had een gezin gesticht. Toch zat hij tussen 1987 en 1991 opnieuw in de cel omdat hij zijn vrouw had geslagen en zijn twee jonge dochters seksueel had misbruikt.

Naast zijn criminele achtergrond berichtten onbekende bronnen dat Pacciano lid was van een occulte groepering samen met drie andere mannen, Mario Vanni, Giovanni Faggi en Giancarlo Lotti (die allen bekend stonden als gluurders vanwege hun nachtelijke zwerftochten). Pacciani en Vanni zouden ook hebben deelgenomen aan zwarte missen waarbij vrouwelijke lichaamsdelen werden gebruikt, ten huize van een zogenaamde tovenaar in San Caciano. Verpleegsters van een kliniek die Pacciani ooit had ingehuurd als tuinman, meldden zich ook en beweerden dat hij hun had verteld dat een arts de duivelse ceremonieën leidde die hij bijwoonde.

Hoewel het hoofd van de Florentijnse recherche, Michele Guittari, van mening was dat Pacciani te slordig was om de misdaden te hebben gepland, werd deze op 17 januari 1993 toch aangehouden. Het proces tegen Pietro Pacciani begon bijna een jaar later, in november 1994. De aanklager was erop gebrand te bewijzen dat hij een van Europa's meest productieve seriemoordenaars was en diende een verzoek in om het proces op de televisie te laten uitzenden. Het publiek genoot van deze kans en bijna iedereen raakte verslaafd aan de uitzendingen. Een Florentijnse krant opende zelfs een 'Monster hotline' zodat lezers hun mening konden doorbellen.

De stampvolle rechtszaal trok drommen toeschouwers maar ondanks al het drama was er een alarmerend gebrek aan bewijs. Op enig moment gedurende het proces viel een zaalwachter flauw toen het bewijsmateriaal te gruwelijk werd voor zijn maag. Vanaf de eerste dag hield Pacciani vol onschuldig te zijn en bleef dat doen gedurende het hele proces. Hoewel het bewijs tegen hem grotendeels indirect was, werd hij toch schuldig verklaard aan het plegen van zeven dubbele moorden en veroordeeld tot levenslang. Toen het vonnis was uitgesproken en Pacciani de rechtszaal uit werd gesleurd, schreeuwde hij dat hij *zo onschuldig was als Christus aan het kruis.'*

De weegschaal uit balans

Op 13 februari 1996 werd in beroep het vonnis tegen de 71-jarige Pietro Pacciani herroepen en werd hij 'van alle blaam' gezuiverd – het oordeel kwam een week nadat een openbare aanklager had verklaard dat het bewijs tegen hem niet deugde. Toch betwijfelden slechts enkelen dat Pacciani, die in zijn jeugd een vertegenwoordiger had vermoord, inderdaad het Monster van Florence was en zijn vrijlating riep grote verontwaardiging op bij het publiek. Vreemd genoeg kwam Pacciani's vrijlating slechts enkele uren na de arrestatie van zijn vrienden Mario Vanni en Giancarlo Lotti, wegens hun medeplichtigheid aan de moorden.

Uitgaande van nieuwe informatie begonnen de rechercheurs te vermoeden dat mogelijk niet één moordenaar, maar een hele bende moordenaars verantwoordelijk was geweest voor de misdaden van het 'Monster van Florence'. Weldra concludeerden ze dat de bende geleid moest zijn door de 71-jarige Pietro Pacciani en de 70-jarige Mario Vanni, de 54-jarige Giancarlo Lotti en de 77-jarige Mario Faggi onder zijn gelederen moest hebben geteld. Terugblikkend lijkt het of de aanklager zich aan elk strotje trachtte vast te klampen.

Het Italiaanse hooggerechtshof draaide al snel de beslissing om Pacciani vrij te laten terug en gaf op 12 december 1996 opdracht het proces te heropenen in het licht van nieuw 'bewijsmateriaal'. Naar verluidt had Lotti de politie bekend dat hij en Pacciani de moorden hadden gepleegd.

Op 21 mei 1997 kwamen Mario Vanni en Giancarlo Lotti voor wegens hun betrokkenheid bij vijf van de dubbele moorden. De twee mannen werden uiteindelijk veroordeeld tot respectievelijk levenslang en 26 jaar. Pacciani haalde het nieuwe proces voor de moorden van het Monster van Florence niet. Op 23 februari 1998 werd hij op zijn buik liggend aangetroffen op de vloer van zijn woning met zijn broek op de enkels en zijn hemd opgestroopt tot zijn hals. Hoewel zijn gezicht blauw en verwrongen was, ging de politie er in eerste instantie van uit dat hij was overleden aan een hartstilstand. Een autopsie wees uit dat zijn dood was veroorzaakt door een combinatie van drugs. Onderzoeksrechter Paolo Canessa meende dat Pacciani het zwijgen was opgelegd om te voorkomen dat hij het echte monster of de monsters zou verraden. Het leek aannemelijk dat de zaak van het 'Monster van Florence' kon worden afgesloten nu Pacciani dood was en Mario Vanni en Giancarlo Lotti achter de tralies zaten.

Hannibal de kannibaal

Onder degenen die in 1992 Florence bezochten tijdens het proces tegen Pietro Pacciani was romanschrijver Thomas Harris, wiens bestseller het basismateriaal vormde voor de oscarwinnende film *Silence of the Lambs*. Hij kreeg zoveel inspiratie nadat hij het proces had bijgewoond dat hij besloot zijn derde roman, *Hannibal*, in Florence te situeren. In de verfilming speelt Anthony Hopkins de kannibalistische psychiater Hannibal Lecter. Julianne Moore neemt de rol van de FBI-agente Clarice Starling voor haar rekening. In 2000 besloot Ridley Scott, de regisseur die van MGM-Universal Pictures een budget had gekregen van tachtig miljoen dollar, veel van de scènes te filmen op locatie in Florence en kreeg daartoe de officiële toestemming van de stad.

Twee politieke groeperingen eisten dat zou worden voorkomen dat een gruwelijke moordscène werd gefilmd binnen de barokke Leliesalon in het Palazzo Vecchio, een scène die deels een reconstructie was van een moord die daar in 1478 daadwerkelijk had plaatsgevonden.

Veel politici meenden dat de reputatie van Florence al voldoende was geschaad door de moorden van het 'Monster van Florence' en waren erdoor geschokt dat hun stad nu werd gebruikt als het decor voor een film over een kannibalistische seriemoordenaar. In een open brief aan burgemeester Leonardo Domenici smeekten de twee partijen hem de toestemming voor de driedaagse filmopnamen in te trekken. *'Dit zal niets toevoegen aan het prestige dat Florence in de wereld geniet'*, schreven ze. *'Wij zijn daarentegen van mening dat de intiemste locatie van de stad het decor zal worden voor morbide gruwel en vulgaire horror.'* Bovendien was ook de recherche bezorgd dat de grote publiciteit de moordenaar ertoe zou brengen tot actie over te gaan of, nog erger, imitators ertoe zou brengen zijn misdaden te kopiëren.

Ondanks hun bezwaren werden de filmopnamen slechts tijdelijk uitgesteld en kon Hannibal zich ontpoppen als de Dante-citerende conservator van de Capponi-bibliotheek, na eerst op brute wijze een vacature te hebben gecreëerd.

Nieuwe verdachten

In augustus 2001 heropenden rechercheurs nogmaals het onderzoek naar de moorden van het 'Monster van Florence'. Hoewel de recherche terughoudend is met details, is er wel gezegd dat er nieuwe verdachten zijn. Een bron dicht bij het kantoor van de openbare aanklager heeft verklaard dat de politie nu van mening is dat een groep van tien tot twaalf rijke, beschaafde Italianen de rituele moorden in de loop van drie decennia heeft geregisseerd en ermee is weggekomen. Onderzoekers vermoeden dat de religieuze sekte opdracht gaf tot de nachtelijke executie van vrijende stelletjes gevolgd door verminking, gebruik makend van een .22 Beretta revolver en een chirurgisch mes. Toen de rechercheurs hun oorspronkelijke rapporten uit de opslag begonnen te halen, werden ze getipt in een reeks niet-vrijgegeven anonieme brieven. Deze zouden een aantal verdachten met name noemen, onder wie een onbekende arts en een Zwitserse kunstenaar. De kunstenaar zou de streek in 1997 hebben verlaten maar de politie zou in het bezit zijn van tekeningen die hij maakte van verminkte vrouwen en krantenknipsels die hij had bewaard.

Een maand later, in september 2001, deden Florentijnse rechercheurs huiszoeking in de woningen en kantoren van Aurelio Mattei, een psycholoog bij de geheime dienst, en van Francesco Bruno, toonaangevend misdaadpsycholoog in Italië. Computerschijven, boeken en aantekeningen over de moorden werden in beslag genomen en beide mannen werden gedurende meer dan negen uur onophoudelijk ondervraagd. Hoewel geen van beiden wordt beschouwd als verdachte van de moorden menen de rechercheurs dat ze mogelijk doorslaggevende bewijzen hebben achtergehouden tijden het oorspronkelijke onderzoek.

Ongeacht deze nieuwe onthullingen blijven Vanni en Lotti in de gevangenis en houdt de recherche het nieuwe onderzoek nog steeds hardnekkig geheim. De moorden van het 'Monster van Florence' blijven een mysterie.

7.

HET FANTOOM VAN TEXARKANA

Vanuit het duister

'Waarom vermoordde hij mij niet? Hij doodde zoveel anderen.' – Mary Jeanne Larey, slachtoffer

De negentienjarige Mary Jeanne Larey en haar vriendje Jimmy Hollis, 24, waren niet anders dan andere stelletjes in het nachtelijke Texarkana. Hun wereld was een oester, wijdopen, sprankelend, met de belofte van een vleugje avontuur. Die avond van 22 februari 1946 – een dag die was begonnen als elke andere – beloofde wat spannender te zullen eindigen omdat ze eindelijk de kans kregen bij elkaar te zijn, zonder anderen. In ouderwetse Amerikaanse termen betekende dit dat ze ertussenuit zouden knijpen naar de verlatenheid van de Richmond Road, even buiten de stad, om te zoenen en te knuffelen. Nadat ze hun chaperonnes haastig naar huis hadden gebracht na de film die ze samen hadden gezien, waren Mary Jeanne en Jimmy met z'n tweeën voor een romantisch rendez-vous naar de plek geracet die bekendstond als het vrijerslaantje – een doorn in het oog van de plaatselijke geestelijken en iedere fatsoenlijke ouder.

Toen hij de contactsleutel omdraaide, liet Jimmy de motor van zijn auto afslaan en keek op zijn horloge. Het was bijna 23.45 uur. Hij zuchtte want hij had zijn vader beloofd de Plymouth voor middernacht terug te brengen. Maar weldra dacht hij niet meer aan de woede van zijn vader die hem boven het hoofd hing, betoverd als hij was door zijn metgezel die naast hem zat in haar Lana Turner-sweater met een witte kralenketting. Zijn hartslag ging omhoog. Mary Jeanne zag er zo mooi uit nu het maanlicht haar fraaie trekken nog beter liet uitkomen.

Uit haar glanzende ogen sprak een beetje terughoudendheid maar toch ook weer net een klein beetje ondeugend-
heid. Haar zoete parfum vulde de cabine. Toen hij zich
vooroverboog om de wang van het meisje te kussen en
haar te verzekeren dat hij haar geen kwaad zou doen
– wat was nu een kusje tussen twee mensen die immers
geen kinderen meer waren? – was er geen ander geluid te
horen dan haar onrustige ademhaling en het kraken van
de stoelveren onder hen.

Op dat moment werd het maanlicht verduisterd door
een schaduw. Jimmy keek op, verwachtend een politie-
uniform te zien op dit wel zeer ongelegen moment.
Hij schrok toen hij het ding vlak voor zijn raampje zag
staan, voorovergebogen om naar binnen te kijken. Eerlijk
gezegd had hij geen idee wat het was. Het was iets met
een kap over het hoofd die van canvas leek. Het stond
voor de autoruit en vanuit de duisternis van de struiken
gebaarde het naar hen met twee blote handen. Zodra
Jimmy's ogen gewend waren aan de duisternis, realiseerde hij zich dat een van die handen iets vasthield. Hij
had een pistool vast. De loop van dat pistool kwam naar
het raam toe en tikte ertegenaan. Jimmy dook terug de
auto in en duwde Mary Jeanne over de zitting.

'*Kom uit de auto, nu!*' beval het Ding met een door het
masker gedempte stem. Het was, gedempt of niet, een
diepe, mannelijke stem. En gedempt of niet, uit de stem
sprak gezag. Uit angst dat de indringer door de voorruit
zou schieten als hij niet gehoorzaamde, deed Jimmy wat
hij vroeg, duwde het portier open en stapte de nacht in.
Steentjes kraakten onder zijn zolen. Mary Jeanne volgde
met haar hand in die van haar vriendje en ging naast hem
staan. '*U mag al ons geld hebben, meneer*', stamelde het

meisje, *'maar doe ons geen kwaad.'*

Hoe goed ze ook keken, het stel kon geen ogen zien door de spleten waar de ogen zouden moeten zitten. Alleen een zwarte holte, zoals binnen in een onverlicht pompoengezicht met Halloween. Alsof hij hun onderzoekende blikken opmerkte, knipte de vreemdeling een zaklamp aan en richtte die verblindend op hun gezicht. Achter de onverwachte en felle lichtstraal hoorde Jimmy de stem van het Ding: *'Doe wat ik zeg, dan zal ik jullie geen kwaad doen.'*

De lippen van Jimmy beefden. *'Wat wilt u? Mijn portemonee? De Auto?'*

'Je broek.' Het Ding grinnikte dit keer. *'Doe je broek uit.'*

'Dat doe ik niet!' antwoordde de jongen. Een tel lang vroeg hij zich af of zijn maten soms een soort grap met hem uithaalden.

'Doe het of ik vermoord jullie!' drong het Ding aan.

Mary Jeanne trok haar vriendje aan zijn mouw en smeekte: *'Alsjeblieft, Jim, doe wat hij zegt.'*

Jimmy aarzelde, zich afvragend wat de reden was van deze absurditeit. Hij wierp een blik op het pistool. Hij merkte nu pas dat de loop van vlakbij op zijn buik gericht was en liet alle mannelijke terughoudendheid varen. Hij maakte zijn riem los en liet de corduroybroek zakken tot onder zijn knieën. Op hetzelfde moment zag hij de hand van het Ding, die het pistool vasthield, omhooggaan en toen realiseerde hij zich eerst door een lichtflits en daarna door een verzengende pijn dat de man hem een opdoffer had gegeven – tweemaal snel achter elkaar voelde hij – met de kolf van het pistool. Duizelig van de pijn zakte hij door zijn knieën. Tijd en ruimte hielden op te bestaan.

Nu richtte het creatuur zich op het meisje. Ze dook buiten zijn bereik en stoof in haar wanhoop weg naar een donkere zijweg met overhangende cipressen. Ze voelde dat hij haar inhaalde en ditmaal greep zijn vuist haar sweater in de rug. Het Ding trok haar naar zich toe en ze werd als een baal veevoer op de grond gegooid. Triomfantelijk ging het beest op haar zitten. Het hoestte, hijgde en snoof als een stier die een matador heeft neergehaald als een lappenpop. Zijn handen kropen onder haar rok. Ze kon het koude metaal van het pistool tegen haar dijen voelen. Ondanks haar smeekbeden bleef hij doorgaan, want nu rustte de loop van het pistool tegen haar onderbroek als een fallus.

Zelfs al was zijn gezicht verborgen achter het vuile masker van canvas, het meisje wist dat hij grijnsde. Ze kon de wellust zien schitteren in zijn ogen, die donkere ogen die nu glinsterden door de kijkgaten. Ze vertoonden nu, bijna iriserend, de glans van het kwaad, in het licht van de volle maan...

...Maar nee, het was de maan niet. Het was te fel voor de maan want de witte lichtbundel verlichtte de hele gestalte van het beest, deed zijn macabere lijf verstarren als een wassen beeld dat voor eeuwig is gedoemd zijn gruwelijke uiterlijk te tonen in een griezelshow. Het licht trok zijn aandacht. Hij kreunde en vloekte en aan zijn scheldpartij merkte Mary Jeanne, die onder hem lag, dat het de koplampen van een naderende auto waren.

Maar toen hij begon op te staan, kennelijk om weg te vluchten, wilde hij toch nog een laatste daad stellen. Hij sloeg haar meerdere malen met de vuisten in het gezicht en op de schouders voor hij uiteindelijk verdween in de duisternis waar hij vandaan was gekomen.

In die duisternis zou hij echter niet lang blijven. Hij zou terugkeren. Zijn eerste twee slachtoffers hadden het geluk dat ze nog leefden hoewel ze zich, net als Texarkana, op dat moment niet realiseerden hoeveel geluk ze hadden gehad. Mary Jeanne en haar vriendje werden naar het ziekenhuis gebracht waar de kneuzingen van het meisje werden verzorgd. De klappen die Jimmy had gekregen waren zo hard geweest dat zijn schedel op twee plaatsen was gebroken. Maar ook hij overleefde het en kon het verhaal navertellen.

Ze waren ontsnapt aan wat in de loop van de volgende maanden een dodelijke reeks moorden zou blijken die werden gepleegd door hetzelfde Ding dat tevoorschijn kroop uit de stilte waar verliefde stelletjes eigenlijk van zouden moeten profiteren.

Tussen februari en mei 1946 maakte de stad Texarkana een van de bloederigste, meest angstaanjagende episoden mee uit haar lange en kleurrijke historie. Het was het tijdperk van het Fantoom, van zijn moorden bij maanlicht, van zijn gevaarlijke spookachtige en ongrijpbare hinderlagen die niemand in de koude kleren gingen zitten. Mannen, vrouwen en kinderen konden 's nachts niet meer slapen en deden ineens hun deuren op slot in een stad waar grendels nooit eerder nodig waren geweest.

Hij werd nooit gepakt. Wie hij was, waar hij vandaan kwam, waar hij heenging – alles is nog altijd een mysterie. Op zijn best is er een algemeen vermoeden, meer niet. Het bewijs is minimaal.

Uiteindelijk zouden Jimmy en Mary Jeanne de enige twee slachtoffers zijn die een signalement van hem konden geven en dat was vaag. Ze beschreven hem als ongeveer 1.80 meter lang met een ruwe zelfgemaakte witte kap op waarin gaten waren uitgespaard voor de ogen en de mond.

'Het is een beeld dat vandaag de dag algemeen wordt geassocieerd met de Fantoommoordenaar', schrijft Carmen Jones, een van de journalisten van de Texarkana Gazette, een krant die in 1996 na vijftig jaar een terugblik op de moorden gaf. 'Dit beeld is blijven hangen omdat niemand die de moordenaar aan het werk heeft gezien in leven bleef om hem te kunnen beschrijven.' En dat beeld verscheen ook op het filmscherm toen in Hollywood een semi-documentaire over de gebeurtenissen werd gemaakt onder de titel *The Town That Dreaded Sundown*.

Mary Jeanne Larey zelf bleef na die nacht nog lang bang voor de zonsondergang. Maandenlang leed ze aan nacht-merries en was ze rusteloos in de middagen. Uiteindelijk verliet ze de stad en trok in bij familie in Oklahoma. Ze zou echter nooit zijn stem kunnen vergeten. 'Ik zou die stem uit duizenden herkennen', vertelde ze later. 'Hij klinkt nog altijd in mijn oren.'

Deze keer dood

'Texarkana voelde angst voor het onbekende...' – Myrtice Johnson, inwoonster van Texarkana

Texarkana ligt op de grens tussen Texas en Arkansas, een dynamisch centrum voor de houtverwerkende en andere industrie waar houten producten (vooral meubelen), banden, ventielen en tankwagons worden gemaakt. Het stadsmotto Twice as Nice duidt op het feit dat Texarkana in feite bestaat uit twee afzonderlijke gemeenten,

Texarkana in Texas en Texarkana in Arkansas, midden in de stad gescheiden door de State Line Avenue, een populaire toeristische attractie. Beide gemeenten hebben hun eigen politie- en brandweercorps en hun eigen gemeenteraad. En omdat het gebied twee afzonderlijke districten beslaat – Bowie County (Texas) and Miller County (Arkansas) – patrouilleren in de omringende buitenwijken afzonderlijke teams van de countysheriffs.

Deze unieke opzet functioneert goed en de circa 60.000 burgers zien zichzelf als gelijkgestemden die in één stad wonen. Ze werken goed samen en ontspannen zich prettig samen en treffen elkaar elk jaar in oktober bij de beroemde 'Fair and Rodeo'. Veel gezinnen uit Louisiana, dat slechts 40 kilometer verderop ligt, bezoeken het themapark Crystal Springs Beach en genieten van het gevarieerde nachtleven van de stad.

Historisch gezien kan de stad bogen op namen die wat betekenen in de maatschappelijke, artistieke en politieke textuur van de Verenigde Staten. Jim Bowie, de held van Alamo, en zijn broer Rezin vonden hier in de buurt het beroemde Bowie-mes uit. Tot de ingezetenen van de stad behoorden Scott Joplin, de ragtimecomponist die een Pulitzer won, en de voormalige presidentskandidaat Ross Perot.

In 1946 telde Texarkana een bevolking van 44.000 zielen die *'na de Tweede Wereldoorlog net weer terugkeerden naar het normale leven en de meeste jongemannen kwamen terug uit Europa',* aldus Fantoomonderzoeker Wayne Beck die een eigen website heeft gemaakt over de Fantoommoorden. *'De stad vierde het einde van de oorlog en trachtte terug te keren naar het leven dat ze kende en waarvan ze hield.'*

Lyn Blackmon van de Texarkana Gazette voegt daaraan toe: *'Met goed weer zaten gezinnen in de nette woonwijken op hun veranda na de maaltijd ijsthee te drinken. Ze wiegden zich op schommelbanken of in schommelstoelen en maakten een praatje met buren die naar huis liepen na bioscoop- of kerkbezoek [...]. Slechts een enkeling deed zijn ramen en deuren op slot. De enige gordijnen die dicht werden getrokken waren die in de badkamer en de slaap-kamer.'* Tot de moorden begonnen, vond de engste gebeur-tenis in de stad plaats in de bioscoop waar bij The House of Dracula menige zak popcorn werd vergeten.

Hoewel een groot deel van Texarkana kon bogen op witte hekjes en achtertuinen vol rozen, kende de stad ook haar ruwere wijken. Tijdens de oorlog was ze een solda-tenstad geweest en de bars en nachtclubs die uit de grond waren geschoten om de soldaten met verlof te bedienen, deden ook na de oorlog goede zaken. Shows met meisjes trokken een mannelijke clientèle en saloons werden na zonsondergang druk bezocht. Er werd veel gevochten en door de vechtpartijen tussen dronken lieden moesten de gemeentelijke en de districtspolitie menigmaal ten tonele verschijnen. Moorden waren in de onderwereld niet onge-bruikelijk.

In de meeste wijken was Texarkana echter een veilige, godvrezende stad waar je 's nachts gewoon kon rondlo-pen zonder dat je bang hoefde te zijn in elkaar geslagen te worden.

De bizarre aanval op Mary Jeanne Larey en Jimmy Hollis had in de kranten gestaan, maar werd afgedaan als een uitzonderlijk incident. Veel mensen in de stad meenden dat de dader iemand op doorreis was geweest. Het politieonderzoek had geen schuldige opgeleverd.

Aangenomen werd dat de geheimzinnige gemaskerde man allang naar andere oorden was vertrokken. Ondanks de angstaanjagende aard van de brujaja van het vrijerslaantje zag Texarkana geen reden om te vrezen voor de publieke veiligheid. Nog niet.

Op de regenachtige ochtend van 24 maart, een maand na de aanval op Larey en Hollis, zag een bestuurder op de landelijke Bowie County Highway 67 iets vreemds. Een Oldsmobile uit 1941 stond op ongeveer 100 meter van de snelweg geparkeerd in een bosje voorbij de nabijgelegen Robison Road; het leek of er een man achter het stuur zat te slapen. Het was niet een plek waar een vermoeide chauffeur van de weg zou gaan; er waren immers genoeg motels en andere veiliger oorden op een steenworp afstand. De bestuurder achtte het zijn plicht een kijkje te nemen en ging naar de wagen toe. Bij de aanblik van wat er in de auto lag, gaf hij een gil en rende onmiddellijk weg om de politie te waarschuwen.

Agenten van Bowie County verzamelden zich ter plekke. In de auto lagen twee dode lichamen, beide door het hoofd geschoten. Aan het stuur zat de 29-jarige Richard L. Griffin, die onlangs was afgezwaaid als Navy SeaBee. Op de achterbank lag zijn vriendin, Polly Ann Moore, die controleur was bij de Red River Arsenal buiten de stad. Forensisch onderzoek zou aantonen dat de kogels die hen hadden gedood waren afgevuurd uit een .32 kaliber revolver, mogelijk een Colt.

Moore was buiten de auto gedood, zo bleek uit de bloedvlekken en sleepsporen. Ze leek seksueel misbruikt. Vingerafdrukken en voetsporen waren lastig te traceren aangezien de zware regenval van de nacht ervoor alles had weggespoeld.

Vanaf het begin stond de politie voor raadsels. Leden van het Texaanse bureau voor rijksveiligheid, het gemeentelijke politiekorps (Texas en Arkansas) en dat uit Miller County en het aangrenzende Cass County kwamen de politie van Cass County assisteren bij het onderzoek. Ten slotte werd zelfs FBI erbij gehaald, maar ook die tastte in het duister. Elk motief ontbrak. Griffin en Moore hadden voor zover bekend geen rivalen. Ze waren voor het laatst levend gezien omstreeks 22.00 uur op de avond waarop ze werden vermoord; ze zaten in een café aan de West Seventh Street rustig te eten met Griffins zuster Eleanor.

'Drie dagen na de moord waren op het bureau van de sheriff al vijftig à zestig mensen ondervraagd over de moord en waren er ongeveer honderd valse tips nagetrokken', schrijft Greg Bischof van de Texarkana Gazette. *'De moorden bleven een verbluffend mysterie en dwongen de sheriff ten slotte een beloning van vijfhonderd dollar uit te loven voor informatie omtrent de moord. Er kwam niets binnen.'*

De Gazette van tegenwoordig geeft interessant commentaar op de sociale instelling in de jaren tussen 1940 en 1950. Het heeft te maken met de manier waarop de politie omging met en het publiek reageerde op misdaden waarbij sprake was van verkrachting en seksueel misbruik. Tegenwoordig is dat voorpaginanieuws maar in 1946 verheimelijkte de pers dit soort activiteiten. Hoewel het lichaam van juffrouw Moore veelzeggende sporen van verkrachting vertoonde en hoewel de aanvaller Mary Jeanne Larey seksueel had misbruikt met de loop van een pistool voor ze ontsnapte, zwegen de locale kranten, inclusief de Gazette, over dat specifieke aspect van beide misdaden. Als er al naar verkrachting werd verwezen, dan als een algemene 'geweldpleging' dat een aantal dingen kon betekenen.

'*Seksueel misbruik werd niet openbaar gemaakt. Je beschermde de persoon die was verkracht*', legt J.Q. Mahaffey uit die redacteur was bij de Texarkana Gazette toen de moordenaar zijn woede botvierde. Hij legt uit dat er nooit autopsie werd verricht op het lichaam van Moore. Het was het tijdperk voor de DNA-test op zaadsporen, het tijdperk toen niet de wetenschap maar fysieke feiten misdadigers aanwezen. Verkrachting kwam veel minder voor dan nu. Bij verdenking van verkrachting werd uitgegaan van bewijzen die werden aangetroffen op de plaats van het misdrijf en fysieke bewijzen die op de vrouw waren aangetroffen door de onderzoekend arts. Verder ging het niet.

Het gebrek aan technologie en de doofpothouding uit die tijd kunnen misschien verklaren waarom de moordenaar zo lang ongrijpbaar bleef. Die houding weerhield het onderzoeksteam ervan bekende delinquenten die mogelijk in het gebied leefden na te trekken – als er destijds al verkrachters waren geregistreerd als verkrachters – en daarom kan een mogelijke groep zijn vergeten in de zoektocht naar de dader. Ook al was Mary Jeanne Larey op een perverse manier aangerand en was Moore ogenschijnlijk 'misbruikt', niemand dacht er destijds aan de twee voorvallen met elkaar in verband te brengen. Althans niet officieel. Maar de inwoners van Texarkana waren niet naïef. Het feit dat Polly Ann Moore mogelijk was verkracht werd fluisterend besproken in de huiselijke kring tussen echtelieden en onder boezemvriendinnen. De geruchten waren voldoende om veel vrouwen, vooral de alleenstaande, ertoe te brengen hun deuren voor het slapengaan op slot te doen.

Het beest krijgt een naam

'Na Spring Lake Park ontwikkelde alles zich snel vanaf die plek.' – Milton Mosier, staatspolitie Arkansas

De lichten werden gedimd in de VFW Hall terwijl de dansers arm in arm rondzwierden op de melodieuze klanken van 'Moonlight Serenade', een populair wijsje uit die dagen. Op het podium speelden de Rhythmaires dit en andere nummers onder de zwevende dirigeerstok van bandleider Jerry Atkins, die ook de sax bespeelde. Deze klus op zaterdag 13 april was een van de vele zaterdagavondboekingen die de band het afgelopen jaar in deze zaal had gehad. De band van Atkins, die was begonnen als een ensemble dat soldaten met verlof amuseerde, werd kort na het einde van de oorlog omgedoopt in de Rhythmaires en behield zijn populariteit ook in vredestijd. De tieners uit Texarkana stroomden toe om te luisteren naar de populairste songs in het arrangement van Atkins en te dansen in de gezellige feestzaal aan Fourth Street en Oak Street.

Al was hij zelf nog een tiener in die tijd, Atkins had zich vaardig betoond in het kiezen van de juiste bandleden. Vier van de muzikanten waren vrouwen, die een kans hadden gekregen door het tekort aan mannelijke muzikanten waarvan er veel meevochten in de oorlog. *'Toen ik de meisjes voor de band rekruteerde, speelden we op schoolfeesten en andere evenementen. Maar we kregen een aanbod om vast op de zaterdag te komen spelen op de VFW Club. De mensen hielden nog steeds van het geluid van een big band.'*

Aangezien de vrouwelijke muzikanten net als Atkins

nog teenagers waren en in veel van de zalen waar ze speelden bier en alcohol werden geschonken, stonden de moeders de meisjes alleen toe bij Atkins te spelen als de bandleider (die een goede naam had) hen zelf zou ophalen voor en weer thuis zou brengen na de optredens. Hij stemde hiermee in.

Betty Jo Booker was een van zijn favorieten. Pas vijftien jaar oud bespeelde zij de saxofoon al met flair. Atkins zag haar potentieel en stimuleerde haar om van muziek haar beroep te maken als ze haar middelbare schooldiploma op zak zou hebben. Ze was slim, communicatief en leergierig en Atkins voelde dat deze uitstekende leerling bruiste van de beloften.

De laatste klanken van de avond stierven weg rond 1 uur op zondagmorgen 14 april. De bandleden begonnen hun instrumenten en muziekstandaards op te ruimen. De dansers schuifelden Oak Street op, hun favoriete nummer nog naneuriënd. Betty Jo vertelde haar baas dat hij haar die nacht niet naar huis hoefde te brengen. Een oud-klasgenoot, Paul Martin uit het nabijgelegen Kilgore, was aangewipt en zou haar naar een slaapfuif bij een vriendin brengen. Atkins wierp een blik op de wachtende kennis en dacht dat het wel een goede jongen was, eenvoudig en onschuldig. Daarom zei hij Betty dat ze mocht gaan en wenste haar een leuke avond. Het was de laatste keer dat hij haar levend zag. Zowel zij als Martin werd lang voor zonsopgang gedood door revolverschoten.

De auto van Paul werd verlaten aangetroffen bij de ingang van het Spring Lake Park, mijlenver van de slaap-fuif waar Betty Jo naartoe zou gaan. Het lichaam van Paul werd als eerste gevonden, ten noorden van de Interstate 30 op 2 kilometer van zijn auto. Hij was meerdere malen beschoten. Betty Jo lag bijna 4 kilometer verderop naast een stuk bos in de buurt van Fernwood, ook ten noorden van de I-30. Net als dat van Paul was het lichaam van Betty Jo doorzeefd met kogels. Ze was ook seksueel misbruikt. Dit keer maakten de officiële rapporten er geen geheim van.

Ballistisch onderzoek bevestigde dat de kogels die de tieners hadden gedood (kaliber .32) overeenkwamen met die welke drie weken eerder een eind hadden gemaakt aan het leven van Moore en Griffin.

Texarkana begon in paniek te raken. Men realiseerde zich dat zich onder de bevolking een moordenaar bevond die steeds woester te werk ging naarmate hij meer wandaden pleegde. Voor de eerste keer zag de politie overeenkomsten en realiseerde zich dat dezelfde gemaskerde zwerver wel eens verantwoordelijk kon zijn voor de reeks aanrandingen en moorden die was begonnen met de schedelbreuk van Jimmy Hollus en de bijna-verkrachting van juffrouw Larey op 22 februari. Helaas hadden de autoriteiten opnieuw geen herkenbare vingerafdrukken ontdekt, maar de modus operandi van de moordenaar was duidelijk: hij viel jonge stelletjes aan op afgelegen plekken.

Omdat hij leek toe te slaan en dan te vluchten, in rook op te gaan, doopte de toenmalige hoofdredacteur van de Texarkana Gazette, Calvin Sutton, de nemesis van de stad 'Het Fantoom'. De naam verscheen voor het eerst in vette koppen na de meeste recente moord. '*Sutton realiseerde zich nauwelijks dat hij journalistieke geschiedenis schreef in Texarkana*', merkte J.O. Mahaffey later op. Sutton had Mahaffy, die destijds zelf redacteur was, de naam voorgelegd en gevraagd naar zijn mening. Mahaffy had geantwoord: *'Waarom niet? Als die kl... erin blijft slagen uit handen van de politie te blijven, mag hij met recht een fantoom genoemd worden.'* Toch geeft Mahaffey met enig berouw toe: *'Natuurlijk maakte de naam "Fantoom" de hysterie alleen maar groter toen we over de moorden bleven schrijven.'*

Te midden van alle chaos maakten de legendarische Texas Rangers hun opwachting. Ze kwamen in de gedaante van een lange, magere en bekende ranger met de naam Manuel Gonzaullas, ook wel 'Lone Wolf' genoemd vanwege zijn vermogen in zijn eentje criminelen op te sporen en in te rekenen. Na de ontdekking van de laatste moorden nam hij het onderzoek in de stad over. Een van zijn eerste daden was het uitvaardigen van een officiële mededeling:

'GEZOCHT WEGENS MOORD:

Een of meer onbekende personen, voor de moord op Betty Jo Booker en Paul Martin, op of omstreeks 13 april 1946 in Bowie County, Texas. Dader of daders kunnen in het bezit zijn van of zich trachtten te ontdoen van een vergulde es-altsaxofoon van het merk Bundy, serienummer 52535, die ontbrak uit de auto waarin de slachtoffers voor het laatste werden gezien. Deze saxofoon was zeer onlangs herbouwd en opnieuw verguld en voorzien van vilt. Hij was opgeborgen in een vrijwel nieuwe zwartleren koffer met blauwe pluche voering.

Men wordt verzocht muziekwinkels en pandjeshuizen te doorzoeken. Elke informatie ten aanzien van de plaats waar zich de saxofoon bevindt of de beschrijving en verblijfplaats van de persoon die deze in zijn bezit heeft, dient ogenblikkelijk te worden doorgegeven aan de sheriff van

Bowie County, Texarkana, Texas, en het Texaanse bureau voor rijksveiligheid, Austin, Texas.'

Agenten ondervroegen iedereen die Betty Jo Booker en Paul Martin hadden gekend naar mogelijke motieven. Tot op de dag van vandaan is het echter een mysterie hoe de auto van Martin zo ver van hun bestemming terecht is gekomen.

Het stel had geen romantische bedoelingen met elkaar en geen reden om na zonsondergang te vertoeven in zo'n afgelegen oord als Spring Lake Park, een soort plek waar verliefde stelletjes wellicht instinctief heengingen. *'We hebben altijd gedacht dat iemand die ze kenden of die ze vertrouwden hen dwong om daarheen te gaan'*, vertelde een klasgenootje. En de politie was het ermee eens. Misschien hadden de twee ongelukkigen een lifter opgepikt die hen onder valse voorwendselen daarheen had laten rijden en eenmaal ter plekke zijn wapen had getrokken. Misschien was het iemand van het dansfeest.

Jerry Atkins gelooft tot op de dag van vandaag dat het Fantoom iemand zou kunnen zijn die op de dansfeesten rondhing op zoek naar mogelijke slachtoffers. *'Toen mij door de politie werd gevraagd of ik eventueel iemand kon identificeren die op de fatale avond in de VFW Club was, begon ik ook aan de Moore-Griffinmoorden te denken. Hun auto en lichamen waren niet ver van de zogenoemde Club Dallas aan de Highway 67 gevonden. Kon iemand hen vandaar gevolgd zijn? Misschien was er iemand op de VFW die Betty Jo met Paul zag.'* Terugdenkend aan het hectische onderzoek in die bloedige lente, voegt hij eraan toe: *'Deze theorieën zijn nooit officieel bevestigd.'*

Vier dagen na de laatste dubbele moord werden

de slachtoffers ter aarde besteld. Vier leden van de Rhythmaires, onder wie Atkins, waren gevraagd om de kisten te dragen. *'Het was een intrieste dag'*, herinnerde de laatste zich.

De saxofoon van Betty Jo werd maanden later gevonden in een drassig veld in Spring Lake Park, roestend en half weggezakt in de modder. Kennelijk lag het ding daar sinds de moordenaar het daar die noodlottige nacht had neergegooid. Het instrument was een stomme getuige van het eens zo swingende leven van Betty Jo Booker, een leven dat Jerry Atkins eerde met een definitief besluit: na haar dood koos hij ervoor ook de Rhythmaires te ruste te leggen. Ze zouden nooit meer spelen.

Pandemonium

'De stad was als een tondeldoos die op iets wachtte om vlam te vatten.' – Ed Malcolm, inwoner van Texarkana

Na de tweede dubbele moord straalden de straten van Texarkana een totaal andere mentaliteit uit. De eens zo vreedzame doorgaande wegen en zijstraten waren ineens vol sombere anticipatie, wantrouwende blikken en stijve, gealarmeerde passanten. Het vertrouwen in de naasten smolt in de hete vlam van de twijfel. Vreemdelingen waren verdacht. Vreemde auto's werden waakzaam gevolgd tot de spionnen zich ervan hadden vergewist dat de passagiers in genoemde voertuigen gewoon verkopers van buiten de stad of een onschuldig gezin op doorreis waren. Als de nacht viel waren de trottoirs, ooit vol wandelaars en kinderen die tikkertje met een zaklamp speelden, leeg en stil als de lucht voor een tornado.

'*We waren doodsbang*', herinnert Ida Lou Ames zich. '*We zaten zes weken lang 's nachts in hetzelfde huis.*' Bij Ames thuis was men des te meer op zijn hoede aangezien het huis achteraf lag, in het gebied waar het Fantoom vaker toesloeg. In feite was het lichaam van Betty Jo Booker niet ver ervandaan gevonden. '*Het geluid draagt ver in een stille, heldere en koele nacht maar die nacht hebben we niets gehoord. En we woonden zo dichtbij.*'

Als iemand het waagde na donker eropuit te gaan was het nooit alleen. Men was op zijn hoede en ging niet voor de lol. '*Vooral de nachten waren zenuwslopend*', schrijft Christy Busby, verslaggeefster bij de Texarkana Gazette. De meeste tieners hielden zich vrijwillig aan een avond- klok en ze keken wel drie keer uit waar ze heen gingen... Lampen met sensoren, alarmsystemen en andere tech- nische snufjes op het gebied van beveiliging waren toen nog een generatie weg. De burgers vertrouwden op slim aangelegde boobytraps die moesten waarschuwen als het Fantoom naderde. Potten en pannen werden opgehangen zodat ze tegen elkaar kletterden en losse spijkers werden verzameld zodat ze op de vloer zouden vallen als iemand ertegenaan stootte.'

Veel Texarkanen van nu herinneren zich nog de duide- lijke verontrusting en de veiligheidsmaatregelen die hun families namen om te voorkomen dat hun iets ergs over- kwam. Dan Young meent: '*Iedereen was bang. Er waren geen sloten meer te koop. Eén ding zal me altijd bijblijven en dat is dat mijn familie en ik die zomer in huis bleven met de deuren op slot en de ramen dicht. We hadden (maar) één vaste ventilator van 10 cm om het huis te koelen en het was warm.*'

James Timberlake, wiens familie een zaak in ijzerwaren dreef, herinnert zich dat een voorwerp dat een hordeurbeugel werd genoemd de winkel uitvloog. Het was een stuk metaal dat dwars over het raam werd gespannen en in het houten raamkozijn werd geschroefd. Ed Malcolm, bediende in een andere ijzerwinkel, weet nog dat ook voorwerpen van dodelijker aard als warme broodjes over de toonbank gingen: *'We verkochten onze hele voorraad geweren en munitie.'*

Niet alle geweren die de burgers kochten, werden alleen gebruikt voor de bescherming van huis en haard. Sommigen zagen voor zichzelf de taak weggelegd te doen waartoe de politie niet in staat leek: het Fantoom pakken. Maar de burgerwachten, vaak gewoon een stel tieners, waren meer een last dan een lust en verstoorden vaak direct de surveillancewerkzaamheden van de politie.

'Veel studenten die vooral werden gemotiveerd door de moord op twee medestudenten deden hun eigen onderzoek', legt Wayne Beck uit op zijn Fantoom-website. *'Bewapende jonge stellen parkeerden op eenzame wegen in de hoop dat de waanzinnige moordenaar hen zou proberen aan te vallen.'*

De betrokken politiekorpsen hadden hun handen vol met het natrekken van slechte aanwijzingen en het kalmeren van de gemoederen in de stad. Naarmate de gelederen groeiden, begon de organisatorische mengelmoes te lijken op een geval van te veel kapiteins op één schip. Veel onderzoek werd dubbel gedaan en de ooit directe communicatielijn verliep nu zigzag. De zaak werd geleid door de Texas Rangers en het corps van de sheriff van Bowie County die nauw met elkaar samenwerkten; de laatste ging over het gebied waar de misdaden van het Fantoom tot dan toe waren gepleegd. Vanzelfsprekend fungeerden de twee gemeentelijke politiekorpsen (Texarkana in Texas en Texarkana in Arkansas) als aides de campe. De FBI voegde zich bij het gezelschap om een handje te helpen, evenals het Texaanse bureau voor rijksveiligheid en het aangrenzende Cass County. Toen de klopjacht zich uitbreidde naar andere districten en steden schoten ook die te hulp. Het waren de politie van de staat Arkansas, de politie van Hope in Arkansas, het corps van de sheriff van Little River County en dat van Lafayette County. Wayne Beck vertelt: *'Texarkana was de best bewaakte stad in de Verenigde Staten.'*

Ondanks alle verwarring deden de verschillende eenheden prima werk. Ze patrouilleerden door de stad, in parken, stegen en tunnels, op spoorwegemplacementen en op alle andere plaatsen waar een gemaskerde moordenaar zich kon schuilhouden. Bewapende manschappen te paard, in auto's en te voet hielden de buitenwijken, de favoriete plekken van verliefde stelletjes, verlaten boerderijen, de meren, lagunes en zwemvijvers in de gaten.

Meer dan driehonderd verdachten werden naar het bureau gebracht voor ondervraging: mensen die waren opgepakt omdat ze 's nachts op donkere plekken rondhingen, mensen die door hun buren 'vreemd' werden gevonden, kluizenaars en eenlingen en degenen die een strafblad hadden. Ze werden allemaal secuur ondervraagd maar niemand werd langer vastgehouden.

De stad huiverde nog steeds van angst en met elke knikkende knie verloor men het vertrouwen in het vermogen van de politie om aan haar ultieme verplichtingen te voldoen: het vangen van het Fantoom. Er was zelfs sprake van dat de autoriteiten belangrijke informatie achterhielden. Het gonsde van de geruchten.

In een reactie op deze geruchten gaven commandant Manuel Gonzaullas van de Texas Rangers en sheriff W.H. Presley van Bowie County gezamenlijk de volgende persverklaring uit, die meer de teneur had van een krachtig statement over de missie. Ze luidde: 'De kranten van Texarkana hebben gedurende het hele onderzoek met ons samengewerkt en wij hebben de intentie met hen te blijven samenwerken door hun de informatie te verstrekken die ze vragen wanneer de tijd rijp is om die informatie te verspreiden. De kranten drukken geen geruchten af en hebben ons verzekerd dat ook niet te zullen doen. Elke informatie die het publiek ter ore komt over de zaak is niet officieel tenzij ze via de kranten van ons afkomstig is. We zullen dag en nacht blijven werken aan het onderzoek. We stellen informatie van burgers zeer op prijs en al dergelijke informatie zal vertrouwelijk behandeld worden.'

Intussen hadden gemeenteraadsleden een fonds in het leven geroepen voor een beloning voor de aanhouding van de dader van 'de laagste moord die ooit in Texarkana is gepleegd.' Het zakenleven, maatschappelijke organisaties, particulieren en genootschappen stortten een bijdrage in het fonds. Het waren onder meer de banken van Texarkana en de nationale banken, Southwestern Gas, Longhorn Company, de Texarkana Gazette, de Elks Club, Lions Club en Rotary Club, de VFW Otis Henry Post (waar Betty Jo Booker speelde met de Rhythmaires) en vele andere – tot een totaalbedrag van 4.280 dollar.

Texarkana was groot nieuws aan het worden en de grote dagbladen en radiostations stuurden hun beste medewerkers om verslag te doen van de gruwelijke gebeurtenissen in de stad tussen twee staten. Er waren vertegenwoordigers van The New York Times, The Washington Post, The Dallas News, The Houston Chronicle en zelfs van The London Times. *'Alle pers-agentschappen, ook die van de Associated Press, United Press en de International News Service, stuurden verslag-gevers'*, getuigt J.Q. Mahaffey, destijds redacteur bij de Texarkana Gazette, die optrad als gastheer voor zijn collega's.

De journalisten brachten de sfeer mee die alleen mannen en vrouwen met hun ervaring konden mee-brengen. Het centrum van de stad veranderde in één grote typemachine die het verhaal van Texarkana op papier zette in een oprecht menselijke stijl, met zowel de tragedies als de vrolijke noot.

Er waren immers toch ook vrolijke momenten. Redac-teur Mahaffey herinnert zich: *'Ik denk niet dat ik ooit nog de beginparagraaf zal vergeten van het verhaal van de reporter van de International News Service. "Ik ben net aangekomen in Texarkana, het thuis van de Fantoommoordenaar. Ik heb net gesproken met een kran-tenman genaamd Graves. Ik ben ingekwartierd in het Grim Hotel en het haar in mijn nek staat recht overeind."'*

Een favoriet onder de naar nieuws hunkerende legioe-nen van het gedrukte woord was de Texas Ranger Manuel 'Lone Wolf' Gonzaullas die zich opwierp als eenmans-PR-agentschap en woordvoerder. Hij was de lieveling van de reporters met de flair van een John Wayne en de welbespraaktheid van Will Rogers.

'De geruchten die aan de "Lone Wolf" waren gaan kleven waren maar al te geloofwaardig omdat hij de levende belichaming van het Wilde Westen was', zegt Mahaffey.

*'Hij droeg een smetteloos kaki shirt en een witte cowboy-
hoed. Hij droeg twee revolvers met paarlemoeren handgreep
op de heupen en ontkende niet dat hij de ranger was die in
het hok van de kassier had gezeten in het Crazy Water Hotel
in Mineral Wells en twee ex-gedetineerden had neergeknald
die trachtten het hotel te beroven. Hij zag er zo goed uit dat
mijn vrouwelijke reporters hem niet met rust konden laten.
Hij had niet eens de tijd om op het Fantoom te jagen. Hij
was te druk met het geven van interviews en zijn pogingen
de Gazette te runnen. De andere politiebeambten [...] waren
allemaal intens jaloers op "Lone Wolf" en klaagden verbitterd als zijn foto weer eens in de krant stond.'*

Zijn aard getrouw slaagde Gonzaullas erin een van de
meest geanimeerde live interviews van die tijd te geven.
Toen Mahaffey, die het interview afnam voor radiostation
KCMC, hem vroeg om de luisteraars enkele wijze woorden
mee te geven die hun angsten zouden kunnen weg-
nemen, antwoordde Gonzaullas: *'Natuurlijk. Controleer
de sloten en grendels op de deuren en koop een dubbelloops
geweer waarmee u elke indringer die probeert binnen te
komen aan flarden schiet.'* Mahaffey veranderde snel van
onderwerp.

Ziedend!

*'We vroegen ons allemaal af of de moorden het werk waren
van een van ons en ik vraag me nog steeds af wie de dader
was.'* – W.E. Atchison, inwoner van Texarkana

Misschien had Katy Starks moeten luisteren van het advies
van Gonzaullas en een geweer moeten kopen. Mevrouw

Starks en haar man Virgil, respectievelijk 35 en 36 jaar oud, hadden een boerderij vlak bij Highway 67 ten zuidoosten van de stad in Miller County, Arkansas. Hun grillig gebouwde boerderij lag op 18 kilometer van Texarkana op een stukje open prairie met de voorgevel naar de weg gekeerd. Aan de overkant stond het huis van haar zus en zo'n 50 meter verderop lag de boerderij van de buren, de familie Prater. Het was een afgelegen streek maar tot dusver was het Fantoom eraan voorbijgegaan. Op vrijdagavond 3 mei 1946 zou daar verandering in komen.

Om een uur of negen 's avonds liet Virgil zich in zijn luie stoel naast de radio vallen en sloeg de krant open. Hij had de hele dag op de velden gewerkt en na het avondmaal begon voor hem de weekendrust. Zijn rug deed pijn van het zware werk. Daarom leunde hij onder het lezen tegen het elektrische kussen dat de spieren in zijn onderrug verwarmde. Hij merkte het silhouet van een man niet op dat opdook in het maanlicht en naar zijn voordeur sloop. Katy zag het evenmin. Ze had net de afwas gedaan, haar jurk verruild voor een nachtpon en lag nu in bed te bladeren in het tijdschrift Post. Ze hoorde alleen het gekraak van de radio van haar man in de woonkamer aan het andere eind van de gang.

Een schot blies het glas uit het raam aan de voorzijde en Virgil, geraakt in het hoofd, schoot naar voren. De krant vloog door de woonkamer, bloed spatte rond. Een tweede schot volgde onmiddellijk en raakte hem op vrijwel dezelfde plek. Dit keer viel het lichaam na een stuiptrekking slap opzij over de armleuning van de stoel.

Zijn vrouw hoorde eenmaal en toen een tweede maal glas versplinteren en beide keren iets wat klonk als de nagalm van een schot. Ze stond op uit bed, trok haar slippers aan en snelde de gang door. Eén blik op haar echtgenoot, die net als zijn stoel onder het bloed zat, en ze wist wat er was gebeurd. Glasscherven lagen over het bureau dat voor het raam stond vanwaar de schoten waren afgevuurd. Ze dacht meteen: het Fantoom!

Het duizelde haar toen ze naar de telefoon strompelde aan de andere kant van de kamer. Haar vingertoppen voelden in haar paniek doof aan terwijl ze trachtte de anders zo makkelijke 0 te draaien. Een zoemtoon en een vrouwenstem weerklonk in de zwarte hoorn. *'Centrale. Kan ik u helpen?'* Maar Kate gaf geen antwoord. Ze voelde een dreunende klap die de hoorn van haar oor wegsloeg en een pijn door haar rechterwang branden nog voor ze de explosie achter zich hoorde. Instinctief draaide ze zich in de richting waaruit het geluid van het schot was gekomen toen een tweede schot kraakte en haar onderkaak van de bovenkaak blies. Ze zag hoe de splinters van haar gebit omhoogvlogen en ze slikte een golf bloed naar binnen.

Op de een of andere manier bleef ze ondanks de gruwelijke angst, de moordende pijn en de duizeligheid bij bewustzijn. In een poging verdere schoten te ontwijken liet ze zich op de grond vallen en kroop naar de keuken en de achterdeur. Maar toen ze de tegelvloer van de bijkeuken bereikte, werd ze zich ervan bewust dat de achterdeur tegen de grendel sloeg en iemand hem van buitenaf trachtte te forceren. Ze hoorde het Ding buiten mompelen, onmenselijke geluiden maken toen het zich teleurgesteld realiseerde dat de deur vergrendeld was. Door de gordijnen voor het venster in de deur zag ze zijn verwrongen schaduw.

Het bloed gutste over haar nachthemd en ze voelde dat ze op het punt stond flauw te vallen. Ze vocht echter door, vastberaden om niet aan het dier ten prooi te vallen. Ze worstelde zich overeind en strompelde terug door de woonkamer en de voordeur uit, een spoor van bloed achterlatend. Terwijl ze het huis verliet, hoorde ze hoe de keukendeur het ten slotte begaf onder het beuken van de indringer, gevolgd door een hevig gevloek.

De Texarkana Gazette schreef in zijn editie van de volgende dag: *'Ze vluchtte in haar bebloede nachthemd de snelweg over naar het huis van haar zus, maar trof niemand thuis. Uiteindelijk slaagde ze erin de boerderij van A.V. Prater te bereiken verderop aan de weg, waar ze hulp kreeg en een lift naar het Michael Meagher Hospital.'*

De eerste kogel was haar rechterwang binnengedrongen en achter haar linkeroor weer naar buiten gekomen. De tweede had haar kaak weggeslagen om zich vervolgens in de spieren onder haar tong te nestelen. Ze bleef in leven doordat ze onmiddellijk werd geopereerd. Dagenlang was haar toestand kritiek maar wonder boven wonder haalde ze het. De littekens die haar hoofd vertoonde, waren echter niets bij de psychische littekens die ze de rest van haar leven met zich zou meedragen.

Intussen was de boerderij omsingeld door patrouillewagens en de manschappen van de staatspolitie naderden het huis behoedzaam. *'Ze vonden twee kleine kogelgaten in het venster van de voordeur, wat hen deed vermoeden dat de schutter een automatisch wapen had gebruikt omdat er in totaal vier schoten waren afgevuurd'*, meldde de Gazette. De politie drong het huis binnen met getrokken wapen, maar vond binnen geen levende ziel. Het lichaam van Virgil Stark lag nu op de vloer terwijl de kussens in zijn leunstoel smeulden door de hitte van het elektrische kussen. De modderige voetsporen van de moordenaar liepen van de keukendeur naar de slaapkamer van de Starks waar hij naar Katy moest hebben gezocht, dan weer terug naar de woonkamer, naar buiten door de voordeur en dan de snelweg over, nog steeds op zoek naar de vrouw. Bloederige handafdrukken op de muren en meubels wezen erop dat de moordenaar zijn handen in de bloedplas aan Starks voeten had gedoopt. Wie de moordenaar ook was, hij leek in een staat van razernij geweest te zijn, buiten zinnen. En zijn razernij moest een climax hebben bereikt toen hij zich realiseerde dat de vrouw, die hij waarschijnlijk had willen misbruiken, hem ontsnapt was.

Dit keer beschikte de politie over vingerafdrukken, veel vingerafdrukken. Sheriff W.E. Davis van Miller County liet Highway 67 in beide richtingen afzetten en eenheden met politiehonden verzamelden zich om het spoor van de voortvluchtige te volgen. De bloedhonden volgden zijn geur ongeveer 200 meter langs de snelweg voor ze het spoor kwijtraakten. Op dat punt was de maniak waarschijnlijk in zijn auto gestapt en weggereden.

Het Fantoom had opnieuw toegeslagen, dit keer wreder dan ooit. Maar... was het wel het Famtoom geweest? Sommige politiemensen dachten van niet. Onder hen waren Davis en zijn hoofdagent Tillman Johnson. Hun redenering was gebaseerd op twee dingen: ten eerste waren de kogels die bij de Starks waren gevonden afgevuurd uit een .22 semi-automatisch wapen en niet uit een .32-pistool dat tot dusverre door het Fantoom was gebruikt. Ten tweede klopte er niets van de modus operandi: deze keer geen vrijerslaantje.

Toen ze weken later weer wat was hersteld en werd ondervraagd kon mevrouw Stark de moordenaar van haar man niet beschrijven. Ze had alleen zijn schaduw gezien door het raam in de achterdeur.

De inwoners van Texarkana konden zich niet voorstellen dat de moord op Stark het werk was van een ander dan het Fantoom. Zijn wreedheid was met elke misdaad erger geworden en ook hier waren weer een man en vrouw genadeloos overvallen. Het deed er niet toe dat ze geen tieners waren. En wat betreft het veranderen van wapens: welke wet schreef voor dat Fantomen beperkt zijn in de keus van hun wapens?

Niets is bekend over hetgeen 'Lone Wolf' Gonzaullas en andere verantwoordelijken geloofden. Maar de dag na de slachtpartij op de Starks werd de klopjacht op het Fantoom uitgebreid naar Miller County. In feite verhuisde het hoofdkwartier van het onderzoeksteam van het centrum van Texarkana naar een locatie dichter bij het huis van de Starks.

Verdachten

'Geruchten deden de ronde over wie de Fantoommoordenaar was, onder anderen iemand bij het politiekorps, een prominente persoonlijkheid of een soldaat die na de oorlog was teruggekeerd...' – Joe Bearden, inwoner van het gebied rond Texarkana

Nu de hele wereld toekeek, had Texarkana een aanhouding nodig. De autoriteiten meenden dat de moordenaar, nu hij zijn wraakzucht op 3 mei zo teugelloos had botgevierd, zijn actiegebied had verplaatst naar het gebied aan de rand van de stad. Het onderzoek ging door in en om Texarkana, maar nu ook in een breder gebied.

'De Texas Rangers zochten contact met politiebureaus overal in het land waar iemand mensen aanviel in hun geparkeerde auto's en ze ofwel doodde ofwel seksueel misbruikte', verklaart Fantoom-deskundige Wayne Beck. 'Verrassend genoeg waren er veel van dit soort incidenten, tot in Winconsin en New York toe. Ze controleerden werkelijk iedereen die ooit was aangehouden voor verkrachting of roof in Texas en wiens modus operandi vergelijkbaar was met die van de misdaden in Texarkana. Een aantal aanwijzingen was zeer goed, waaronder enkele uit de plaatselijke bevolking, maar de Rangers onderzochten ze niet verder wanneer de vingerafdrukken niet identiek waren.'

Beck noemt een aantal mensen op, zonder namen te geven:

Een 42 jaar oude verdachte uit College Station, Texas, die een .22 geweer bezat en van wie bekend was dat hij graag met zijn geweer verliefde stelletjes in hun auto besloop. Hij zou in Texarkana zijn geweest tijdens het Fantoom-seizoen.

Een aan de universiteit van Texas afgestudeerde man die blijk had gegeven van homoseksuele en moordneigingen en uit de U.S.Navy was ontslagen.

Een spoorwegmedewerker van de Missouri Pacific Railroad die in een brief aan de gouverneur van Texas de moorden bekende. Maar hij beweerde ook Satan te hebben gedood. In de tussentijd had hij ook FBI-directeur J. Edgar Hoover en president Harry Truman uitgedaagd voor een duel.

'Een van de meer komische verdachten die werden onder-

vraagd was een belastinginspecteur die was beschuldigd
door zijn buurman in Texarkana', zegt Beck gniffelend.
'Waarschijnlijk een ontevreden belastingbetaler.'

Een week na de moord op Starks berichtte een sheriff
in Atoka County de Rangers dat hij een migrant vasthield
in Paris, Texas. Deze had de vrouw van een boer bedreigd
nadat ze geweigerd had hem eten te geven toen hij bij
haar aanklopte. De 33-jarige verdachte was woonachtig
in Lewisville, Arkansas, bijna 45 kilometer ten oosten van
Texarkana. De FBI, de politie van Arkansas en de Texas
Rangers ondervroegen de verdachte maar deze werd zoals
zoveel anderen snel weer vrijgelaten vanwege een wacht-
dicht alibi of vingerafdrukken die niet overeenkwamen
met die welke waren aangetroffen in het huis van de
Starks.

Op 13 mei berichtte de Texarkana Gazette: *'Ondanks*
de gecombineerde inspanningen van de politiekorpsen van
Texas, Arkansas, de county, de gemeente en de nationale
overheid is er tot op heden geen spoor gevonden van de
Fantoommoordenaar. Agenten zeiden dat er geen nieuwe
ontwikkelingen zijn. "We hebben de hele week in kringe-
tjes rondgedraaid", was de manier waarop een agent het
uitdrukte.'

Aan het eind van de zomer gebeurde er echter iets heel
vreemds. Het hoofd van de Police-Arkansas State Patrol,
Max Tackett, had al eerder opgemerkt dat voor elke
moord aangifte was gedaan van de diefstal van een auto
die later werd teruggevonden. Op de middag van 28 juni
werd een van deze auto's aangetroffen op een parkeerplaats in Texarkana. Daar wachtte de politie af wie hem
zou komen ophalen. Toen een jonge vrouw uit een naast-
gelegen supermarkt kwam en in de auto stapte, werd ze

prompt gearresteerd. Ze bekende dat de auto van haar man was die momenteel niet in de stad verbleef. Tackett en zijn assistent Tillman Johnson volgden het spoor van de man naar Atlanta, Texas, waar hij had geprobeerd een gestolen auto te helen. Ze pakten hem op bij een busstation toen hij een paar weken later in Texarkana terugkeerde. Volgens Wayne Beck was zijn naam Youell Swinney. Bij zijn arrestatie keerde deze lange, magere, 29-jarige vogelverschrikker zich naar de agenten Tackett en Johnson en riep uit: *'Stik, ik weet waarvoor jullie me willen. Jullie willen me voor meer dan een autodiefstal!'*

Swinney, zo ontdekte de politie, had al een uitgebreid strafblad wegens vervalsing, autodiefstal, inbraak en overvallen. Toen de politie de hotelkamer binnenviel waar hij en zijn vrouw tijdelijk woonden, vonden ze in de kast een overhemd met de naam STARK op de zak gestempeld. Toen hij op het politiebureau over het overhemd werd ondervraagd sloeg hij dicht – in feite hulde hij zich over alles in stilzwijgen.

Dat gold niet voor zijn vrouw. Ze had zelf ook een, zij het klein, strafblad en het was duidelijk dat ze in paniek haar eigen huid trachtte te redden. Ze praatte een dag en een nacht lang. Ze vertelde de politie alles wat die wilde weten. Ze waren onlangs getrouwd in Shreveport, Louisiana, legde ze uit. Ze hadden veel tijd in de auto doorgebracht, steeds onderweg. Ze waren naar Texarkana gekomen kort voor het moorden begon. Tot grote verbazing van de ondervragers gaf ze ineens toe dat ze weliswaar geen deel had gehad in enige van de Fantoommoorden, maar dat ze wel telkens bij haar man was geweest als hij er een pleegde.

'Ze vertelde dingen over de moorden die het grote publiek

niet wist', verklaart Beck. *'Ze wist zelfs van een afspraken-boekje dat was aangetroffen op de plek waar Betty Jo Booker en Paul Martin waren vermoord en waarvan alleen sheriff Bill Presley afwist.'*

Maar aan haar verhalen kleefde een probleem. Tot wanhoop van de agenten veranderde ze de details bij elke ondervraging. Alleen Swinney liet ze elke keer op de plaats van de misdaad. Bij haar verklaring over de Spring Lake-moord bijvoorbeeld beschreef ze aanvankelijk hoe zij en haar man naar het park waren gegaan om een fles bier leeg te drinken die ze in het chauffeurscafé hadden gekocht. Op enig moment gedurende hun privé-fuifje was Swinney uit hun (gestolen) groene Plymouth uit 1941 gestapt om te plassen. Terwijl ze op hem wachtte, hoorde ze twee schoten klinken achter een groepje bomen. Toen hij even later terugkwam, was zijn broek vochtig en vuil van de modder maar hij weigerde haar te vertellen waar hij was geweest.

Later kwam ze echter met een nieuwe en meer belastende versie. Ze vertelde dat hij naar het park was gereden, niet voor een onschuldig drinkgelag maar alleen om iemand te beroven. Toen hij Martins auto zag, par-keerde hij ernaast en beval het stel hun auto uit te gaan. Zeer tot ongenoegen van mevrouw Swinney opende haar echtgenoot toen ineens het vuur op Paul Martin waarbij die meteen werd gedood. Terwijl zijn vrouw in Martins auto wachtte, duwde Swinney Betty Jo in de Plymouth en reed met haar weg. Een uur later kwam hij terug zonder Betty Jo. Na enig aandringen van zijn vrouw gaf hij later toe dat hij haar, overmand door begeerte, had verkracht en gedood.

Hoe graag de politie de vrouw ook wilde geloven, er

waren grote hiaten in haar getuigenis. Ten eerste bleef ze nooit bij een versie. Ten tweede had ze een strafblad en was daardoor voor de wet een onbetrouwbare getuige. Ten slotte, en niet in de laatste plaats, weigerde ze tegen hem te getuigen voor de rechtbank. Volgens de Amerikaanse wet kan een vrouw niet worden gedwongen tegen haar echtgenoot te getuigen.

Toch bleef de politie van de staat Arkansas nieuwsgierig naar het overhemd dat tussen de eigendommen van Swinney was gevonden. Hij werd overgebracht naar Little Rock voor verdere ondervraging. *'Het lot was de verdachte echter gunstig gezind'*, aldus Kevin McPherson, journalist bij de Texarkana Gazette. *'Hij had het geluk dat de ondervragers te veel 'waarheidsserum' (sodium pentothal) toedienden en hij in slaap viel. We hadden hem in feite vast moeten houden'*, vertelde Tackett de Gazette in een interview in 1971. *'Volgens mij hebben we de zaak toen verpest.'*

Hulpsheriff Tillman Johnson, die alle andere Fantoomrechercheurs overleefde, concludeert dat hun hoofdverdachte de elektrische stoel miste maar dat het een haartje gescheeld had. *'Als we hem toen hier in Texarkana hadden gehouden en hem waren blijven ondervragen, dan hadden we volgens mij uiteindelijk wel de waarheid uit hem gekregen [...]. Max was er steeds honderd procent zeker van dat hij het was. Ik denk dat we hem hadden...'*

Er is geen rapport bekend waarin staat vermeld of de vingerafdrukken van Swinney overeenkwamen met die welke in de boerderij van de Starks werden aangetroffen. De autoriteiten die Youell Swinney wilden zien hangen moesten zich tevredenstellen met hun tweede keus. Een jaar later lukte het hun hem veroordeeld te krijgen voor autodiefstal. Omdat hij een veelpleger was, kreeg hij levenslang in de penitentiaire inrichting van de staat Texas in Huntsville.

Niemand zal ooit weten of de politie de dader te pakken kreeg en evenmin of het ware Fantoom er zonder kleerscheuren van afkwam, mogelijk om elders nog meer onheil aan te richten. In elk geval stopten de Fantoommoorden in Texarkana na de aanhouding van Swinney voorgoed.

Een open boek

'Ik ben nu zestig en er zit veel angst opgekropt in deze herinneringen. Misschien ben ik daarom 's nachts zo bang.'
– Dorothy Conley, inwoonster van Texarkana

In 1970 diende Youell Swinney een verzoek in voor een bevelschrift tot voorleiding met het argument dat hij bij zijn proces in 1947 nooit was vertegenwoordigd door een advocaat. Hoewel de autoriteiten nog heel goed wisten dat de rechter de aangeklaagde destijds had aangeraden een advocaat te nemen, *'zwoer Swinney dat hij niet was gewezen op zijn recht op een advocaat en dat hem evenmin was verteld welke straf hem mogelijk te wachten stond wanneer hij werd veroordeeld wegens autodiefstal'*, schreef de Texarkana Daily News. Een hoorzitting, onder auspiciën van de raad voor gratie en voorwaardelijke invrijheidsstelling in Texas, werd gehouden in de Bowie County Building in 1973. Herinneringen van nog levende getuigen en politiebeambten waren op z'n best vaag en na beraad vernietigde het hof van beroep de veroordeling van Swinney. In 1974 kwam hij uit de gevangenis.

Niemand zal ooit weten of Youell Swinney het Fantoom was. Hoewel de politie van de staat Arkansas daarvan kennelijk overtuigd was, bleven de Texas Rangers – althans 'Lone Wolf' Gonzaullas – sceptisch, ook gedurende de vele jaren erna. Gonzaullas heeft het dossier nooit gesloten maar bleef ermee bezig op persoonlijke titel en onderzocht nog jaren later aanwijzingen. In feite spoorde hij tot in de jaren vijftig verschillende verdachten op door heel Oklahoma en enkele andere staten. Maar al zijn inspanningen waren tevergeefs. Technisch gesproken is de zaak tot op heden open, onopgelost.

In oktober 1946, toen Swinney in de cel op zijn berechting wachtte, werd een moord gepleegd in Fort Lauderdale, Florida, die in veel deed denken aan de modus operandi van het Fantoom uit Texarkana. Een jong stel, Elaine Eldridge (uit Massachusetts) en haar vriend Lawrence O. Hogan (uit Miami Beach) werden gedood in hun auto die geparkeerd stond op een afgelegen plek bij de oceaan. Opnieuw werd een .32 gebruikt als moordwapen hoewel het waarschijnlijk van buitenlandse makelij was en niet de bekende Colt die het Fantoom zou hebben gebruikt. Er werden geen vingerafdrukken ontdekt en de dader ontsnapte – alweer.

Eén man gelooft tot op de dag van vandaag echter dat het Fantoom inderdaad van de straat werd gehaald met de arrestatie van Youell Swinney. Die man is Mark Bledsoe, die jarenlang de beruchtste schaduw van Texarkana heeft nagetrokken. Bledsoe heeft ontdekt dat Swinney voor zijn arrestatie vanwege autodiefstal was beschuldigd van perverse seksuele neigingen. Bovendien blijkt uit interviews met celgenoten in de gevangenis van

Huntsville dat de man hun details omtrent de moorden kon vertellen die niet in de kranten hebben gestaan.

Bledsoe interviewde ook Swinney zelf in een verpleegtehuis in Dallas in 1992, een jaar voor deze een natuurlijke dood stierf. De herinnering eraan is nog levendig. *'Toen ik met hem sprak, was hij tot op zekere hoogte helder'*, zegt de onderzoeker. *'De tijd had echter onmiskenbaar zijn tol geëist. Ik legde het interview vast op video maar het is moeilijk om te begrijpen wat werd gezegd. Je moet meer afgaan op de gelaatsuitdrukkingen. Het maakte hem kwaad toen ik vragen ging stellen over de Fantoommoorden. Hij zei: "Daarvoor heb ik gezeten en ik ben vrijgesproken..." Het was griezelig. Hij zat in een rolstoel. Ik krijg nog steeds kippenvel als ik eraan terugdenk dat ik me in een kamer bevond met de man die de mensen in Texarkana de stuipen op het lijf had gejaagd.'*

Na het Fantoom-seizoen kwam Texarkana langzaam weer tot rust. Nooit zou echter de herinnering aan die nachten in 1946 verdwijnen. In 1996, een halve eeuw na de moorden bij maanlicht, schreef Rodney Burgess, verslaggever bij de Texarkana Gazette: *'Ja, vijftig jaar later zijn velen die zich het scenario uit hun jeugd herinneren nog steeds bang voor het onbekende [...]. Sommige getuigen, sommige vrienden van de slachtoffers, sommige familieleden van de slachtoffers zijn nog steeds te bang van binnen om vrijuit te kunnen spreken over die indrukwekkende tijd in hun leven. Bovendien zijn velen nog steeds bang voor vergelding vanuit die onbekende bron van angst [...]. Ook al is de hoofdverdachte al enkele jaren dood, de angst blijft. Misschien lijkt het onrealistisch. Toch was het wel degelijk de realiteit die hun angst vijftig jaar geleden vormgaf en die sindsdien nauwelijks is veranderd.'*

8.

DE
ZODIAC
KILLER

Een wrede crime passionnel

In de nacht van zondag 30 oktober 1966, lang voor iemand had gehoord van de Zodiac Killer, werd de achttienjarige studente Cheri Jo Bates bruut vermoord nabij het parkeerterrein van de dependance van de bibliotheek van het Riverside City College. Het motief leek noch verkrachting noch beroving aangezien haar kleding intact was en ze haar portemonnee met inhoud nog bij zich had.

De Zodiac Killer had eerst haar limoengroene Volkswagen onklaar gemaakt door de stroomverdelerkabel en de condensator eruit te halen en vervolgens de middelste kabel van de stroomverdeler los te maken. Daarna moet hij gewacht hebben tot Bates terugkwam bij haar auto en die probeerde te starten, waarop hij deed alsof hij zonder succes aan de motor prutste. Na deze truc bood hij haar waarschijnlijk een lift aan en lokte haar zo naar een donker, ongeplaveid weggetje tussen twee leegstaande huizen die bij de onderwijsinstelling hoorden, waar ze ongeveer anderhalf uur verbleven. Het is niet duidelijk wat ze in die periode precies deden maar uiteindelijk viel de man haar aan; hij stak haar drie keer in de borststreek en een keer in de rug en bracht zeven steekwonden toe dwars over de keel. De politie stelde vast dat het moordwapen een klein mes was met een lemmet van ongeveer 8,5 cm lang en 1,5 cm breed, maar de wonden aan Bates' keel waren zo diep en bruut dat het strottenhoofd, de keelader en de halsslagader waren doorgesneden en ze bijna was onthoofd. Ze was ook gesmoord en geslagen en had snijwonden in het gezicht. Ongeveer 3 m van Bates' lichaam lag een met verf bespat Timex-herenhorloge met een gebroken polsbandje van 17,5 cm dat was blijven stilstaan op ongeveer 24.23 uur; volgens een van de bronnen leidde het spoor hiervan later naar een belastingvrije winkel voor militairen in Engeland. De verf werd geanalyseerd en bleek normale huisverf voor buiten. Verder werd ter plekke de hakafdruk gevonden van een schoen van ongeveer maat 44, evenals haar, bloed en huidweefsel in de handen en onder de vingernagels van het slachtoffer. Ook werden vettige, niet-geïdentificeerde palm- en vingerafdrukken gevonden in en op haar auto, ongeveer 60 m verderop. Hoewel de bibliotheek om negen uur 's avonds (en boeken die in haar auto werden gevonden wijzen erop dat ze voor die tijd binnen was geweest) sloot, meldden twee onafhankelijke getuigen dat ze om ongeveer half elf een 'ijselijke gil' hadden gehoord, zo'n twee minuten later gevolgd door een 'gedempte gil en toen een hard geluid zoals van een oude auto die werd gestart'. Dit tijdstip komt overeen met het door de lijkschouwer geschatte tijdstip van overlijden dat over het algemeen als juist wordt aanvaard.

Te oordelen naar deze details lijkt de moord op Cheri Jo Bates niets geheimzinnigers te zijn dan een bijzonder wrede crime passionnel, wellicht gepleegd door een afgewezen minnaar, een voormalig vriendje of iemand anders die een of andere connectie had met juffrouw Bates. Het simpele feit dat Bates meer dan een uur in het donker doorbracht met de man die haar vermoordde, suggereert zeker dat ze hem wel zo goed kende en vertrouwde dat ze een meer dan oppervlakkig gesprek met hem voerde. Pas bijna een maand na de aanval kwam de zaak in een bizar, nieuw licht te staan.

De eerste brief

Op 29 november 1966 werden per post doorslagen van een anonieme brief naar het Riverside Police Department en naar de Riverside Enterprise gestuurd. De brief was getypt op een draagbare Royal-typemachine met lettertype Pica of Elite; hij droeg de titel 'De bekentenis' en had een naamregel die bestond uit het woord 'DOOR' gevolgd door twaalf liggende streepjes. Het papier van beide kopieën was wit, van slechte kwaliteit, 19,5 cm breed en zowel boven- als onderaan zo afgescheurd dat het ongeveer vierkant was. De brieven waren ongefrankeerd en zonder vermelding van de afzender verzonden vanuit een brievenbus ergens achteraf op het platteland; vermoedelijk rekende de schrijver erop dat ze zouden worden verstuurd met strafport. Ten minste één detail waarnaar in deze brief werd verwezen was niet openbaar gemaakt en de rechercheurs waren het er destijds over eens dat hij waarschijnlijk authentiek was, hoewel deze opvatting in de loop der jaren is gewijzigd.

De bekentenis door – – – – – – – – – – – –

Ze was jong en mooi maar nu is ze verminkt en dood. Ze is niet de eerste en ze zal niet de laatste zijn ik lig 's nachts wakker en denk dan aan mijn volgende slachtoffer. Misschien zal het die mooie blonde zijn die babysit vlak bij het winkeltje en elke avond om ongeveer zeven uur door de donkere steeg loopt. Of misschien zal het de goedgevormde brunette zijn die XXX nee zei toen ik haar op de middelbare school mee uit vroeg. Maar misschien worden ze het geen van beiden. Maar ik zal haar vrouwelijke delen afsnijden en ze ergens neerleggen waar de hele stad ze kan zien. Maak het me dus niet al te makkelijk. Hou je zusters, dochters en vrouwen van de straten en uit de stegen. Juffrouw Bates was stom. Ze ging als een lam naar de slachtbank. Ze vocht niet. Maar ik wel. Het was een feest. Eerst sneed ik de middelste kabel van de stroomverdeler door. Toen wachtte ik haar op in de bibliotheek en liep na ongeveer twee minuten achter haar aan naar buiten. De accu zou het toen wel niet meer doen. Toen bood ik mijn hulp aan. Ze wilde toen maar wat graag met me praten. Ik vertelde haar dat mijn auto verderop in de straat stond en dat ik haar naar huis zou brengen. Toen we wegliepen van de bibliotheek zei ik dat het tijd was. Ze vroeg: 'Tijd waarvoor?' Ik zei dat het tijd was dat ze doodging. Ik greep haar in de nek met mijn hand over haar mond en mijn andere hand met een klein mes aan haar keel. Ze ging heel gewillig mee. Haar borst voelde warm en heel stevig onder mijn handen, maar ik dacht maar aan één ding. Haar laten boeten voor alle keren dat ze me vroeger had afgepoeierd. Ze deed er lang over om dood te gaan. Ze kronkelde en schokte terwijl ik haar keel dichtkneep en haar lippen bewogen krampachtig. Ze gaf één keer een gil en ik schopte haar tegen haar hoofd om haar stil te krijgen. Ik stootte het mes in haar en het brak. Toen maakte ik het karwei af door haar keel door te snijden. Ik ben niet ziek. Ik ben gek. Maar dat maakt geen eind aan het spel. Deze brief moet worden gepubliceerd zodat iedereen hem kan lezen. Het zou dat meisje in de steeg kunnen redden. Maar dat hangt van jullie af. Dat zal op jullie geweten drukken. Niet op het mijne. Ja, ik heb jullie ook gebeld. Het was gewoon een waarschuwing. Pas op... ik ga nu achter jullie meisjes aan.

Kopie hoofdcommissaris van politie
Enterprise

Het met de hand geschreven adres was op geen van beide enveloppen compleet; het was op deze manier geschreven met viltstift:

Daily Enterprise
Riverside Calif
Betr.: misdaad

Afd. Moordzaken
Riverside

Op de envelop die naar de afdeling moordzaken van de RPD werd gestuurd werd één vingerafdruk gevonden, maar die is nooit gekoppeld aan een verdachte. Het is niet duidelijk of hij afkomstig is van de schrijver, een postbode of een politieagent.

De bewering van de moordenaar dat 'ze niet vocht' werd tegengesproken door diverse wonden op haar handen en armen en door de huid en haren die onder Bates' vingernagels werden aangetroffen. Uit een krantenbericht uit die tijd spreekt onzekerheid over de vraag of het mes daadwerkelijk in haar lichaam was afgebroken. Het sectierapport geeft hiervoor geen bewijs en recentere verklaringen van RPD-rechercheurs luiden allemaal dat het mes niet was afgebroken. De auto van Bates was inderdaad gesaboteerd zoals beschreven, terwijl dit niet volledig door de nieuwsmedia bekend was gemaakt. Het telefoontje waarnaar aan het eind van de brief wordt verwezen is door de autoriteiten nooit in detail naar buiten gebracht, hoewel onderzoeker Tom Voigt suggereert dat er was gebeld naar de Riverside Press en niet naar de politie en dat het dus verkeerd uitgelegd en genegeerd werd.

De brieven werden op dezelfde dag bezorgd als ze waren gepost. De volgende dag, 30 november, legden zowel de Enterprise als de plaatselijke politie hun kopieën voor aan de inspecteur van de posterijen van Riverside County die op zijn beurt het Federal Bureau of Investigation waarschuwde. Moord is geen federale misdaad maar afpersing via de post wel en de FBI heeft kort overwogen onder deze insteek mee te doen aan het onderzoek. Omdat er echter geen specifiek slachtoffer van afpersing werd genoemd of viel te achterhalen, moest het onderzoek het zonder federale hulp stellen. Toch kreeg de zaak een onverklaarbaar tintje. Aan een FBI-rapport dat in de jaren negentig van de vorige eeuw werd vrijgegeven was iets vastgehecht dat een fotokopie van de 'Bekentenis' leek te zijn; het lettertype en het aantal woorden per regel verschilden echter van die op de bekende kopie die te zien was op een foto van de brief zoals die op het bureau lag van een rechercheur of een verslaggever.

Een tweede brief

Zes maanden na de dood van Bates kregen de Riverside Press, de politie en de vader van het slachtoffer (wiens naam en adres de dag na de moord in de plaatselijke krant hadden gestaan) ieder vrijwel identieke kopieën toegestuurd van een andere brief, ditmaal geschreven met potlood op gelinieerd postpapier. In plaats van een handtekening stond op twee van de brieven een symbool dat leek op een letter Z gecombineerd met het cijfer 3. In de stijl die het waarmerk van de brieven van de Zodiac zou worden waren de enveloppen dubbel gefrankeerd: in dit geval droegen ze elk twee van de vereiste postzegels van vier cent. De brieven aan de politie en de Press luiden als volgt:

bates moest
dood
er zullen
er meer volgen

In de kopie zonder de cryptische signatuur, die was gestuurd naar Joseph Bates, was 'Bates' vervangen door 'zij'. Eén latente vingerafdruk werd ontdekt op de brief voor het RPD maar de herkomst is onbekend en hij is nooit gekoppeld aan een verdachte.

Half april 1967 ontdekte een conciërge van de RCC-bibliotheek een gedicht dat was geschreven op de onderkant van een inklapbare schooltafel. (3) De tafel was gedurende een onbekende periode in opslag geweest, maar de recente ontvangst van de 'Bates-moest-dood'-brieven overtuigde veel onderzoekers ervan dat het gedicht de moord op Bates beschreef en was geschreven door haar moordenaar. Enkele amateurs hebben echter opgemerkt dat de stijl en de toon van de brief in een andere richting wijzen. Eén boeiende theorie luidt dat een student die er niets mee te maken had het schreef na een mislukte zelfmoordpoging. Het is discutabel of het handschrift hetzelfde is als dat van de drie 'Bates'-brieven of enig ander geschrift van de Zodiac en de datum waarop het werd geschreven is onduidelijk. De hele kwestie is dan ook voor velerlei uitleg vatbaar. Het gedicht luidt:

Ziek van leven/niet willen sterven
snijd.
schoon.
indien rood /
schoon.
bloed dat spuit,
druipt,
druppelt,
wordt vergoten;
allemaal over haar nieuwe
jurk
nou ja
hij was toch al
rood.
leven stroomt uit in een
onzekere dood.
ze wil niet
sterven.
deze keer
zal iemand haar vinden.
wacht maar tot
de volgende keer.
rh

De crypische handtekening 'rh' zou kunnen verwijzen naar de toenmalige directeur van het RCC, R.H. Bradshaw.

Speculatie

Direct na de moord op Bates ging de RPD er bij de opspo-
ring van uit dat Bates haar moordenaar kende of ten
minste dat de moordenaar haar kende. Ze identificeerden zelfs een waarschijnlijke verdachte uit een groep
potentiële kandidaten, een ex-vriendje dat verbitterd was
doordat het uit was gegaan en wrok koesterde vanwege
haar opbloeiende relatie met een rugbyspeler. (De politie
van Riverside bleef een plaatselijke inwoner beschouwen
als hoofdverdachte in de moord en ging in december
1998 zelfs zover dat een bevelschrift werd verkregen om
monsters te nemen van het haar, de huid en het speek-
sel van deze man; deze werden naar het forensisch laboratorium van de FBI gestuurd om te worden vergeleken
met het bewijsmateriaal dat op de plaats van het misdrijf
was gevonden. In december 2000 was de FBI gereed met
deze analyse en de resultaten worden nu gecontroleerd
door overheidsinstanties van de staat. Zowel autoriteiten
als amateurs wachten met ongeduld op een verklaring.)
Maar toen de Zodiac-zaak in de herfst van 1969 ineens
nationaal nieuws werd, zond RPD-hoofdcommissaris
L.T. Kinkead toch een drie pagina's tellend verslag over
de plaatselijke moord en de daarop volgende gebeurtenissen naar onderzoekers in Napa en San Francisco, een
brief die grotendeels genegeerd lijkt te zijn. Pas toen Paul
Avery van de San Francisco Chronicle in 1970 een bijeenkomst belegde van deze onderzoekers, begonnen ze de
ongrijpbare Bay Area-seriemoordenaar te beschouwen
als mogelijke dader, hoewel zelfs toen RPD-commandant
Irwin Cross 'er zijn twijfel over uitsprak of de Zodiac
verantwoordelijk was.'

Ondanks de stilistische overeenkomsten aangetroffen tijdens onderzoek naar de moord op Cheri Jo Bates en de daarmee in verband gebrachte moorden die later zouden plaatsvinden in de Bay Area van San Francisco, zijn het Riverside Police Department en de meeste andere onderzoekers er nu van overtuigd dat er geen verband bestaat tussen de misdrijven van Riverside en de Bay Area. De meningen zijn bovendien verdeeld over de vraag wie de brieven van 1966 respectievelijk 1967 schreef en of ze zelfs door een en dezelfde persoon zijn geschreven.

Vallejo

Bureau Sheriff Solano County Zaak #V-25564
Vallejo Police Department Zaak #243146

Vallejo en Benicia liggen even ten noorden van de San Pablo-baai en de Straat Carquinez, ongeveer 30 km ten noordoosten van San Francisco. Eind jaren zestig van de vorige eeuw was het gebied dat grenst aan de twee ordeloze arbeiderssteden praktisch onbewoond en zelfs nu worden de kale vlakten van de zuidelijke Solano County boven de snelweg Vallejo-Benicia doorsneden door slechts enkele geplaveide wegen. Een hiervan is de Lake Herman Road die van oostelijk Vallejo door niemandsland naar noordelijk Benicia loopt.

Al om negen uur 's avonds op vrijdag 20 december 1968 werd een lichtgekleurde vierdeurs hardtop opgemerkt, mogelijk een Chevrolet Impala, die geparkeerd stond bij de met een hek afgesloten ingang van het pompstation aan de Lake Herman Road net ten oosten van het

Herman-meer. Dezelfde auto werd daar ook gezien door een andere getuige om circa tien uur. Tussen deze beide tijdstippen stonden een jongeman en zijn vriendinnetje geparkeerd op dezelfde plek toen een auto die in westelijke richting naar Vallejo reed enkele meters voorbij hen stopte en toen langzaam achteruit in hun richting begon te rijden.

Ze kregen allebei zo'n akelig gevoel van die auto dat ze onmiddellijk wegreden van de met grind bedekte plek in de richting van Benicia. De andere auto volgde hen tot de eerste afslag, die zij namen, en reed toen door op de Lake Herman Road in oostelijke richting.

Om 23.10 uur stonden David Arthur Faraday en Betty Lou Jensen geparkeerd op dezelfde plek toen ze vlak bij de bruine Rambler van Faraday werden doodgeschoten. Ze hadden de ouders van Betty Lou verteld dat ze naar een kerstconcert gingen maar in plaats daarvan waren ze naar het afgelegen vrijerslaantje gereden. Ze waren daar nog geen uur toen iemand zijn auto naast de hunne parkeerde, uitstapte en in hun auto begon te schieten. De moordenaar was gewapend met hetzij een .22 kaliber geweer of, waarschijnlijker, met een pistool geladen met .22 LR-munitie. Uit lichte voetafdrukken en ballistisch onderzoek bleek dat de moordenaar begon van achter de auto waar hij door het rechterachterraam schoot en toen in de linkerachterband en vervolgens naar linksvoor liep. De twee teenagers kropen door de deur aan de passagierskant naar buiten.

De zestienjarige Jensen kwam levend de auto uit en wilde waarschijnlijk naar de weg rennen; haar lichaam werd nog geen 10 m van de achterbumper gevonden. Het schotenpatroon – vijf schoten in de rechterkant van haar rug vanaf de ruimte tussen de vijfde en zesde rib omlaag tot aan het bekken – suggereerde dat de moordenaar of een goede schutter was, of op haar had geschoten terwijl ze op de grond lag, gewond door een eerder schot; een sectierapport verklaart namelijk dat er was geschoten van een afstand van hoogstens 3 m. In elk geval wijst het schotenpatroon niet op de precisie van een scherpschutter of zelfs op de grote mate van vaardigheid die vanwege deze specifieke moord vaak aan de moordenaar wordt toegeschreven, vooral in aanmerking genomen dat twee schoten het gewonde en vluchtende meisje misten. Faraday werd gedood door een enkele van dichtbij afgevuurde kogel in het hoofd; onderzoeker Mike R. uit New Jersey wijst erop dat de houding van Faraday's lichaam, met de voeten bij het achterwiel en zijn hoofd afgewend van de voorkant van de auto in een hoek van ongeveer 45 graden, suggereert dat hij niet werd gedood terwijl hij uit de auto klom maar eerder toen hij bij het rechterachterwiel stond. Alles bij elkaar werden tien schoten afgevuurd maar slechts acht schoten konden worden verklaard.

Het hele incident was in een paar seconden voorbij en de moordenaar maakte zich direct uit de voeten. Dit werd vastgesteld aan de hand van een tijdlijn van minuut tot minuut, opgesteld op grond van de verklaringen van diverse getuigen die die avond tussen negen uur en kwart over elf door het gebied reden. Een van hen, Stella Borges, heeft mogelijk zelfs de auto van de moordenaar, beschreven als een lichtgekleurde Chevrolet, in de richting van Benicia zien rijden vlak voor ze de lichamen van Jensen en Faraday ontdekte.

Ondanks alle inspanningen van rechercheur brigadier

Les Lundblad van de politie van Solano County, de hulp van een zestal plaatselijke bureaus voor ordehandhaving en een beloningsfonds opgezet door leerlingen van de middelbare school van de slachtoffers, werd de identiteit van de moordenaar nooit vastgesteld. Zoals schrijver Robert Graysmith grimmig optekende in zijn boek in wording Zodiac: *'Er waren geen getuigen, geen motieven en geen verdachten.'*

Ferrin en Mageau

Zes maanden later, kort na middernacht op zaterdag 5 juli 1969, werden Darlene Elizabeth Ferrin, 22, en Michael Renault Mageau, 19, neergeschoten toen ze in Ferrins auto zaten op het parkeerterrein van de Blue Rock Springs Golf Course. Volgens Mageau's verklaringen tegenover de politie gedurende de dagen die volgden, had Ferrin hem ongeveer een halfuur eerder bij zijn huis opgepikt. Ze zouden wat gaan eten toen Darlene zei dat ze met hem ergens over wilde praten. Op voorstel van Mageau keerde ze op Springs Road en reed oostwaarts naar Blue Rock Springs Park in Benicia, een plek waar plaatselijke teenagers 's avonds graag rondrijden.

Ferrin deed de koplampen en de motor van de auto uit maar liet de radio aan. Na niet meer dan een paar minuten kwamen drie auto's voor korte tijd de parkeerplaats op, met daarin een stel jonge loltrappers die lachten, schreeuwden en voetzoekers gooiden. Kort daarna reden ze weer weg en Ferrin en Mageau bleven alleen tot ongeveer middernacht. Toen reed een andere auto, ditmaal alleen, het parkeerterrein op vanuit de richting van Vallejo. De enige inzittende deed de kop-lampen van de auto uit en parkeerde hem links naast de auto van Ferrin op een afstand van 2 tot 2,5 meter. De auto, een bruine Ford Mustang of Chevy Corvair, bleef daar even staan en Mageau vroeg Ferrin of ze de chauf-feur kende, waarop ze antwoordde: *'Oh, maakt niet uit.'* Mageau zei later dat hij niet wist of dit betekende dat ze hem wel of niet kende, maar voor hij kon doorvragen reed de auto het parkeerterrein af en met hoge snelheid in de richting van Vallejo.

Ongeveer vijf minuten later kwam de bruine auto opnieuw het parkeerterrein op en stopte rechts achter Ferrin en Mageau, op een afstand van ongeveer 3 meter. De chauffeur liet deze keer zijn koplampen branden en stapte uit de auto met een felle lamp of zaklantaarn in de hand. Terwijl hij zijn gezicht in het donker hield door de lamp op armlengte te houden en het licht direct op hen te richten, liep hij zwijgend naar de deur aan de passagiers-kant. Uit zijn manier van doen meende Mageau op te maken dat hij een politieagent was; hij zocht zijn identi-teitsbewijs toen de man een pistool op hen richtte en vijf 9-mm-kogels door het raam afvuurde.

Hij schoot eerst op Mageau, die hij raakte in het gezicht en het lichaam; afgevuurd van zo'n korte afstand vlogen diverse kogels door zijn vlees en in het lichaam van Darlene. Gestimuleerd door de pijn en de adrena-line wierp Michael zich op de achterbank waarbij nog een kogel zijn linkerknie binnendrong. Toen vuurde de aanvaller op Ferrin en raakte haar in elke arm en toen ze wegdraaide ook in de rug. Mageau dacht dat de schoten stil klonken, misschien door een geluiddemper, maar George Bryant, die in de buurt woonde, hoorde zowel de eerdere voetzoekers als de schoten en zei dat de laatste veel harder klonken.

Na dit spervuur liep de moordenaar terug naar zijn auto toen hij Mageau hoorde schreeuwen, van pijn of van woede. Hij liep terug naar Ferrins auto, vuurde nog twee schoten af op ieder van de slachtoffers, draaide zich achteloos om en stapte weer in zijn eigen auto. Mageau kon een blik werpen op het gezicht van de man en profil en beschreef hem als klein, ongeveer 1,50 m, maar bijzonder zwaar gebouwd. Hoewel hij niet 'blubberig vet' was, woog de man minstens 97 kilo en hij had een groot gezicht. Mageau, die vreselijk veel pijn had maar bij bewustzijn was, wist de knipperlichten van de auto aan te zetten in een poging hulp te krijgen; toen opende hij de deur aan de passagierskant en rolde op de grond. Vandaar zag hij hoe de aanvaller achteruitreed, zijn auto keerde en terugreed in de richting van Vallejo. Hoewel de Zodiac later beweerde dat hij na de aanval niet harder reed dan was toegestaan, verklaarden zowel Mageau als George Bryant dat hij met hoge snelheid de plek had verlaten.

Weldra arriveerden diverse politieauto's en een ambulance die waren gewaarschuwd door andere 's nachts rondrijdende teenagers die de auto en de slachtoffers hadden ontdekt. De hulp die zij konden bieden was echter ontoereikend en kwam te laat voor Darlene, die stierf in de ambulance waarin zich ook Mageau en agent Richard Hoffman van het Vallejo PD bevonden. Mageau werd direct geopereerd maar Darlene had minder geluk: om 24.38 uur werd ze doodverklaard in het Kaiser Foundation Hospital.

Telefoontjes

De moordenaar beweerde later dat de aanval was uitgevoerd met een 9-mm-Luger, maar dit wapen is uitgerust met een magazijn van acht kogels terwijl de moordenaar minstens negen schoten had afgevuurd zonder opnieuw te laden. Hoewel er al enige tijd een groter magazijn met 32 kogels voor de Luger te koop was, was het wapen volgens de politie van Vallejo in werkelijkheid een 9-mm-Browing High-Power die een magazijn heeft met dertien kogels; het wapen kan echter ook een van de 9-mm-pistolen met negen kogels zijn geweest die in die tijd te koop waren.

Enkelen van de beste vriendinnen van Ferrin meldden dat ze in de maanden voorafgaand aan haar dood mogelijk werd gestalkt of in elk geval een paar ongewenste bezoekjes kreeg; schrijver Robert Graysmith betoogt in zijn verslag dat ze haar moordenaar kende. Deze opvattingen worden echter niet gedeeld door de meeste erkende onderzoekers en evenmin door Darlenes weduwnaar. Dean Ferrin, die nooit werd geïnterviewd voor het boek *Zodiac*, heeft in latere gesprekken verklaard dat hij nooit heeft gemerkt dat zijn vrouw zich in de maanden voor haar dood anders gedroeg of zich zorgen maakte. De vermeende 'stalker' in kwestie was waarschijnlijk George Waters, een man uit Vallejo die een oogje op Darlene had en diverse keren door haar was afgepoeierd, iets wat hij volgens veel verklaringen niet opnam zoals een heer betaamt. Waters werd al gauw opgespoord en ondervraagd door detectives uit Vallejo, die vaststelden dat hij de avond van de vierde naar vuurwerk had gekeken met zijn vrouw en ten tijde van de moorden samen met haar thuis was geweest. Verhalen dat Ferrin en/of Mageau een of meer van de andere Zodiac-slachtoffers kenden, worden door geen enkel bewijs gestaafd, evenmin als geruchten dat Mageau mogelijk informatie over de identiteit of het motief van de moordenaar heeft achtergehouden. In eensluidende verklaringen tegenover de politie en de pers beschrijft hij een onbekende man die zonder iets te zeggen naar de auto liep en begon te schieten. Aan deze en andere details hield hij vast tijdens alle opgenomen ondervragingen, zowel toen hij vlak na het misdrijf vreselijke pijn leed, toen hij onder de invloed van zware medicijnen in het ziekenhuis lag als toen de morbide situatie van hem plaatselijke beroemdheid had gemaakt.

De enige indicatie dat Ferrin haar moordenaar misschien kende – of dat hij haar kende – waren een paar telefoontjes naar Darlenes huis, kort na de moord. Toen vrienden van Ferrin de telefoon opnamen, klonk er geen stem aan de andere kant. Een bron dicht bij de familie beweert dat de telefoontjes afkomstig waren van Darlenes broer Leo, die Darlene wilde spreken over een kwestie die geen verband houdt met de zaak.

Om 24.40 uur werd vanuit een telefooncel via de telefoniste gebeld naar het hoofdbureau van politie in Vallejo. Volgens de politiecoördinator had de beller een volwassen klinkende accentloze stem en sprak hij vlak en gelijkmatig alsof hij een tekst voorlas. Op een bepaald moment probeerde de coördinator hem naar zijn identiteit en locatie te vragen maar hij liet zich niet onderbreken en zei: *'Ik wil een dubbele moord melden. Als je via Columbus Parkway anderhalve kilometer naar het oosten rijdt naar het openbare park, vind je kinderen in een bruine auto. Ze zijn doodgeschoten met een 9-mm-Luger. Ik heb ook die kinderen van vorig jaar doodgeschoten. Goeiedag.'*

Het boek *Zodiac* van Robert Graysmith bevat een apocriefe scène waarin de beller ophangt maar wordt verrast door een terugbelinstelling op het schakelbord van de politie waardoor de telefoon in de cel begint te rinkelen. Dit zou de aandacht hebben getrokken van een toevallige voorbijganger die zag dat de beller de hoorn van de haak haalde, de cel uit liep en wegreed in een bruine auto. Deze man, die later in een brief van de moordenaar wordt beschreven, werd door zowel de politie als de plaatselijke kranten tevergeefs gezocht; dit wijst erop dat Graysmith wellicht heeft uitgeweid over een detail dat de Zodiac had verzonnen om verwarring te zaaien. Toen de politie het telefoontje wist te traceren naar een telefooncel op de hoek van Tuolumne Street en Springs Road bleek de cel in kwestie slechts een paar blokken van het bureau van de sheriff van Vallejo te staan.

Cryptische boodschap

Een paar weken later, op 31 juli 1969, ontvingen de San Francisco Examiner, de San Francisco Chronicle en de Vallejo Times-Herald elk een brief waarin de Vallejo-moorden werden opgeëist. Ingesloten bij elke brief was eenderde deel van een cryptogram dat op 1 augustus op de voorpagina van elke krant moest worden gepubliceerd. De beweringen van de briefschrijver werden niet alleen geschraagd door intieme kennis van de twee misdrijf-locaties, maar hij stelde ook een nieuwe moordpartij in het vooruitzicht als zijn verzoek niet werd ingewilligd. Hoewel iets anders geformuleerd, bevatten de brieven elk dezelfde saillante feiten en werden elk afgesloten met het symbool van een cirkel met een kruis dat de signatuur van de Zodiac zou worden. De eerste die in zijn geheel werd overgenomen was de brief die was gestuurd naar de Vallejo Times Herald:

Beste redacteur,

Ik ben de moordenaar van de 2 teenagers afgelopen Kerstmes bij Lake Herman en van het Meisje op 4 juli. Om dit te bewijzen zal ik wat feiten noemen die allen ik + de politie kennen.

Kerstmes
1 Merk munitie Super X
2 10 schoten afgevuurd
3 Jongen lag op rug met voeten naar auto
4 Meisje lag op regterzij met voeten naar westen

4 juli
1 Meisje droeg broek met patroon
2 Jongen was ook in knie geschoten
3 Merk munitie was Western

Hier is een kode of liever een deel ervan. De andere 2 delen van deze kode zijn gestuurd naar de S.F. Examiner + de S. F. Chronicle.

Ik wil dat je deze kode op je foorpagina afdrukt op vrij middag 1 aug. 69, als je dit niet doet dan ga ik vrij nacht op een moordtocht die het hele weekend zal duren. Ik zal rondrijden en alle toevallige wandelaars of paartjes

neerschiete die alleen zijn dan doorgaan met het vermoor-
den van nog een paar tot ik meer dan twaalf mensen heb
vermoord.

De brief die de moordenaar naar de Chronicle stuurde, was identiek maar met een extra aansporing om de code te publiceren: '*In deze code*', schreef hij, '*zit mijn identiteit.*' Het driedelige cryptogram werd binnen een week opgelost door een leraar aan een middelbare school en zijn vrouw uit North Salinas, Californië. Ondanks zijn bewering in de brief aan de Chronicle leek hij de identiteit van de moordenaar niet te onthullen. Hun oplossing werd op 8 augustus overlegd aan de politie van Vallejo en geverifieerd door de afdeling cryptografie van het Skaggs Island Naval Communications Center; op 9 augustus werd ze gepubliceerd door de San Francisco Chronicle en de Vallejo Times-Herald.

ik vermoord graag mensen omdat het zo leuk is leuker
dan wild doden in het bos omdat de mens het gevaarlukste
dier is van allemaal iets doden geeft me een heerlijk gefoel
het is zelfs lekkerder dan klaarkomen met een meisje het
mooiste is dat als ik doodga ik word herboren in het pare-
dijs en alle die ik heb vermoord zullen mijn slaven worden
ik geef je mijn naam niet want dan proberen jullie het ver-
samele van slaven voor mijn leven na de dood te vertage of
stoppen
ebeorietemethhpiti

De letters die de code vormden, werden zonder succes onderzocht op vingerafdrukken door de politie van Vallejo en San Francisco; ze vonden er niet een, hoewel er mogelijk een afdruk werd ontdekt op een van de codes. Net als na de moord op Bates vroeg de plaatselijke politie de FBI om hulp bij het onderzoek en net als in de Bates-zaak lag de federale interesse in mogelijke afpersing. In feite rekenen veel FBI-rapporten de zaak nog steeds tot de oorspronkelijke categorie afpersing.

De Zodiac

De politie van Vallejo ontving een weinig bekende anonieme brief die een sleutel bevatte voor het cryptogram op 10 augustus, een dag nadat de oplossing van Harden was gepubliceerd. Hij droeg het poststempel San Francisco en het getypte adres was gericht aan een brigadier van de politie in Vallejo. De sleutel was met de hand geschreven op een vel wit papier en ging vergezeld van een kort getypt briefje op een steekkaartje van 3 x 5, waarin de hoop werd uitgesproken dat *'de bijgesloten sleutel jullie zal helpen in verband met de schrijver van de codebrief.'* Het was ondertekend met *'bezorgde burger'*. De sleutel werd in een FBI-rapport beschreven als 'over het algemeen deugdelijk' en 'behoorlijk accuraat'. Dit is weinig verbazingwekkend aangezien de schrijver waarschijnlijk de oplossing in de krant had gelezen en eenvoudig letter voor letter zijn eigen sleutel maakte. Op de envelop werd één bruikbare palmafdruk gevonden maar die kon nooit worden gekoppeld aan een individu.

Op 2 augustus waren alle drie de codes gepubliceerd. *'We zijn er niet van overtuigd dat de brief werd geschreven door de moordenaar, maar het zou kunnen'*, zei de korpschef van Vallejo Jack E. Stiltz. Hij vroeg om een tweede brief 'met meer feiten die het bewijzen.' In antwoord hierop werd op 1 of 2 augustus een tweede brief naar de San Francisco Examiner gestuurd, die werd bezorgd op 4 augustus. In deze drie pagina's tellende brief noemde de moordenaar zich voor het eerst 'De Zodiac'.

Hier spreekt de Zodiac. In antwoord op je vraag om meer details over de fijne tijd die ik heb gehad in Vallejo, zal ik graag nog meer materiaal leveren. Trouwens, vermaakt de politie zich met de code? Zo niet, zeg dan dat ze moed moeten houden; als ze de code kraken, hebben ze me te pakken.

Op 4 juli: ik heb de autodeur niet opengedaan. Het raam was al omlaag gedraaid. De jongen zat eerst op de voorstoel toen ik begon te schiete. Toen ik het eerste schot op zijn hoofd afvuurde, sprong hij tegelijk achteruit, zodat ik miste. Hij kwam op de achterbank terecht toen achterin op de vloer terwijl hij hard schopte met zijn benen; zo heb ik hem in de knie geschoten. Ik reed niet weg van de plaats van de moord met gierende banden + brullende moter zoals in de Vallejo krant stond. Ik reed heel langzaam weg om geen aandacht met mijn auto te trekken. De man die tegen de politie zei dat mijn auto bruin was was een neger ongeveer 40-45 nogal slordig gekleed. Ik was in die telefooncel wat aan het dollen met de Vallejo agent toen hij langs liep. Toen ik de telefoon ophing begon dat rotding te rinkelen & dat richtte zijn aandacht op mij + mijn auto.

Vorige Kerst in die periode vroeg de politie zich af hoe ik kon schieten + mijn slachtoffers raken in donker. Ze zeiden dit niet opelijk, maar suggureerden het door te zeggen dat het een lichte nacht was + ik silowetten kon zien aan de horizon. Gelul dat gebied is omgeve door hoge heuvels + bomen. Wat ik deed was een klein zaklampje aan de loop van mijn pistool plakken. Als je oplet, zie je in het midden van de lichtbundel als je die richt op een muur of plafond een zwarte of donkere plek in het midden van de lichtkring ongeveer 7 tot 15 cm doorsnee. Aan een pistoolloop geplakt zal de kogel raken in het midden van de zwarte stip in het licht. Ik hoefde ze alleen te besproeien alsof het een tuin-slang was; het was niet nodig het vizier van het geweer te gebruiken. Ik was niet blij toen ik zag dat ik de voorpagina niet had gehaald.

Geen adres

De politie kon geen latente vingerafdrukken ontdek-ken op het eerste stel brieven; misschien werd daarom deze laatste brief direct voorgelegd aan het forensisch laboratorium van de FBI dat vaststelde dat de brief was geschreven op papier van het merk 'Fifth Avenue' van Woolworth. Het lab vond bruikbare afdrukken op pagi-na's twee en drie, maar die zijn nooit gekoppeld aan een verdachte.

Bureau Sheriff Napa County Zaak #105907

De volgende moord vond plaats op zaterdag 27 sep-tember 1969, op de westoever van het Berryessa-meer, ongeveer 90 km ten noordoosten van San Francisco in Napa County. Om ongeveer drie uur 's middags waren drie jonge vrouwen uit Angwin net een parkeerterrein bij het meer opgereden toen een man in een lichtblauwe tweedeurs Chevrolet met Californische kentekenplaten, waarschijnlijk een model uit 1966, naast hen kwam staan, een stukje naar voren en toen weer naar achteren reed zodat hij precies naast hun auto stond. Zonder zijn auto te verlaten hield hij zijn blik omlaag gericht alsof hij zogenaamd iets zat te lezen.

De vrouwen liepen naar de rand van het water en hadden ongeveer een halfuur liggen zonnebaden toen ze merkten dat dezelfde man naar hen zat te kijken. Later beschreven ze hem als een 'verzorgd en aardig uitziend' iemand van ongeveer 1.85 m lang en meer dan 100 kg, met kort donker haar met een scheiding opzij. Hij droeg een zwart sweatshirt met korte mouwen over een T-shirt en een donkerblauwe of zwarte broek. Hij bleef nog zo'n twintig minuten zwijgend en sigaretten rokend naar hen kijken en liep toen weg. Toen de vrouwen om ongeveer half vijf terugkwamen bij hun auto was de auto van de onbekende man verdwenen.

Het team van de sheriff van Napa County deed een kort onderzoek naar een andere ontmoeting bij het meer. Die vond plaats om ongeveer half zeven, toen een plaatselijke tandarts en zijn zoon een flink stuk ten noorden van de plaats van het delict vlak bij hen een man zagen lopen die voldeed aan de algemene beschrijving van de drie vrouwen. Toen deze man de vader met zijn zoon opmerkte en besefte dat hij was gezien, draaide hij zich om en liep van hen weg. Aanvankelijk dacht men dat hij mogelijk betrokken was bij de volgende aanval van de Zodiac, maar rechercheurs stelden vast dat de onbekende man geen auto in de buurt had staan zodat hij onmogelijk op tijd op de plaats van het delict had kunnen zijn.

Shepard en Hartnell

Cecelia Ann Shepard en Bryan Calvin Hartnell, twee studenten die ook een spontaan uitstapje maakten vanuit Angwin, zaten in de schemering te picknicken op Twin Oak Ridge, een schiereiland aan de westoever van het meer. Daar werden ze benaderd door een man die later werd beschreven als tussen de 1.80 en 1.85 m lang, met donker haar en zwaargebouwd; hij droeg een donker jasje en donkere kleding die een slonzige of slordige indruk maakte. Cecelia, die de man het eerst zag, merkte op dat hij een bril droeg. Hartnell meende destijds dat hij *'een dertiger was en tamelijk onopvallend'*, hoewel de jongeman later een grotere en mogelijk jongere persoon zou beschrijven nadat hij hem van dichterbij en met meer risico had bekeken.

Voor hij al te dicht bij het paar kwam, dook de man achter een van de twee bomen die in de buurt stonden, zette een opmerkelijke kap met vier punten op en kwam ongeveer 6 m verder weer te voorschijn. De kap was goed genaaid, zwart, en had een borststuk dat bijna tot zijn middel reikte. Daarop was het symbool van de cirkel-met-kruis geborduurd dat op het driedelige cryptogram en de begeleidende brieven had gestaan en dat zou dienen als de signatuur van de Zodiac in de meeste van diens latere brieven. Er waren gaten geknipt voor de ogen en de mond en hoewel er een zonnebril aan was vastgehecht om de identiteit van de moordenaar nog meer te verbergen ving Hartnell door de gaten in het masker een glimp op van vettig bruinachtig haar. Aan zijn riem droeg hij een lang mes in een houten schede en een lege leren holster. Hij had een groot semiautomatisch pistool in zijn rechterhand en richtte dat op Shepard en Hartnell terwijl hij sprak. *'Ik wil jullie geld en de autosleutels'*, zei hij op kalme, vlakke toon. *'Ik wil jullie auto om naar Mexico te gaan.'* Hartnell gaf hem de sleutels van zijn Volkswagen en al het kleingeld uit zijn zakken. De man stopte de munten in zijn zak en liet de sleutels op de picknickdeken vallen. Toen stak hij zijn wapen in de holster. Hartnell bood de man vaag hulp aan om te voorkomen dat die hem zou verwonden, waarop de man antwoordde: *'Nee. Er is niet veel tijd meer.'* Toen verklaarde de man dat hij een ontsnapte gevangene was uit de Pacific Northwest, dat hij daar een gevangenbewaarder had gedood en dat hij *'een gestolen auto had en niets te verliezen. Ik ben blut.'*

Hoewel Deer Lodge in Montana over het algemeen gegeven wordt als de stad die de moordenaar noemde, meldt een betrouwbare bron dat de staat niet Montana was maar Colorado. In een van de eerste gesprekken met Hartnell zei de zwaargewonde student dat hij zich de precieze naam van de stad niet herinnerde, maar dat deze *'een dubbele naam had, zoals Fern Lock of zoiets.'* Zijn ondervrager opperde 'Lodge' en Hartnell bevestigde dat. Op de suggestie van 'Deer Lodge', een stad in het noordwesten met een federale gevangenis, zei het slachtoffer: *'Dat zou het kunnen zijn, denk ik.'* Toen vervolgens werd geïnformeerd bij de autoriteiten van Northwest bleek dat er geen sprake was van een ontsnapping of een moord. Hartnell, die de aanval overleefde, zei dat de man een onopvallende stem had die noch hoogopgeleid noch ongeletterd klonk. Hoewel Hartnell geen accent had bespeurd, zei hij dat de moordenaar enigszins zangerig of lijzig praatte.

Nog steeds hopend op een vreedzame oplossing probeerde Hartnell de man te kalmeren door met hem te praten. Ze spraken een paar minuten over zijn auto voor de man een stuk waslijn van zijn riem haalde en Shepard gebood haar vriend te knevelen. Hartnell deinsde terug bij de gedachte en de man begon te schreeuwen: *'Ga liggen! Nu meteen!'* Shepard gehoorzaamde zwijgend en haalde intussen haar portemonnee te voorschijn en gooide die naar de man, maar die sloeg er geen acht op. Toen ze klaar was, bond de man met de kap haar vast en trok de knopen strakker die zij bij Hartnell had gebruikt. Op dat moment merkte de jongeman dat de handen van zijn belager beefden en dat hij erg nerveus leek. *'Ik zal jullie moeten neersteken'*, zei de onbekende tegen hen.

'Ik kan het niet aanzien dat zij wordt neergestoken', zei Hartnell daarop. *'Steek mij eerst.'*

'Dat is precies wat ik zal doen', antwoordde de moordenaar.

Bewijsmateriaal

Het mes dat hij gebruikte, was tweesnijdend en ongeveer 30 cm lang, mogelijk een bajonet. Volgens de beschrijving zag het eruit alsof het met de hand was gemaakt of gerepareerd, met houten handvatplaten, twee koperen klinknagels en wit plakband waar normaal de borg zou zitten. Hartnell werd zes keer gestoken en een gepensioneerde bron bij de politie bevestigt een fataal aantal van tien steken voor Shepard, die twee dagen later aan haar verwondingen bezweek. De aanvaller liet beiden voor dood achter, liep naar Hartnells auto die in de buurt stond en schreef met een zwarte stift zijn logo van de cirkel-met-kruis en de data van zijn aanvallen in de Bay Area op de deur.

Vallejo
12-20-68
7-4-69
Sept 27-69-6:30
met mes

Rechercheurs vonden later een reeks duidelijke voet-afdrukken die naar en van de plaats van de aanval leidden. De schoenen die de afdrukken maakten, werden geïdentificeerd als Wing Walkers, een soort lage soldaten-laars, maat 44. De afdrukken in het zand waren diep, wat een zware man suggereerde.

Net als na de aanval bij Blue Rock Springs reed de moor-denaar later naar een telefooncel en belde via de telefo-nist naar de plaatselijke politie. Het telefoontje kwam via het schakelbord van het Napa Police Department binnen om 19.40 uur, iets meer dan een uur na het misdrijf. Het werd getraceerd naar een telefooncel bij een wasstraat op 1231 Main Street in Napa. Net als in Vallejo stond hij in de buurt van het politiebureau. De technische recher-che vond later een duidelijke palmafdruk op de hoorn; de betreffende beambte was echter zo zenuwachtig dat hij hem versmeerde tijdens het afhalen zodat hij onbruik-baar was als bewijs.

Met kalme stem had de beller gezegd: *'Ik wil een moord melden – nee, een dubbele moord. Ze liggen 3 km ten noorden van Park Headquarters. Ze waren met een witte Volkswagen Kharmann Ghia.'* Toen de telefonist vroeg waar hij vandaan belde, zei hij rustig: '*Ik ben de dader.*' Toen, misschien om een spoor achter te laten of misschien om het soort aandacht te voorkomen waarover hij had verteld in zijn brief aan de Examiner, liet hij gewoon de hoorn vallen en liep weg, zonder ooit nog rechtstreeks op dit misdrijf terug te komen.

San Francisco

SFPD Moordzaken Zaak #696314

In de nacht van zaterdag 11 oktober 1969 pikte taxichauffeur Paul Stine op de hoek van de Mason Street en de Geary Street op het Union Square op met als bestemming Presidio op het noordelijke puntje van het schiereiland van San Francisco. De bestemming die Stine noteerde op zijn lijst en doorbelde naar zijn centrale was op de hoek van de Washington en de Maple Street in Presidio Heights. De taxi stond echter een blok ten westen daarvan geparkeerd, bij de kruising van de Washington en de Cherry Street, toen de passagier Stine van vlakbij in de rechterkant van zijn hoofd schoot. Het is onduidelijk of de moordenaar tijdens de rit voorin heeft gezeten of voor is ingestapt na de moord, maar getuigen zagen hem voorin terwijl hij de portefeuille en sleutels van de Stine pakte en toen een groot stuk van de achterkant van diens shirt sneed dat hij drenkte in bloed en meenam toen hij langzaam in noordelijke richting wegliep over de Cherry Street.

Drie teenagers uit hetzelfde gezin op de tweede verdieping aan de Washington Street nummer 3899, recht tegenover de taxi, zagen toevallig hoe de moordenaar een stuk uit Stines hemd sneed en roken onraad. Ze zagen hem de taxi uitkomen en delen van de binnen- en de buitenkant van de taxi afvegen waarbij hij even tegen de deurpost aan de chauffeurskant leunde. Ze belden de politie, die het telefoontje registreerde om 21.58 uur, en beschreven de moordenaar ten onrechte als een zwarte man. Daarom deden de agenten Donald Foukes en Eric Zelms, toen ze in hun patrouillewagen het bericht doorkregen, geen enkele poging om een zwaargebouwde blanke man op te pakken die ze in oostelijke richting in de Jackson Street zagen lopen. Hoewel de omgeving direct intensief werd afgezocht, bood de voorsprong van de moordenaar hem de kans te ontsnappen, waarschijnlijk naar een vluchtauto die in de buurt stond.

De verdachte

Foukes legde een verklaring af over wat hij zich van het incident herinnerde, vastgelegd in een memo van het SFPD gedateerd 12 november 1969: *'De verdachte die werd waargenomen door agent Foukes was een blanke man, 35-45 jaar oud, ongeveer 1.80 m en 80 à 90 kg. Matig zwaar gebouwd – met ronde borst – gemiddelde huidskleur – lichtgekleurd haar mogelijk van achteren grijzend (dit effect kan ook zijn veroorzaakt door lichtval). (Donker- of koningsblauwe) elastische manchetten en tailleband gedeeltelijk dichtgeritst. Bruine wollen broek type bandplooi van achteren lubberig (roestbruin). Droeg mogelijk lage schoenen.'*
'Verdachte leek geen moment haast te hebben en liep wat sloffend, hoofd licht gebogen. Op grond van zijn alge-

mene voorkomen zou je hem kunnen indelen bij de groep die Welsh voorouders heeft.'

Toen rond 1985 een documentaire werd gemaakt over de zaak, verklaarde Foukes: *'De persoon die ik die nacht zag was een blanke volwassen man van tussen de 35 en 45 jaar oud, 1.80 m lang en tussen de 80 en 90 kg. Omdat we uitkeken naar een zwarte volwassen man reden we verder over de Jackson Street naar de Arguello, nog altijd zoekend. Toen we bij de Arguello Street kwamen, was de beschrijving gewijzigd in die van een blanke volwassen man. In de mening dat deze verdachte mogelijk degene was die was betrokken bij de schietpartij, gingen we Presidio in San Francisco in en zochten op de West Pacific Avenue aan de andere kant van de muur in de richting waarin we de verdachte het laatst hadden zien lopen. We vonden de verdachte niet'*

Mel Nicolai, een voormalig FBI-agent voor het Californische Ministerie van Justitie die werkte aan alle Zodiac-moorden behalve die van de Lake Herman Road, zou hebben gezegd dat in hun eerste beschrijving via de radio Foukes en Zelms de man beschreven als zijnde nog groter, tussen de 1.85 en 1.90 m en meer dan 90 kg zwaar.

Een apocriefe passage in Robert Graysmiths boek *Zodiac* laat de agenten de man zelfs aanhouden en hem vragen of hij de afgelopen minuten iets vreemds heeft gezien, maar dit gesprek is in geen van de latere politie-rapporten terug te vinden. In geen enkel bekend inter-view maakt Foukes of Zelms melding van enig verbaal contact met de onbekende man en het verhaal is mogelijk alleen gebaseerd op latere brief van de moordenaar. Hoe dramatisch ook, het verslag dat de Zodiac geeft van de gebeurtenissen van die nacht kan niet worden bevestigd en is mogelijk een uitvlucht. Aan de andere kant zouden zo'n ontmoeting en de gevolgen ervan de politie van San Francisco op diverse niveaus geweldig in verlegenheid brengen en als dit incident echt heeft plaatsgevonden is er zeker een gezamenlijke poging gedaan het onder de pet te houden.

De kogel die Stine doodde, werd ter plekke abusievelijk getypeerd als een .38. Later wees ballistisch onderzoek uit dat het een 9-mm was. Het was echter niet dezelfde 9-mm die was gebruikt voor de moorden in Blue Rock Springs. De latente afdrukken van dertig vingers, drie handpalmen en een lager vingerkootje of handpalm werden aangetroffen in en op de taxi. De vinger/handpalmafdruk die werd gevonden op de deurgreep van de deur aan de passagierskant was tamelijk duidelijk en forensische experts meenden dat hij afkomstig was van de moordenaar; toch kan hij ook ongewild zijn achtergelaten door een van de agenten, brandweerlieden of mensen van de technische recherche. Bepaalde andere, minder duidelijke afdrukken werden achtergelaten in bloed en *'zijn waarschijnlijk ook de afdrukken van de verdachte'*, volgens een memo van de San Francisco Police. In elk geval komt geen van deze afdrukken tot nu toe overeen met de miljoenen die zijn opgeslagen in de database van de National Crime Identification Computer die de FBI bijhoudt. In de taxi werd ook een paar leren herenhandschoenen gevonden in maat 7 (XXL), hoewel onduidelijk blijft of dat is achtergelaten door de moordenaar.

Twee dagen later ontving de Chronicle een brief van de Zodiac waarin die de verantwoordelijkheid voor de moord opeiste. Als afzender stond op de envelop het teken van de cirkel-met-kruis, en ingesloten was een stukje van Paul Stines bebloede shirt. Het forensisch laboratorium van het SFPD ontdekte op het papier drie latente vingerafdrukken maar die zijn nog niet gekoppeld aan enige verdachte.

Hier spreekt de Zodiac. Ik ben de moordenaar van de taxichauffeur daar bij de Washington St + Maple St gisternacht, als bewijs is dit een stuk van zijn hemd met bloedvlekken. Ik ben dezelfde man die de mensen in de omgeving van north bay koud maakte. De S.F. Police had me gisteravond kunnen pakken als ze het park goed hadden doorzocht in plaats van met hun motoren te racen om te zien wie het meeste lawaai kon maken. De chauffeurs hadden hun auto's gewoon moeten parkeren en rustig zitten wachten tot ik te voorschijn kwam. Schoolkinderen zijn een mooi doelwit, ik denk dat ik op een morgen een schoolbus te grazen zal nemen. Gewoon de voorbant kapotschieten + de kleine kindertjes neerknallen als ze eruit komen springen.

De Zodiac zou drie stalen sturen van de bebloede stof, maar 670 cm^2 wordt nog vermist.

Tot dusver hadden de autoriteiten vastgesteld dat de Zodiac een paar vage patronen volgde. Hij voerde zijn aanvallen altijd uit na zonsondergang in een weekend, koos altijd voor jonge paartjes in of vlak bij hun auto en altijd in afgelegen voorstedelijke gebieden in de buurt van water. Als hij dit patroon nu kon doorbreken door een eenzame 29-jarige man in het centrum van San Francisco dood te schieten, zo meenden zij, dan was er geen enkele reden waarom hij zijn dreigement om 'een schoolbus te grazen te nemen' niet ten uitvoer kon brengen. Binnen enkele dagen hadden buschauffeurs uit de Bay Area speciale instructies gekregen over de manier waarop ze moesten handelen als er op hen gevuurd werd.

Op het schoolbusdreigement zou de Zodiac later in verschillende vormen teruggrijpen. Op aandringen van de San Francisco Police hield de Chronicle het dreigement een week lang uit de openbaarheid; op 18 oktober werd een compositietekening, gebaseerd op de getuigenverklaringen van de teenagers en aangepast volgens de beschrijvingen van de agenten in de Cherry Street, verspreid samen met de integrale inhoud van de brief.

In deze periode begon de Zodiac-zaak buitengewone aandacht in de pers te krijgen en er stroomden tips over de identiteit van de moordenaar binnen vanuit verre oorden als Houston, Atlanta en St. Louis. Tegelijkertijd begonnen rechercheurs langs de hele westkust de moordenaar van de Bay Area in overweging te nemen als verdachte in hun onopgeloste zaken. Onder hen waren L.T. Kinkead en H.L. Homsher van de politie van Riverside, CA. Zij stuurden een samenvatting van de Bates-moord uit 1966 naar rechercheurs in de county's Napa, Solana en San Francisco. Deze samenvatting bleef in alle consternatie meer dan een jaar onopgemerkt.

De politie getergd

De volgende brief van de Zodiac werd begin november naar de Chronicle gestuurd in een envelop met dubbele frankering en de instructie *'Graag met spoed naar redacteur'*. In de envelop zaten een wenskaart van het merk 'Jesters' en een nieuwe lange code. In deze brief was voor het eerst sprake van een klaarblijkelijke optelsom van de lijken, een getal dat gestadig steeg met elke nieuwe brief. Geen enkel bewijs duidt er echter op dat de Zodiac verantwoordelijk was voor enige moord buiten de zes die hem meestal worden aangerekend. De Zodiac stuurde in november ook een tweede staal van Paul Stines bebloede shirt maar het is niet duidelijk of die werd meegestuurd met deze of met de volgende brief.

Hier spreekt de Zodiac ik dach dat je maar es goed moest lachen voor je het slechte nieuws krijgt je krijgt het nieuws voorlopig nog niet

PS kun je deze nieuwe code op je foorpagina afdrukken? Ik word vreselijk eenzaam als ik word genegeerd, zo eenzaam dat ik wel eens mijn Ding kon gaan doen!!!

Des juli aug sept okt = 7

Een paar dagen later stuurde hij een langere brief die een schematische tekening bevatte van een 'doodsmachine' die hij naar eigen zeggen in elkaar had gedraaid. Ze was bedoeld om bussen op te blazen. De Chronicle ontving beide brieven op maandag 10 november 1969 en gaf ze door aan de politie nadat er kopieën van waren gemaakt die ze zelf hield. Een bron bij de SFPD was *'van mening dat een of meer latente vingerafdrukken ontwikkeld kunnen worden'* op deze brief. Toch is er nooit een vondst openbaar gemaakt.

Hier spreekt de Zodiac tot eind oktober heb ik 7 mensen vermoord. Ik ben nogal kwaad op de politie omdat ze leugens over me vertellen. Daarom zal ik de manier veranderen om slaven te verzamelen. Ik zal niemand meer iets aankondigen. Als ik mijn moorden pleeg, zullen ze eruitzien als gewone berovingen, moorden uit woede + een paar nep ongelukken etc.

De politie zal me nooit te pakken krijgen, omdat ik te slim voor ze ben geweest.

1 Ik zie er alleen zo uit als de beschrijving die is verspreid als ik mijn ding doe, de rest van de tijd zie ik er heel anders uit. Ik zal je niet vertellen waaruit mijn vermoming bestaat als ik moord

2 Tot nu toe heb ik geen vingerafdrukken achtergelaten in tegenstelling tot wat de politie zegt bij mijn moorden draag ik doorzichtige vingertopbeschermers. Het is alleen 2 lagen vliegtuigcement op mijn vingertoppen – heel onzichtbaar + heel efectief

3 mijn moordwerktuigen zijn gekocht via postorder uitrusting voor het verbod ging gelden. Behalve een & die was gekocht buiten de staat. Dus zoals je kunt zien heeft de politie niet veel om op af te gaan. Als je je afvraagt waarom ik de taxi afveegte ik liet nep aanweizingen achter voor de politie om mee door de hele stad te gaan, zoals je zou kunnen zeggen ik gaf de juten wat druk werk te doen om ze tevreden te houden. Ik vind het leuk die smerisse te pesten. Hee smeris ik was in het park – jullie gebruikten brandweerauto's om het geluid van jullie patroejerende auto's te maskeren. De honden kwamen nooit dichter dan 2 blokken bij me in de buurt + ze waren aan de westkant + er waren maar 2 groepen van parkeren ongeveer 10 min van elkaar

toen gingen de motoren langs op ongeveer 50 m weg die van zuid naar noord west gingen

p.s. 2 juten deden wat stoms ongeveer 3 min nadat ik uit de taxi kwam. Ik liep de heuvel af naar het park toen die smeriskar stopte + een ervan naar me riep + vroeg of ik iemand had gezien die zich verdacht of vreemd gedroeg de laatste 5 tot 10 min + ik zei ja er was een man die voorbij holde terwijl hij met een geweer zwaaide & de smerissen scheurden weg + gingen de hoek om zoals ik ze had gewezen + ik verdween in het park een blok + een half weg en werd niet meer gezien. [Dit deel was gemarkeerd met de opmerking 'moet afdrukken in krant.']

Hé, smeris, word je er niet pissig van als je blunders je zo onder je neus worden gewreven?

Als jullie smerissen denken dat ik een bus te grazen ga nemen zoals ik zei dat ik zou doen, verdienen jullie een gat in je kop. Neem een zak ammonium nitraat kunstmest + 4 l petrolium & gooi er een paar zakken grind op + steek de zooi aan + zal echt alles wegblazen dat op het pad van de klap staat.

De doodsmachine is helemaal klaar. Ik zou wel foto's hebben gestuurd maar je zou vals genoeg zijn om de ontwikkeldienst op te sporen + dan mij dus zal ik mijn meesterwerk voor je beschrijven. Het mooie ervan is dat je alle onderdelen gewoon in de winkel kan kopen zonder dat iemand vragen stelt.

1 accu Stroomklok – loopt ca. 1 jaar

1 foto-elektrische schakelaar
2 koperen bladveren
2 6V autoacc
1 lampje van zaklamp + reflector
1 spiegel
2 kartonnen kokers 45 cm zwart met schoensmeer binnen + buitenkant

het systeem klopt van voor tot achter in mijn tests. Wat jullie niet weten is of de doodsmachine al ter plekke is of dat hij is opgeslagen in mijn kelder voor later gebruik. Ik denk dat jullie geen mankracht hebben om deze te stoppen door constant langs de straten te zoeken naar dit ding. + het heeft geen zin de bussen om te gooien + anders te laten rijden omdat de bom kan worden aangepast aan andere omstandigheden.

[Hier zijn aan de cirkel-met-kruis van de Zodiac vijf X-en toegevoegd die langs de linkerkant van het symbool lopen]

Veel plezier!! Trouwens het kan nogal akelig worden als jullie proberen me te overbluffen.

PS. Zorg ervoor dat je het gemarkeerde deel op bladzij 3 afdrukt anders zal ik mijn ding doen.
Om te bewijzen dat ik de Zodiac ben, vraag de Vallejo smeris over mijn elektrische vizier waarmee ik het verzamelen van slaven begon.

Er werd geen verklaring gegeven voor de tekens die langs het Zodiac-symbool waren getekend, maar aangenomen werd dat elke X een vermoord slachtoffer vertegenwoordigde. Op dat moment werd de Bates-moord nog niet in verband gebracht met de Zodiac en dit is opgevat als een suggestie dat de moordenaar van de Bay Area niet verantwoordelijk was voor de moord in Riverside. Deze tekening werd pas gepubliceerd in 1996, toen Douglas Oswell en Michael Rusconi haar op het internet zetten.

Melvin Belli

De befaamde letselschadeadvocaat Melvin Belli, die eerder in het jaar doelwit was geweest van een Zodiac-grap, kreeg op 27 december een kerstkaart op zijn huis-adres. Hij werd doorgestuurd naar zijn kantoor waar een secretaresse hem openmaakte en nog een stukje van Paul Stines bebloede shirt aantrof. Op de achterkant van de envelop prijkte de wens *'Gelukkig kerstfeest + nieuwjaar'*.

Beste Melvin

Hier spreekt de Zodiac ik wens je een gelukkig kerstfeest. Het enige dat ik van je vraag is dit, help me alsjeblieft. Ik kan geen contact maken omdat dit ding in me dat niet toelaat. Ik vind het heel erg moeilik me in te houden ik ben bang dat ik me weer niet in de hand heb en mijn negende + misschien tiende slachtoffer maak. Alsjeblieft help me ik ga onder. Op het moment zijn de kinderen veilig voor de bom omdat hij zo groot is om in te graven & het trekker mech zo veel werk vereist om hem precies goed af te stellen. Maar als ik te lang wacht met nr negen raak ik compleet [doorgestreept] alle controle over mezelf kwijt + stel de bom op. Alsjeblieft help me ik kan mezelf niet veel langer inhouden.

Misschien was de wens de vader van de gedachte toen men veronderstelde dat de moordenaar deze brief had geschreven in een zeldzaam helder moment. Een oppervlakkig onderzoek van het originele document en van de envelop waarin het was bezorgd toont echter duidelijk aan dat de brief met zorg was opgesteld met een kaarsrechte linkermarge en regels op gelijke afstand. Zelfs de streep door het woord 'compleet' leek te netjes te zijn gezet om spontaan te zijn. Ook is te zien dat de schrijver met opzet zijn handschrift veranderde, hoewel tegen het eind zijn natuurlijke stijl zichtbaar wordt.

Ondanks de nodeloze publiciteitscampagne die Belli de weken daarop op touw zette, heeft de Zodiac nooit meer contact met hem gezocht. Drie maanden lang werd niets meer van de moordenaar vernomen.

Highway 132

San Joaquin County Kantoor sheriff–lijkschouwer
Zaak #70-7475

Vroeg op de avond van zondag 22 maart 1970 reed Kathleen Johns, 23, met haar dochtertje Jennifer op Highway 132 in San Joaquin County, een aantal kilometers ten westen van Modesto, toen een man in een lichtgekleurde Amerikaanse auto naar haar begon te claxonneren en met zijn lichten te knipperen. Toen hij naast haar reed, zei hij dat een van haar wielen zwalkte en bood aan het probleem te verhelpen. Hij volgde haar toen ze stopte aan de kant van de Bird Road, een afslag even ten westen van de Interstate 5. Daar stapte hij uit met een moersleutel en deed alsof hij de moeren aan haar rechterachterwiel aandraaide. In werkelijkheid draaide hij ze los en toen Johns probeerde weg te rijden liep het hele wiel eraf. Opnieuw bood de man zijn hulp aan, deze keer in de vorm van een lift naar een benzinestation in de buurt.

Ze nam het aanbod aan en ze reden in de auto van de man verder in westelijke richting op de 132 tot hij stopte bij een Richfield-pompstation op de Chrisman Road. Het was gesloten en vervolgens reden ze anderhalf uur of meer in stilte en kennelijk doelloos door de stad Tracy en omgeving. Ze kwamen langs diverse andere pompstations en een paar keer vroeg ze *'wat is er mis met dit station'* of *'waarom kunnen we niet naar dat station gaan'*, waarop hij antwoordde dat het niet het goede was. Een politierapport vermeldt dat *'ze zei dat ze erg bang was voor deze man, eruit wilde maar niet tegen hem zei dat hij moest stoppen of haar eruit moest laten'*.

Mevrouw Johns besefte al gauw dat de onbekende niet van plan was haar naar een benzinestation te brengen en vroeg hem of hij altijd bezig was mensen op deze manier te helpen. De man antwoordde: *'Tegen de tijd dat ik klaar met ze ben hebben ze mijn hulp niet nodig.'* Van tijd tot tijd minderde hij vaart alsof hij wilde stoppen en dan gaf hij weer gas. Ten slotte stopte hij bij een stopteken en Johns zag de kans schoon te ontsnappen. Ze drukte haar baby dicht tegen zich aan en sprong de auto uit, rende door een veld in de buurt en tegen een wal op waar ze zich in de schaduw verborg. De man deed zijn koplampen uit, reed een paar meter door en wachtte in stilte zonder uit de auto te komen. Na ongeveer vijf minuten deed hij zijn lichten weer aan en reed weg.

Mevrouw Johns werd even later opgepikt door een vriendelijke voorbijganger. Toen ze het plaatselijke politiebureau in Patterson binnenkwam, herkende ze de man die haar auto onklaar had gemaakt op de compositietekening van de Zodiac op een Gezocht-poster die duidelijk zichtbaar in het bureau hing. De brigadier van politie, die misschien doodsbang was bij de gedachte dat hij zou worden geconfronteerd met een boef van het kaliber van dr. Octopus of de Joker, liet Johns urenlang alleen wachten in een café in de buurt tot haar auto kon worden teruggebracht. De brigadier verspreidde de laatst bekende locatie van de auto en een hulpsheriff van Stanislaus County trof hem volledig uitgebrand en nog nasmeulend aan – de ontvoerder was teruggegaan naar de auto en had die in brand gestoken, waarbij alles wat erin zat verloren ging. Sommige bronnen melden dat de auto van Johns naar een andere plek was gebracht voor hij in vlammen opging. Maar de wieldop werd vlak in de buurt gevonden; als de auto was verplaatst, had de verantwoordelijke persoon dus de moeite genomen de dop mee te nemen zo niet te bevestigen, naar de nieuwe locatie te rijden, de wieldop er weer af te halen en weg te gooien voor hij de auto in brand stak – iets wat niet erg waarschijnlijk is. Gegeven het feit dat de politierapporten geen melding maken van enig probleem om de auto te vinden bij het kruispunt met de Interstate, kunnen we rustig veronderstellen dat de auto niet was verplaatst.

Het verslag van mevrouw Johns van de gebeurtenissen van die avond heeft in de loop der jaren nogal

gevarieerd en verschilt per interview. De meest drama-
tische en bekendste versie is die in een artikel van Paul
Avery in de San Francisco Chronicle dat acht maanden
na het incident verscheen. Hierin heeft de man de vrouw
en haar baby openlijk bedreigd en stapte hij met een
zaklamp uit zijn auto na haar ontsnapping. Deze versie
van het verhaal staat ook in Robert Graysmiths *Zodiac*.
We moeten bedenken dat mevrouw Johns twee afzonderlijke politieagenten kort na haar ontvoering vertelde
dat de man gewoon de autodeur dichtdeed en wegreed.
Bovendien komen artikelen die in de dagen na het incident verschenen in de Modesto Bee en de San Francisco
Examiner overeen met de politierapporten. Aan het eind
van de jaren negentig erkende Johns (die twee verschillende mannen die helemaal niet op elkaar leken had aangewezen als haar ontvoerder) dat ze zelfs niet meer wist
of ze destijds getrouwd was geweest en dat haar geheugen
zo slecht was dat ze niet tegen enige specifieke verdachte
kon getuigen.

Meer dreigementen

De poging tot ontvoering nabij Modesto was de laatste
keer dat iemand de Zodiac bewust in levende lijve zag.
Maar zijn brievencampagne zou nog enige tijd doorgaan.
De volgende brief werd naar de Chronicle gestuurd op
20 april en bevatte een korte code en de plannen voor een
aangepaste busbom.

*Hier spreekt de Zodiac Trouwens hebben jullie je de
laatste code al gekraakt die ik jullie heb gestuurd? Mijn*

naam is ...

Ik ben een beetje niesgierig hoeveel geld er nu op mijn hoofd staat. Ik hoop dat jullie niet denken dat ik degene was die die blauwe bullebak koud maakte met een bom in het politiebureau. Ook al heb ik het erover gehad er school-kinderen mee te doden. Je komt gewoon niet op het terrein van iemand anders. Maar het doden van een smeris levert meer roem op dan van een kind omdat een smeris kan terugschieten. Ik heb tot nu toe tien mensen vermoord. Het zouden er veel meer zijn geweest maar mijn busbom was een prul. Hij is volgelopen toen het een tijd terug zo regende.

De nieuwe bom zit zo in elkaar

PS Ik wens jullie veel plezier met het uitzoeken wie ik heb vermoord

[cirkel-met-kruis] – *10 SFPD – 0*

Hoewel in deze brief het Engelse woord *cerous* [niesgie-rig, vert.] door de lezer automatisch wordt gecorrigeerd als een verkeerd gespeld *curious* [nieuwsgierig, vert.] is het in feite een bestaand Engels woord dat het Webster-woordenboek omschrijft als 'van, met betrekking tot, of bevattende cerium'. Cerium is het meeste voorkomende onder de zeldzame aardmetalen, nummer 58 in het periodiek systeem. De term 'blauwe bullebak' is vrijwel zeker een verwijzing naar de geüniformeerde bullebakken in de animatiefilm *The Yellow Submarine van The Beatles* uit 1968; hij werd al gauw populair als een alternatief eufe-misme voor politie.

Het laatste busdreigement werd pas later die maand bekendgemaakt toen een briefje werd bezorgd bij de Chronicle waarin publicatie werd geëist. Het bericht, met een poststempel van 28 april 1970, was geschreven op een wenskaart van het merk 'Jolly Roger' met daarop een cartoongoudzoeker op een draak en de woordspeling *'Sorry to hear your ass is a dragon'* [het spijt me te horen dat je ezel/kont een draak is, vert.].

Ik hoop dat jullie je vermaken als mijn Knal komt

P.S. op achterkant

Als jullie niet willen dat die knal er komt moeten jullie twee dingen doen. 1 Vertel iedereen over de busbom met alle details. 2 Ik zou graag wat mooie Zodiac-buttons door de stad zien lopen. Iedereen heeft van die buttons zoals, [ban-de-bomteken], black power, Melvin eats bluber, etc. Nou, het zou me flink opvrolijken als ik veel mensen zag met mijn buton. Alsjeblieft geen gemene zoals die van Melvin

Bedankt

Kort na ontvangst werd een ongespecificeerd aantal latente vingerafdrukken op deze kaart en de envelop ontdekt door de technische recherche van de San Francisco Police. Een politie-inspecteur merkte op dat de afdrukken op de envelop afkomstig konden zijn van een postbode, maar dat die op de kaart zelf waarschijnlijk van de Zodiac waren.

De slogan 'Melvin eats bluber' is mogelijk ontleend

aan een oude button die de favoriet was van ten minste één hoogleraar Engels aan de universiteit en die luidde 'Melville Eats Blubber'. Het bomdreigement werd ten slotte openbaar gemaakt op 29 april 1970 maar de tekeningen (die werden beschreven als 'dubieus') pas in 1986 toen ze werden opgenomen in Graysmiths Zodiac.

De volgende brief werd gestuurd aan de Chronicle op 26 juni. Hij bevatte opnieuw een code en een Phillips 66-wegenkaart van de Bay Area, voorzien van een gestileerde wijzerplaat die op de top van Mount Diablo was getekend. Het ontwerp was in feite de Zodiac-cirkel-met-kruis met bovenaan een nul, aan de rechterkant het cijfer 3, onderaan een 6 en links een 9. Volgens het commentaar moet de nul *'worden gericht naar Mag. N.'*

Hier spreekt de Zodiac

Ik ben heel erg kwaad op de mensen uit de San Fran Bay Area. Ze hebben niet voldaan aan mijn wens dat ze wat aardige [cirkel-met-kruis] buttons droegen. Ik beloofde ze te straffen als ze het niet deden, door een volle schoolbus weg te vagen. Maar nu is de school dicht voor de zomer, dus heb ik ze op een andere manier gestraft. Ik schoot een man dood die in een geparkeerde auto zat met een .38.

De kaart die bij deze code hoort zal jullie vertellen waar de bom is. Jullie hebben tot de komende herfst om hem op te graven.

De enige recente schietpartij in Bay Area die was gepleegd met een .38-kaliber wapen was die op SFPD-agent Richard Radetich, die was doodgeschoten in zijn auto terwijl hij een bon zat uit te schrijven, zes dagen voor deze brief werd gepost. De schutter werd door een getuige van de moord geïdentificeerd als de ex-gedetineerde Joseph Wesley Johnson, een zwarte man die absoluut niet leek op enige beschrijving van de Zodiac en SFPD-functionarissen waren ervan overtuigd dat de claim in de brief vals was. De meeste rechercheurs zijn het er over eens dat de Zodiac munt probeerde te slaan uit de moord op Radetich en de brief schreef zonder te weten dat de politie al een verdachte had geïdentificeerd.

De zomer van '70

Een kort briefje dat de bewering van Kathleen Johns leek te bevestigen werd naar de Chronicle gestuurd op 24 juli 1970. Hoewel verschillende kranten in de Bay Area hadden bericht over Johns' ontvoering vermeldde alleen de betrekkelijk kleine Modesto Bee het detail dat haar auto in brand was gestoken. Velen noemen dit het bewijs dat het echt de Zodiac was bij wie mevrouw Johns in de auto had gezeten. Dit briefje ging vergezeld van een lange geperverteerde versie van het liedje *I've Got a Little List* uit de musical *The Mikado* van Gilbert & Sullivan. Het postscriptum verwijst naar de brief van juni en zijn onopgeloste code van 32 letters.

Hier spreekt de Zodiac

Ik ben er niet erg gelukkig mee dat jullie niet wat leuke [cirkel-met-kruis] buttons willen dragen. Daarom heb ik nu een lijstje, dat begint met die vrouw en haar babie die ik een paar uur een nogal interesant ritje heb gegeven op een avond een paar maanden geleden dat eindigde dat ik haar auto verbrandde waar ik ze had gevonden.

[cirkel-met-kruis]

Omdat het op een dag kan gebeuren dat er een slachof-fer moet worden gevonden. Ik heb een lijstje. Ik heb een lijstje, van misdadigers tegen de samenleving die net zo goed onder de grond konden liggen die niemand ooit zou missen die niemand ooit zou missen. Je hebt de pesterege lastpakken die schrijve voor handtekeningen, alle mensen met slappe handen en een iritante lach. Alle kinderen die afspraakjes hebben en je gek make met hun flauwe geklets. Alle mensen die handen schudden, schudden zo handen. En alle derde personen die zonder bederven die nemen die aandringen. Niemand zou ze ooit missen. Niemand zou ze ooit missen. Je hebt de banjospeler en de anderen van zijn ras en de piano orginast heb ik ook op de lijst. Alle mensen die pepermunt eten en spuge in je gezicht, niemand zou ze ooit missen. Niemand zou ze ooit missen. En de Idijoot die op entosiaste toon van eeuwen maar dit en elk land prijst behalve dat van hemzelf. En de dame van de provincie die zich kleedt als een vent die niet huilt en die vreemde afwijking het meisje dat nooit kuste. Ik denk niet dat iemand haar zou missen ik weet zeker dat niemand haar zou missen. En die aardige priester die wel wat lijkt op de gerechtelijke humerist hij staat op mijn lijst Allemaal grappige kerels, komische mannen en clowns van het privé leven. Niemand zou ze missen. En onverzet-telijke soort zoals hoezalkemnoemen, dinges en meer zulke, kanhetookschelen en tut tut tut tut en hoeheetieookweer, en je weet wel, maar de taak de lege plekken op te vullen laat ik liever aan jullie over. Maar het maakt echt niet uit wie je op de lijst zet, want niemand zal ze ooit missen, niemand zal ze ooit missen.

[Nog een enorme cirkel-met-kruis, meer dan een halve pagina groot]

PS. De Mount Diablo Code betreft radialen + # inches langs de radialen.

Een radiaal is een specifieke hoekmaat gebaseerd op het transcendentale getal pi. Hij is gelijk aan een cirkel (of 360 graden) gedeeld door 2pi (of 6,23818...). De resulterende graad, waarvan de lengte van de poten gelijk is aan de lengte van de boog die ze vormen, is gelijk aan 57,29578... graden.

Twee dagen later, precies een maand na de Mount Diablo-brief, stuurde de Zodiac zijn dertiende brief, gewijd aan de martelingen die zijn slaven zouden ondergaan in het hiernamaals. De voorlaatste straf is opnieuw een vervormde versie van The Mikado.

Hier spreekt de Zodiac

Nu jullie geen mooie [cirkel-met-kruis] buttons willen dragen, wat denk je van wat akelige [cirkel-met-kruis] buttons. Of welke soort [cirkel-met-kruis] buttons die je maar wil. Als jullie geen enkele soort [cirkel-met-kruis] button dragen zal ik (bovenop al het andere) al mijn 13 slaven martelen die op me wachten in het Paradijs. Sommige zal ik op mierenhopen vastbinden en kijken hoe

ze schreeuwen + stuiptrekken en kronkelen. Andere krijgen
splinters onder hun nagels gedreven + worden dan ver-
brand. Andere worden in kooien gezet + moeten zout vlees
eten tot ze vol zitten dan zal ik luisteren naar hun gesmeek
om water en ik zal ze uitlachen. Andere worden opgehan-
gen aan hun duimen + verbranden in de zon dan zal ik ze
wrijven met intense hitte om ze op te warmen. Andere zal ik
levend villen + ze krijsend laten rondrennen. En alle biljar-
ters zal ik laten spelen in een donkere kerkur met kromme
keuen + scheve schoenen. Ja ik zal grote lol hebben in het
toebrengen van de heerlijkste pijn aan mijn slaven

[Enorme cirkel-met-kruis, ongeveer over de helft van
het papier] = *13*

SFPD = 0

De Halloweenkaart

Nadat het een paar maanden stil was geweest kwamen
er in oktober nog twee kaarten van de Zodiac. Eén, een
briefkaart met een collage op de voorkant en 13 gaten
erin geponst, was afgestempeld op 5 oktober 1970. Met
woorden en letters die uit tijdschriften en kranten
waren geknipt, was hij simpelweg geadresseerd aan 'San
Francisco Chronicle, S.F.' en luidde:

Beste redacteur,

Je zult me haten, maar ik moet het je vertellen.
Het tempo is niet trager! In feite is het gewoon een grote

dertiende
13
'Sommige van hen vochten het was vreselijk'
P.S. Er zijn berichten dat de vuile smerissen van de stads-
politie dichter bij me komen. Fk ik breek nooit, Wat is het
prijskaartje nou?

Zodiac

Hoewel hij aanvankelijk werd afgedaan als een grap,
worden bepaalde zinnen van deze kaart herhaald in
Zodiac-brieven die later echt werden bevonden, met
name de woorden 'ik breek nooit' die vijf maanden later
zouden verschijnen in een brief aan de Los Angeles Times.
Het naast elkaar plaatsen van de letters 'FK' komt ook
terug in de Zodiac-literatuur, herhaaldelijk in de twee
lange codes en in het raadselachtige teken onder aan de
'Exorcist'-brief van 1974. Niettegenstaande de literaire
analyse werd de kaart al gauw als echt beschouwd omdat
hij een aantal van dertien lichamen noemde – het aantal
dat in de laatste brief van de Zodiac voorkwam maar niet
openbaar was gemaakt.

De andere brief, verstuurd op 27 oktober, was een
standaard halloweenwenskaart die persoonlijk was
gericht aan Paul Avery op de Chronicle, hoewel de naam
op de envelop verkeerd was gespeld als 'Averly'. In de
envelop, die tweemaal heel licht was beschreven in de
vorm van een X, zat het commentaar *'Sorry geen code'*.
De kaart was ondertekend met een 'Z' en de gebruikelijke cirkel-met-kruis, maar de Zodiac had ook een ongewoon symbool getekend (ook gebruikt als afzender op de
envelop): dertien ogen en de boodschap: *'Kiekeboe, je bent*

verdoemd.' Kathleen Johns, de vrouw die was ontvoerd op Highway 132, verklaarde in een interview dat ze op ongeveer dezelfde tijd een soortgelijke kaart had gekregen, duidelijk van de Zodiac; ze beweert dat ze de kaart heeft doorgestuurd naar Avery maar er is nooit melding gemaakt van een tweede kaart. Johns denkt dat de kaart is gestuurd door een excentriekeling, omdat haar naam en adres kort na haar ontvoering in de krant hebben gestaan. Het tijdstip waarop de kaart kwam en haar beschrijving ervan suggereren echter dat de kans groot is dat hij echt was en op de een of andere manier verloren is gegaan in de massa aan details in deze zaak.

Het verband met Riverside

De kaart aan Avery werd alom beschouwd als een dreigement aan zijn adres en de Chronicle wijdde er op 31 oktober een voorpagina-artikel aan. Tussen de post die hierop binnenkwam, zat een anonieme brief uit Riverside waarin Avery werd aangespoord een verband te onderzoeken met de nog altijd niet opgeloste moord op Bates. Graysmith heeft hem opgenomen in zijn boek *Zodiac*:

> *Stuur de inhoud van deze brief alstublieft door naar de rechercheur die de leiding heeft over 'De Zodiac Moordzaak'. Ik hoop dat deze informatie u ook zal helpen, omdat we allebei willen dat deze zaak wordt opgelost. Wat mijzelf betreft, ik wil anoniem blijven en ik weet dat u zult begrijpen waarom!*

> *Een paar jaar geleden werd in Riverside, Californië,*

een jong meisje vermoord, zo ongeveer op de avond van
'Halloween' geloof ik. Ik zou een veel langere brief kunnen
schrijven als ik de overeenkomsten zou beschrijven tussen
de Zodiac-zaak en deze moord, die plaatsvond in Riverside
maar als de politie de genoemde overeenkomsten tussen
deze twee zaken niet kan zien, neem ik een 'slow boat to
China', zelfs als deze twee misdaden zijn gepleegd door
twee verschillende mensen! Ik denk dat als alle feiten zijn
bestudeerd, wat betreft deze beide zaken, als de politie deze
mogelijkheden niet al heeft onderzocht en niet al afweet van
de 'Riverside-zaak', dat ze er dan misschien toch naar zou
moeten kijken...

Brieven aan kranten, 'dezelfde grillige blokletters' zoek
het uit over deze twee verschillende zaken... Geef comman-
dant Cross een telefoontje, hij weet dat 'ik niet opgeef.'

Meneer Avery, ik zal u binnenkort opbellen, onderzoek
de zaak alstublieft, de politie van Riverside heeft een schat
aan informatie evenals San Francisco, laten we hopen dat
ze niet te trots zijn om samen te werken, en als dat al is
gebeurd, laten we dan hopen dat ze informatie hebben uit-
gewisseld...

Avery spoorde een brief op die de korpschef van
Riverside een jaar eerder had gestuurd naar een rechercheur van Napa County, waarin hij eveneens de Bates-
moord in verband bracht met de Zodiac. Hij bracht een
bezoek aan de politie van Riverside en dook opnieuw
in hun bewijsmateriaal. Hij was geïntrigeerd door de
brieven die waren geschreven aan de politie en de pers,
en vooral waar een soort 'Z' gebruikt leek te zijn als

handtekening. Hij belegde een bijeenkomst tussen hun rechercheurs en rechercheurs van de county's Solano, Napa en San Francisco, die ideeën uitwisselden over de Bates-moord en elke tot dusver bekende aanslag van de Zodiac. Functionarissen uit Noord-Californië, met name SFPD-inspecteur Bill Armstrong, meenden dat er verband bestond tussen de Bates-moord en de misdrijven van de Zodiac en dat ze hoogstwaarschijnlijk waren gepleegd door dezelfde man. Sherwood Morrill, handschriftanalist voor de overheid, vergeleek de tekst op het tafelblad en op enveloppen met die van de brieven die de moordenaar schreef aan de Chronicle. Hij kwam tot de conclusie dat ze *ontegenzeggelijk het werk waren van de Zodiac'*. De Riverside Police, met name commandant Irvin Cross, was minder overtuigd en 'bevestigde hun scepsis', waarschijnlijk omdat ze niet alle details over de misdaad hadden doorgegeven aan hun collega's in de provincie – het aantal steekwonden dat Bates had opgelopen, dat sterk wees op een zogenoemde 'moord in razernij', werd pas openbaar gemaakt in mei 2000. Het verhaal van Riverside kwam naar buiten op 16 november 1970, toen het artikel van Avery werd gepubliceerd in de Chronicle.

Het officiële standpunt dat de politie van Riverside en de meeste onafhankelijke onderzoekers sinds 1998 innemen, is dat Cheri Jo Bates geen slachtoffer was van de Zodiac. De RPD beschouwt nog steeds een lokale man als verdachte. Ze zien geen enkel verband met de Zodiacmoorden al erkennen ze wel dat de moordenaar van de Bay Area mogelijk de schrijver is van een of meer van de brieven die zijn verstuurd in Zuid-Californië.

De brief aan de LA Times

De volgende brief kwam na een onkarakteristiek lange stilte van vijf maanden. De brief, gepost op 22 maart 1971 met twee ondersteboven geplakte postzegels van 6 cent, was de enige die de Zodiac ooit heeft gestuurd naar de Los Angeles Times. Het was tevens de eerste die werd verzonden van buiten San Francisco: hij droeg het poststempel van Pleasanton, 22 km ten oosten van de baai.

Hier spreekt de Zodiac

Zoals ik steeds heb gezegd, mij breek je niet. Als de Blauwe Bullebakken me ooit willen pakken, kunnen ze beter van hun dikke kont komen + iets ondernemen. Want hoe langer ze aan knoeien + klooien, hoe meer slaven ik zal verzamelen voor het hiernamaals. Ik moet ze wel nageven dat ze op mijn riverside activiteiten zijn gestuit, maar ze vinden alleen de gemakkelijke, er zijn er nog heel wat daar. De reden waarom ik naar de Times schrijf is deze, Ze begraven mij niet op de achterpagina's zoals sommige van de andere.

SFPD-0 [cirkel-met-kruis] − *17+*

In een gesprek met onderzoeker Mike Butterfield verklaarde een RPD-rechercheur dat binnen zijn afdeling het vermoeden bestond dat de schrijver van de anonieme brief uit 1970 aan Paul Avery, waarin een verband werd gelegd tussen de Zodiac en Riverside, ook deze brief kon hebben vervalst. Het mysterie wordt nog groter doordat een andere bron heeft gemeld dat SFPD-inspecteur David

Toschi er ook van werd verdacht deze brief te hebben geschreven. Er zijn geen feiten beschikbaar die een van beide hypothesen kunnen steunen.

Een week later stuurde de Zodiac weer een kaart, maar een medewerker van de posterijen herkende en onderschepte hem voor hij werd bezorgd. Het was onduidelijk voor wie hij bedoeld was: er stond op dat hij ter attentie was van Paul Avery (opnieuw fout gespeld als 'Averly') maar een specifiek adres ontbrak – alleen de namen 'The Times', 'S.F. Examiner' en 'San Francisco Chronicle' waren uit de respectieve kranten geknipt. In plaats van een afzender was een gat door de linkerbovenhoek geponst waarboven de schrijver het woord 'Zodiac' had geschreven. Rond het gat zelf waren vier lijnen getrokken ongeveer zoals de cirkel-met-kruis die de moordenaar gebruikte. De hele rand van de kaart was ingekeept met een perforator. De voorkant van de kaart was versierd met een schets van een appartementencomplex dat tussen 1967 en 1970 werd gebouwd in Incline Village, NV, nabij Lake Tahoe, door Boise/Interlake. Hetzelfde plaatje had drie dagen eerder in de Chronicle gestaan in een advertentie voor het complex, dat Forest Pines heette.

Het handschrift op deze kaart lijkt op dat op echte Zodiac-brieven, maar is niet ontegenzeggelijk hetzelfde en het is niet uitgesloten dat het een vervalsing is. Het gebruik van de perforator en de verkeerd gespelde naam Avery zijn echter kenmerken van echte kaarten en brieven van de Zodiac.

Als deze kaart inderdaad echt was, was dit het laatste bericht van de Zodiac voor een stilzwijgen van bijna drie jaar intrad.

Terugkeer in 1974

De Zodiac dook opnieuw op in 1974, toen hij een reeks brieven schreef aan de Chronicle verdeeld over een periode van zes maanden en met poststempel uit de omgeving van de Bay Area. Hoewel ze uiteindelijk werden geïdentificeerd via een analyse van de enveloppen en het handschrift, verschilden deze vier brieven in dit opzicht van de andere dat de schrijver de gebruikelijke aanhef (*'Hier spreekt de Zodiac'*) en signatuur (de cirkel-met-kruis) achterwege liet.

De eerste brief werd gestuurd op 29 januari vanuit San Mateo of Santa Clara, iets ten zuiden van San Francisco, en verwees naar de pas uitgekomen film *The Exorcist* als *'de beste saterische comidie die ik ooit heb gezien.'* Hij bevatte ook een citaat uit *The Mikado* (over een 'vogeltje' wiens 'onmogelijke liefde' hem tot zelfmoord drijft) en een raadselachtige tekening die leek op een of ander hiëroglief.

Ik zag en denk dat 'The Exorcist' de beste saterische comidie was die ik ooit heb gezien.

Getekend, hoogachtend:

Hij stortte zichzelf in het kolkende water en zijn echo weerklonk uit dit graf nog veel later

tietwilo tietwilo tietwilo

PS. Als ik dit briefje niet in je krant zie, zal ik iets akeligs doen waarvan je weet dat ik in staat ben het te doen.

Me-37 SFPD-0

Behalve een enkele Eisenhower-postzegel van 8 cent had de Zodiac op de envelop twee stickers van de posterijen geplakt: op de een stond een afbeelding van een klok die 12.55 of 11.05 uur aangaf met het advies 'post vroeg op de dag', en de andere herinnerde eraan de pas geïntroduceerde postcode te gebruiken. Waarschijnlijk uit hetzelfde mapje plakte de moordenaar ook twee korte paragrafen over de postzegels en hun verpakking: *'Postzegels in dit mapje zijn voorzien van een mat hechtmiddel waardoor er geen tussenliggend vloeipapier nodig is. [...] Dit mapje bevat 25 zegels van 8 cent – vier op dit vel en telkens zeven op de drie overige vellen. Verkoopprijs $2.00.'* Hoewel deze brief halverwege 1978 kort werd beschouwd als een mogelijke vervalsing, werd hij later echt verklaard door een team van handschriftanalisten van diverse instellingen uit heel Californië.

Laatste brieven

De volgende brief werd bezorgd bij de Chronicle op 14 februari 1974, zeven dagen nadat Patty Hearst was gekidnapt door de Symbionese Liberation Army. Hij werd door de Chronicle afgedrukt in augustus 1976. Hoewel het poststempel onduidelijk is op gepubliceerde foto's, vermeldt een FBI-rapport dat hij was verstuurd vanuit San Rafael.

Beste mijnheer de redacteur,

Wist u dat de initialen SLAY (Symbionese Liberation Army) de spelling is van 'sla' [het woord 'sla' is geschre-

ven in schrijfletters] *een oud Noors woord dat 'doden'*
betekent.

Een vriend

De termen 'Oudnoors' en 'Oudijslands' verwijzen naar
dezelfde taal, maar de geleerden zijn het er niet over eens
welke term het best is. Sommigen gebruiken de eerste in
verband met de Noorse oorsprong van de taal, maar de
meesten kiezen voor de laatste omdat de meeste over-
geleverde teksten werden geschreven in IJsland. Gareth
Penn, voormalig student middeleeuwse literatuur en
historische linguïstiek, wijst erop dat het Scandinavische
sla in feite 'aanvallen' betekent. Vervolgens somt hij de
Engelse woordenboeken op die het woord vermelden als
zijn de verwant aan het Engelse slay [doden, vermoorden,
vert.] zonder de oorspronkelijke definitie ervan te geven
terwijl eerder het Noors dan het IJslands wordt genoemd
als de oorspronkelijke taal: *Webster's Third International,*
Chambers' Dictionary, the Oxford English Dictionary, the
Oxford Dictionary of English Etymology en Eric Partridge's
Origins. 'Ze zijn stuk voor stuk wetenschappelijk, niet popu-
lair', schrijft Penn, die suggereert dat het vergaren van
deze onjuiste informatie het resultaat was van een hogere
opleiding dan het SFPD en amateuristische profieldeskun-
digen alom aan de Zodiac hadden toegeschreven. Wat hen
betreft, lijkt de FBI er bepaald niet van overtuigd dat deze
brief werd geschreven door de Zodiac.

Drie maanden later, op 8 mei, werd een briefkaart
naar de Chronicle gestuurd vanuit Fremont, ongeveer
37 km ten zuidoosten van San Francisco aan de overkant van de baai. Op de achterkant werd uiting gegeven

aan 'ontsteltenis' over krantenadvertenties voor de film Badlands, die was geïnspireerd op Charles Starkweather en Caril Ann Fugate, die moordden voor de lol. Op de voorgefrankeerde voorkant stond het adres *'Editor, SF Chronicle, 5th + Mission, San Fran'*.

Mijne heren – Ik zou graag uiting mijn ontstelling [dit woord is doorgestreept] *ontsteltenis over uw slechte smaak + gebrek aan sympathie voor het publiek, zoals bewezen doordat u de advertenties afdrukt voor de film 'Badlands' met de aanbevelingstekst: 'In 1959 doodden de meeste mensen de tijd. Kit + Holly doodden mensen.' In het licht van recente gebeurtenissen kan dit soort moordverheerlijking op zijn best alleen worden betreurd (niet dat het verheerlijken van geweld ooit gerechtvaardigd was) waarom tonen jullie niet wat mededogen met algemene gevoeligheden + schrappen de advertentie?*

Een burger

De laatste brief was afgestempeld in San Rafael op 8 juli 1974. De afzender op de envelop luidde simpelweg 'RP'. In een krullerig, duidelijk vervormd handschrift was het een aanval op de conservatieve Chronicle-columnist graaf Marco Spinelli.

Redacteur –

Stop Marco terug in de hellepoel waar het vandaan kwam ... hij heeft een ernstige psychologische afwijking ... moet zich altijd superieur voelen. Ik stel voor dat u hem naar een psychiater stuurt. Staak intussen de graaf

Marco-colum. Aangezien de graaf anoniem kan schrijven, kan ik dat ook...

Het Rode Spook
(rood van woede)

De nieuwsmedia van San Francisco presenteerden deze laatste twee brieven als echt, maar SFPD-inspecteur David Toschi deelde de FBI vertrouwelijk mee dat hij twijfelde aan de authenticiteit ervan. Na onderzoek verklaarde het FBI-laboratorium dat sommige kenmerken van de 'Badlands-' en de 'Graaf Marco'- brief weliswaar niet overeenkwamen met de tekst van de authentieke Zodiac-brieven, maar dat 'deze afwijkingen onvoldoende zijn om de schrijver van de Zodiac-brieven uit te sluiten' als auteur van de brieven van eind 1974. Verder verklaarde het laboratorium dat 'overeenkomsten werden opgemerkt die erop zouden wijzen dat deze brieven waarschijnlijk werden vervaardigd door de schrijver van de Zodiac-brieven.'

De politie van San Francisco heeft sinds 1974 geen Zodiac-brief meer onderzocht.

De brief van 1978

Op 24 april 1978 werd een brief aan de San Francisco Chronicle verstuurd vanuit de county Santa Clara of San Mateo door iemand die goed op de hoogte was van de Zodiac-zaak en wat daarover was geschreven. Hoewel deze brief aanvankelijk als echt werd beschouwd en sommigen nog steeds geloven dat het in feite de laatste boodschap van de moordenaar was aan de inwoners van de Bay Area, beschouwen de meeste politieagenten en onderzoekers de brief nu als een vervalsing.

Het handschrift op de envelop werd herkend door iemand van de redactie bij de krant en de brief werd vrijwel direct doorgegeven aan journalist Duffy Jennings. Jennings had de klopjacht op de Zodiac overgenomen van Paul Avery, die nu bij de San Francisco Examiner zat. Nadat hij zijn primeur direct had veilig gesteld met foto's van zowel de brief als de envelop, belde Jennings inspecteur David Toschi, de enige rechercheur die in San Francisco werkte aan de Zodiac-zaak. Toschi was echter dagvaardingen aan het betekenen. Daarom gaf Jennings de originelen persoonlijk af bij het paleis van justitie waar ze echter naar plaatsvervangend korpschef Clem DeAmicis werden gestuurd. De brief luidde:

Beste redacteur

Hier spreekt de Zodiac ik meld me weer. Zeg tegen herb caen dat ik hier ben, ik ben hier altijd geweest. Die stadssmeris toschi is goed maar ik ben be [doorgestreept] slimmer en beter hij zal er genoeg van krijgen en laat me dan met rust. Ik wacht op een goede film over mij. Wie mij zal spelen. Ik heb nu alle touwtjes in handen.
hoogachtend:
[cirkel-met-kruis] *raad maar*
SFPD – 0

Toen Toschi terugkwam op het hoofdbureau werd hij direct op het kantoor van DeAmici geroepen waar de twee mannen overlegden en de brief aan Toschi werd toevertrouwd. Sherwood Morrill, voormalig handschrift-expert bij het nationale Bureau of Criminal Identification and Investigation die de authenticiteit had bewezen van de meeste brieven van de Zodiac voor Toschi en de SFPD, was eind 1973 met pensioen gegaan. Het eerste wat Toschi deed, was bellen met John Shimoda van het misdaad-laboratorium van de posterijen om te laten bevestigen dat de Zodiac de auteur was. Het is onduidelijk waarom Toschi Shimoda belde in plaats van het toenmalige hoofd van de federale afdeling voor documentonderzoek, Robert Prouty. Hoe dan ook, Shimona bevestigde dat de brief het werk was van de Zodiac en Toschi bracht de brief naar een vingerafdrukkenexpert van het forensisch labo-ratorium van de SFPD; dat vond geen sporen van afdruk-ken of enig ander nuttig bewijsmateriaal op het ene vel papier of de envelop.

Controverse

Om inzicht te krijgen in de controverse die nog steeds rond deze brief bestaat, moeten we naar de context kijken. Toen hij werd bezorgd bij de Chronicle was inspec-teur Toschi, al 25 jaar werkzaam bij de politie van San Francisco, waarschijnlijk de meest op de voorgrond tre-dende ordehandhaver in de Bay Area. Hoewel de charis-matische Toschi veel aanhangers had in het stadsbestuur en de plaatselijke media, had hij ook de nodige vijanden die vonden dat zijn poenige manier van doen en zijn hang naar publiciteit onprofessioneel waren en konden leiden tot belangenverstrengeling. Verder ging in kringen rond het stadhuis het gerucht dat gemeentesecretaris

Dianne Feinstein hem zou tippen als korpschef bij haar gooi naar het burgemeesterschap; dit zou hem zeker tot een bedreiging maken voor SFPD-korpschef Charles Gain en zijn plaatsvervanger Clem DeAmicis.

In de herfst van 1976 had de plaatselijke auteur en columnist Armistead Maupin een vervolgverhaal geschreven voor de Chronicle over een fictieve SFPD-detective die joeg op een onbekende moordenaar die overeenkomsten vertoonde met de Zodiac. De hoofdfiguur, inspecteur Tandy, kreeg in het verhaal advies en leiding van niemand anders dan Toschi. Omstreeks deze tijd ontving Maupin drie briefkaarten van wat particuliere inwoners leken te zijn die Toschi complimenteerden en erop aandrongen hem vaker in het verhaal te laten optreden. Als goed journalist trachtte Maupin de kaarten na te trekken en ontdekte dat de namen niet hoorden bij inwoners van San Francisco. Toschi was bekend om de briefjes die hij schreef naar verschillende verslaggevers en politici en Maupin begon te vermoeden dat hij de kaarten zelf had geschreven. Omdat hij ze beschouwde als onschuldig, zij het niet geheel eerlijk, hield Maupin de briefjes buiten de publiciteit tot april 1978, toen de enige Zodiac-brief waarin Toschi met name werd genoemd bij zijn krant werd bezorgd; dit deed het vermoeden rijzen dat Toschi geleidelijk was overgegaan tot iets wat leek op fraude door een Zodiac-brief te vervalsen. Maupin en de agent die hij had gehuurd om een ander boek te publiceren brachten brigadier Jack O'Shea, hoofd van de afdeling inlichtingen van de SFPD, op de hoogte van hun vermoedens. O'Shea en inspecteur Jack Jordan, hoofd van de afdeling moordzaken en baas van Toschi, stelden vast dat Toschi de fanmail had geschreven. Beide mannen werden later gestraft, O'Shea het zwaarst, voor het feit dat ze deze kennis niet direct rapporteerden.

Korpschef Gain heeft gezegd dat hij niets wist van de nepbrieven van Toschi tot eind juni 1978. Het feit echter dat eind april twee rechercheurs van respectievelijk het speciale onderzoeksteam en de speciale eenheid die zich bezighield met bendes werden overgeplaatst, kan erop wijzen dat men Toschi er al van verdacht de laatste brief te hebben geschreven. Het is niet bekend wat er precies plaatsvond in het paleis van justitie, maar op 10 juli hield hoofdcommissaris Gain een persconferentie waarop hij twee slechts in naam afzonderlijke gebeurtenissen bekendmaakte: de ontdekking dat de Zodiac-brief mogelijk een vervalsing was en de overplaatsing van Toschi naar de afdeling pandjeshuizen in verband met de valse fanmail aan Maupin. Geen enkel moment werd expliciet verklaard dat Toschi ervan werd verdacht de Zodiac-brief te hebben geschreven. Het werd echter wel duidelijk geïmpliceerd, vooral toen werd aangekondigd dat twee experts bezig waren Toschi's handschrift niet alleen te vergelijken met het onderzochte document uit april, maar ook met de tot dan toe als echt beschouwde 'Exorcist'-brief van januari 1974. De officiële reden voor het aankondigen van Toschi's genante overplaatsing was het 'aanvechten en ontkrachten' van de beweringen van Maupin. Toschi formuleerde het als volgt: *om te voorkomen dat de afdeling in de verdediging werd gedrongen, zouden ze in de aanval gaan*. Maar ondanks een korte opleving van de belangstelling van de staat en de federale overheid, werden de beschuldigingen nooit overtuigend ontzenuwd.

Mogelijke schrijvers

In augustus hadden niet minder dan vier experts geconcludeerd dat de brief van april nep was. Keith Woodward, voormalig hoofd van de afdeling documenten van de LAPD, Robert Prouty, de specialist die in april was gepasseerd door Toschi, zijn BCII-collega Terrence Pascoe en John Shimoda, de expert van de posterijen die hem aanvankelijk echt had verklaard, noemden de brief *'een zorgvuldig gemaakte kopie van het handschrift van de echte Zodiac [...] vervaardigd door een persoon die toegang had tot de in blokletters geschreven brieven van de Zodiac.'* De enige die het niet eens was met deze conclusie was de gepensioneerde Sherwood Morrill, wiens bittere verklaringen tegenover de pers blijk gaven van een koppige loyaliteit ten opzichte van Toschi en een groot gebrek aan respect voor Gain. De brief van januari 1974, die ook verdacht was gevonden, werd als echt beoordeeld.

Speculaties over de schrijver van de brief van 1978 richtten zich op drie mogelijkheden. De eerste is natuurlijk de Zodiac zelf, hoewel zelfs een ongeoefend oog kan zien dat de woorden en letters eerder zorgvuldig lijken te zijn getekend dan geschreven in de semi-manische vrije hand die de moordenaar had gebruikt in zijn eerdere epistels.

De tweede is Toschi en er deden zelfs geruchten de ronde dat hij in de jaren negentig was geïdentificeerd als de schrijver door middel van DNA-tests, hoewel noch de SFPD noch enige andere bron enige officiële mededelingen in die richting heeft gedaan. Een FBI-memo uit augustus 1978 luidt dat analyse van de aprilbrief werd gestaakt *'in verband met recente onthullingen [...] die erop wijzen dat David Toschi een of meer "Zodiac-brieven" heeft geschreven'*, waarbij men wel moet bedenken dat de FBI deze aanwijzing kreeg van de SFPD en niet door eigen onderzoek. Uiteindelijk kreeg Toschi echter zelfs zijn functie terug van inspecteur bij moordzaken.

Tot slot is er schrijver Robert Graysmith, die genoeg afwist van de Zodiac-literatuur om zo'n brief te vervalsen en die zelfs een motief had: hij was in 1978 al twee jaar met zijn boek over de zaak aan het leuren hoewel het pas negen jaar later het licht zou zien. In dit boek beschrijft Graysmith een apparaat om foto's te vergroten dat volgens hem mogelijk was gebruikt om de originele Zodiac-brieven te schrijven, maar waarmee evengoed de laatste had kunnen worden vervalst. Het is wellicht de moeite waard hier te vermelden dat Graysmith was gestraft voor plagiaat toen hij als cartoontekenaar werkte voor de Chronicle. In elk geval heeft hij nogal openlijk gelobbyd voor Toschi door in zijn boek en in latere interviews vol te houden dat, wie de brief ook had geschreven, het niet Toschi was geweest. De politie van San Francisco laat niets los over de zaak en zei in 1999 dat *'de politie nooit enige uitspraak heeft gedaan over beschuldigingen dat Toschi een Zodiac-brief vervalste. We willen wel bevestigen dat niet alle Zodiac-brieven authentiek zijn'.*

Het Berryessa-meer

Het gedrag van de kant van de Zodiac tijdens de aanval bij het Berryessa-meer was op een aantal punten vreemd. Zo was er de vierpuntige kap die hij opzette vlak voor hij het paartje naderde: het ontwerp is zeldzaam zo niet uniek en de moordenaar gaf er geen enkele verklaring voor, noch tegenover de studenten, noch tegenover de pers. Vermoedelijk wilde hij zijn identiteit verbergen maar dat had hij ook veel onopvallender kunnen doen met een bivakmuts of iets dergelijks. Als reden voor zijn aanval op Shepard en Hartnell had hij een verhaal verzonnen over een ontsnapping uit de gevangenis in het noordwesten, maar hij signeerde de autodeur wel met zijn gemakkelijk herkenbare cirkel-met-kruis en de data van door hem gepleegde moorden. Opmerkelijk is dat de datum van de Riverside-moord ontbrak; die werd pas in 1970 aan hem toegeschreven en daarom zagen velen deze omissie als bewijs dat de Zodiac in werkelijkheid niet verantwoordelijk was voor de moord op Cheri Jo Bates. Hij vertelde de studenten dat hij hun geld en de autosleutels wilde, maar nam alleen het geld dat Hartnell in zijn zak had en liet de sleutels en de portemonnee van het meisje op de picknickdeken liggen. Vervolgens bond hij hen vast en stak hen liever dan dat hij hen neerschoot met het pistool dat hij eerder op hen had gericht. Tot slot eiste hij de verantwoordelijkheid voor deze aanval nooit op in een brief zoals hij wel had gedaan voor de moorden in Vallejo en San Francisco.

Het 'Handboek voor de classificatie van misdrijven' van de FBI beschrijft drie vormen van dadergedrag op de plaats delict. 'Modus operandi' wordt omschreven als de handelingen die nodig zijn om een misdaad te plegen en een succesvolle ontsnapping te garanderen. Bij de aanvallen in Vallejo bijvoorbeeld bestaat de MO consequent uit een bliksemactie met een pistool, gevolgd door een snelle, beheerste terugtrekking. De MO bij het Berryessameer leek wat stijl betreft op het eerste gezicht meer op de

Riverside-aanval, die werd uitgevoerd met een mes en voorafgegaan door een soort woordenwisseling tussen moordenaar en slachtoffer; nader onderzoek bracht echter de verschillen aan het licht: de moordenaar van Bates had zijn aanval slecht voorbereid en gebruikte alleen een klein zakmes op een jonge vrouw die fel terugvocht, terwijl de Zodiac zich veel moeite getroostte om zijn slachtoffers bij het meer vast te binden.

In feite lijkt het erop dat de man die Cheri Jo Bates vermoordde er niet eens zeker van was dat hij haar zou doden; hij had meer dan een uur met haar gepraat voor hij zijn zelfbeheersing verloor en haar doodstak, terwijl er bij het Berryessa-meer weinig twijfel bestond over de bedoelingen van de Zodiac. Modus operandi is aangeleerd pragmatisch gedrag dat verbeterd kan worden naarmate de dader meer ervaring krijgt. Dit blijkt uit de vooruitziende blik van de dader toen hij voorkwam dat de politie van Napa via het schakelbord terugbelde door de telefoon van de haak te laten. De Zodiac werd ook driester door aan te vallen in de schemering op open terrein, hoewel hij wel koos voor een tamelijk afgelegen plek. Het opzettelijk veranderen van de plaats van het delict om rechercheurs in de war te brengen of te misleiden wordt 'ensceneren' genoemd. Het komt meestal voor in zaken waarbij de moordenaar en het slachtoffer elkaar kennen: vaak probeert de dader het te doen voorkomen alsof het misdrijf een willekeurige verkrachting of roof was die uit de hand liep. Dit verschijnsel lijkt zich niet voor te doen in de Zodiac-zaak, tenzij we de brieven beschouwen als een vorm van ensceneren aangezien ze met opzet de indruk wekken dat de schrijver een dyslectische fan van Gilbert en Sullivan is. Elke handeling van de dader die niet nodig is om het misdrijf ten uitvoer te brengen of uitsluitend wordt gepleegd om zijn eigen psychologische behoeften te bevredigen wordt 'impersonatie' genoemd. De opvallende kap, de leugen over de ontsnapping uit de gevangenis en het opeisen van geld en de autosleutels zijn voorbeelden van impersonatie. Herhaalde voorbeelden van dezelfde impersonatie door dezelfde dader worden een 'handtekening' genoemd en hiervan was zowel letterlijk als figuurlijk sprake op de autodeur: het logo van de cirkel-met-kruis stond onder aan elke brief van de Zodiac tussen 1969 en 1971. Het telefoontje was een ander aspect van de handtekening; het spiegelde de telefoontjes naar de politie in Riverside en Vallejo en was totaal overbodig voor zijn ontsnapping.

Het feit dat de moordenaar het mes verkoos boven het pistool in combinatie met zijn gebruik van de ongewone kap wordt over het algemeen genoemd als bewijs dat de Berryessa-aanval voor de moordenaar een rituele betekenis had. Dit zou kunnen kloppen: er is geen verklaring voor de kap behalve dat hij waarschijnlijk was bedoeld om de slachtoffers angst aan te jagen en volgens de verklaring van Hartnell leek de Zodiac zijn zelfbeheersing te verliezen tijdens de aanval op Shepard. Maar het feit dat hij deze keer een zo open terrein had gekozen als de oever van het meer kan hebben geleid tot het tactische besluit het mes te gebruiken, een geruisloos wapen dat hij misschien juist voor zo'n eventualiteit had meegebracht.

Sommige mensen zijn er nog steeds niet van overtuigd dat de aanval bij Berryessa een authentieke Zodiac-aanval was gezien de talrijke afwijkingen van het algemene patroon van de andere aanvallen in de Bay Area. Er is in feite geen afdoend bewijs dat de Zodiac in verband brengt met dit incident, zoals dat er wel is voor de moorden in Vallejo en San Francisco. Het handschrift op de auto van Hartnell is duidelijk hetzelfde als dat in de Zodiac-brieven, maar de houding van degene die op de deur schreef, sluit een definitieve echtverklaring door een leek uit. Toch wegen de verschillen tussen de aanval bij het meer en de andere aanvallen in de Bay Area – waaronder het moment van de dag, het treuzelen, het wapen en het ontbreken van een brief achteraf die bewijs levert van de schuld van de schrijver ervan – voor de meeste onderzoekers minder zwaar dan het bijkomende bewijs zoals gelijksoortig handschrift, gewicht en algemene beschrijving, en niet te vergeten het telefoontje na afloop. Wat het gedrag betreft, kunnen de variaties in MO en handtekening worden toegeschreven aan de toenemende driestheid, berekening en zelfvoldaanheid van een ervaren seriemoordenaar. En bovendien: als de echte Zodiac in feite niet verantwoordelijk was, zou zijn hang naar publiciteit hem er vrijwel zeker toe hebben gebracht de beschuldigingen te ontkennen of een valse bevestiging te sturen zoals hij deed bij de Riverside-moord op Cheri Jo Bates. Een na-aper van de Zodiac bij het Berryessa-meer had de juiste lengte en het juiste gewicht moeten hebben, hij had het handschrift van de moordenaar moeten hebben bestudeerd en perfect nagebootst en hij had blijk moeten geven van inzicht in de behoefte van de moordenaar om de regie over de omstandigheden te houden terwijl hij tegelijk had moeten oppassen ter plekke geen eigen impersonatie achter te laten. Anderzijds zou de echte Zodiac zijn meest herkenbare karaktertrek hebben moeten onderdrukken. Hoe intrigerend ook, deze theorie vereist een bereidheid om erin te geloven die de meeste onderzoekers eenvoudig niet kunnen opbrengen.

Vingerafdrukken als bewijs

Een aspect van de legende die de al zo lang onopgeloste Zodiac-zaak als mos heeft overwoekerd is dat de moordenaar zijn uiterste best zou hebben gedaan geen fysieke sporen voor de politie achter te laten. De bewering van de Zodiac in november 1969 dat hij 'doorzichtige vingertopbeschermers' droeg gemaakt van vliegtuigcement, wordt vaak aangehaald als bewijs dat hij slim genoeg was om de rechtshandhavers het destijds meest doorslaggevende bewijs tegen een verdachte te onthouden. Die herhaalde grootspraak is echter in tegenspraak met de feiten die zijn gerapporteerd door talloze rechercheurs en zijn vastgelegd in tientallen documenten op lokaal, staats- en nationaal niveau.

Onderzoek van rapporten in het archief van de politie van San Francisco, de politie van Vallejo, het bureau van de sheriff van Napa County, het ministerie van Justitie van Californië en de FBI brengt aan het licht dat de Zodiac in feite mogelijk nogal slordig is geweest, zowel bij het opstellen van zijn brieven aan de pers als op de locatie van sommige van zijn aanvallen. Ten minste twee afdrukken zijn gevonden op de brief van juli 1969 aan de Vallejo Times-Herald en het blijkt dat een derde afdruk werd aangetroffen op de code die naar de San Francisco Examiner was gestuurd, beide onderdeel van de allereerste post die de moordenaar verstuurde. Bovendien werden twee 'vingerafdrukken van waarde' ontdekt op pagina twee en

drie van de volgende brief van de moordenaar, zijn boodschap aan de Examiner van augustus 1969. Deze werden
ontwikkeld door het laboratorium van de FBI; hun afdeling latente vingerafdrukken zou bijna alle volgende
afdrukken voor de zaak onderzoeken en opslaan onder
'Latent Case # A-10042'.

Het team van de sheriff van Napa County vond diverse
vinger- en palmafdrukken na de aanval bij het Berryessa-
meer. Terwijl de talrijke afdrukken op de Kharmann Ghia
van Bryan Hartnell slechts terloops werden genoemd
en waarschijnlijk geen verband houden met de zaak,
werden vier afdrukken van belang ontdekt onder de 35
die werden aangetroffen in de telefooncel waar de Zodiac
zijn telefoontje pleegde naar de politie van Napa. Vooral
een duidelijke palmafdruk op de hoorn was van belang:
die hing nog steeds van de haak en de afdruk was nog nat,
wat erop wijst dat hij was achtergelaten door de laatste
persoon die de telefoon had gebruikt, waarschijnlijk de
moordenaar. Tot schande van sporentechnicus Harold
Snook kreeg de afdruk echter niet genoeg tijd om te
drogen en werd bedorven tijdens het proces van het los-
halen.

De drie jongelui die getuige waren van wat er direct na
de moord op Paul Stine gebeurde, zagen hoe de moordenaar na zijn daad bepaalde delen van Stines taxi afveegde.
Hij probeerde ongetwijfeld eventuele vingerafdrukken te
verwijderen, een daad die zinloos zou zijn als zijn vingertoppen beschermd waren. En terwijl de getuigen een
specifieke beschrijving gaven van een schoonmaakactie,
zagen ze niets wat kon worden geïnterpreteerd als het
aanbrengen van valse afdrukken vanaf het moment dat de
moordenaar uit de taxi kwam tot het moment waarop hij

wegliep. Toch ontwikkelde de technische recherche van de SFPD tientallen afdrukken in en op de taxi. Hieronder waren verschillende die, volgens een memo van de SFPD, *'sporen vertonen van bloed en vermoedelijk afdrukken van de verdachte zijn.'* De meeste hiervan waren afkomstig van de stijl tussen de voor- en de achterdeur aan de chauffeurskant. Bovendien, schreef een SFPD-inspecteur, *'zijn latente afdrukken op handgreep rechtervoordeur waarschijnlijk ook afdrukken van de verdachte.'* Hier dient te worden opgemerkt dat deze afdrukken de lussen, kronkels en texturen vertoonden die zouden ontbreken als de vingers van de moordenaar waren bedekt met vliegtuigcement of een ander middel.

Op de brief die volgde op deze moord en waarin Stine als slachtoffer werd geclaimd zaten ook vingerafdrukken; een ander FBI-rapport vermeldt dat de SFPD *'verklaarde dat latente afdrukken werden verkregen van de brief van 10-13-69.'*

Pas in de volgende brief, verstuurd op 9 november 1969, beweerde de Zodiac dat hij zijn vingerafdrukken had gemaskeerd. Ook deze bewering zou contraproductief zijn indien, zoals sommige theoretici volhouden, de Zodiac valse afdrukken in de taxi had achtergelaten; want waarom zou de moordenaar de moeite nemen zo'n vals spoor achter te laten om vervolgens te ontkennen dat het bestond? Een redelijker verklaring is dat de Zodiac wist dat de politie niet alleen handschrift en vingerafdrukken bezat, maar nu ook een goed signalement en dat de bewering over 'transparante bescherming' een wanhopige poging was om twijfel te zaaien bij de SFPD. Niettemin werden er afdrukken gevonden op de wenskaart van de moordenaar van 28 april 1970 en volgens een rechercheur uit San Francisco *'waren de latente niet gemaakt door mensen die de kaart na bezorging in handen hadden gehad.'*

Een FBI-rapport uit 1969 deelt de afdrukken van de SFPD als volgt in: *'dertig latente vingerafdrukken, drie latente palmafdrukken en een latente impressie (vingerafdruk van gebied onderste gewricht van een vinger- of palmafdruk)'.* Slechts twee werden ooit geïdentificeerd, afkomstig van Paul Stine en een onbekende politieagent of medewerker van de krant. Het aantal vingerafdrukken dat naar het FBI-laboratorium werd gestuurd door de politie van San Francisco en van Vallejo werd later verhoogd tot 38, de afdrukken die zijn opgenomen door het team van de sheriff van Napa County niet meegeteld. Terwijl de overgrote meerderheid van deze afdrukken waarschijnlijk geen verband houdt met de zaak, is het erg waarschijnlijk dat er een paar van de moordenaar bij zijn en dat hij zou kunnen worden geïdentificeerd als van één of meer ervan een tegenhanger wordt gevonden.

Het lijkt erop dat de ordehandhavers veel vertrouwen hebben in de afdrukken. Letterlijk honderden verdachten werden ermee vergeleken onder wie de bekendste, Arthur Leigh Allen. In zijn geval verzocht de politie van Vallejo de FBI zijn afdrukken 'snel te vergelijken' met de twee latente die waren aangetroffen op de brief van augustus 1969 aan de Examiner. De FBI werd *'verder verzocht Allens vingerafdrukken te vergelijken met alle latente afdrukken die zijn ontwikkeld in het Zodiac-onderzoek als de tijd het toelaat.'* Er werd geen overeenkomst gevonden en Allen werd 'geschrapt als verdachte'. Dit demonstreert hoezeer zowel lokale als federale autoriteiten vertrouwen op hun bewijsmateriaal.

Een tip

In de jaren sinds Robert Graysmith in zijn boek in
wording Zodiac leurde met 'Robert Hall Starr' als hoofdverdachte in de onopgeloste moorden op van vijf bewoners van de Bay Area in San Francisco, is het steeds moeilijker geworden de Zodiac-zaak te bespreken zonder ook
Arthur Leigh Allen te noemen. Allen, inwoner van Vallejo
en veroordeeld kinderlokker die diende als inspiratie
voor de onder een pseudoniem opererende 'Starr', stierf
in 1992 onder de verdenking dat hij de beruchte seriemoordenaar was die vijf kogels in de rug had geschoten
van een tienermeisje terwijl ze rende voor haar leven.
Hij werd echter nooit voor die moorden veroordeeld en
ondanks de inspanningen van enkele rechercheurs werd
nooit enig bewijs gevonden dat hem in verband bracht
met de Zodiac-misdrijven. In feite is keer op keer gebleken
dat de vermeende schakels tussen Allen en de zaak vals
of toevallig waren of konden worden toegeschreven aan
Allens afwijkende persoonlijkheid.

Arthur Allen kwam begin oktober 1969 voor het eerst
onder de aandacht van de politie van Vallejo, hoewel
onduidelijk is waarom hij in aanmerking kwam als verdachte. Rechercheur John Lynch's eerste en enige rapport
over Allen vermeldt niet waarom Allen werd verdacht.
Maar slechts een vluchtige blik in de VPD-rapporten uit
die tijd leert dat ook de onbetrouwbaarste beschuldigingen reden werden geacht voor ondervraging door de
politie in verband met de moorden op Betty Lou Jensen,
David Faraday, Darlene Ferrin en Cecelia Shepard. Enige
tijd ging het gerucht dat Allen op de avond van de moord
op Shepard een bekeuring had gekregen voor te hard

rijden in de buurt van het Berryessa-meer, maar later werd vastgesteld dat dit niet waar was. Wat ook de aanleiding was voor Lynch om Allen te ondervragen, we kunnen rustig aannemen dat er geen enkel belangrijk bewijs was aangezien het gesprek heel kort duurde en de rechercheur niet erg agressief was. Hoogstwaarschijnlijk was Arthur Leigh Allen gewoon een van de tientallen inwoners van Vallejo die was aangewezen door een vriend, een vijand, een kennis of een familielid op grond van weinig meer dan een vaag idee. Hij was te lang en te kaal om te voldoen aan het signalement van de Zodiac en werd snel vergeten.

De tip die Allen boven aan de lijst van mogelijke Zodiac-verdachten bracht, kwam bijna twee jaar later. Op 15 juli 1971 meldde zakenman Santo Panzarella uit Zuid-Californië het Manhattan Beach Police Department dat Allen bezwarende uitspraken had gedaan tegenover Donald Cheney, de partner van Panzarella, die erop leken te wijzen dat Allen de Zodiac was. Dit wekte de belangstelling van twee MBPD-rechercheurs die Cheney en Panzarella opzochten op hun zakelijke adres waar ze een opmerkelijk verhaal te horen kregen.

Donald Cheney

Cheney, die jarenlang bevriend was geweest met Allen voor hij naar Zuid-Californië verhuisde, vertelde de rechercheurs dat hij en Allen in december 1968 een gesprek hadden gehad in Allens souterrain in de Fresno Street dat was begonnen met het onderwerp jagen als hobby maar al gauw een bizarre wending nam. Allen bracht Richard

Connells klassieke korte verhaal *The most dangerous game* ter sprake dat gaat over een krankzinnige graaf die voor de sport jaagt op reizigers die op zijn privé-eiland schipbreuk hebben geleden; dit verhaal is gepubliceerd in tientallen fictieanthologieën en is populair onder scholieren. Allen zouden erg van het verhaal hebben genoten en zich met de graaf hebben geïdentificeerd.

Nadat hij was begonnen over het idee op mensen te jagen zou Allen een hypothetisch verslag hebben gegeven van de manier waarop hij een reeks moorden zou plegen in vrijerslaantjes. Hij zou hebben beschreven hoe hij *'een revolver of pistool zou gebruiken waarop een zaklamp was bevestigd voor verlichting en om te kunnen mikken, en naar mensen toe zou lopen en zou schieten'*. Allen had het er ook over de banden van een schoolbus lek te schieten en de 'kleine schatjes' af te schieten terwijl ze 'uit de bus sprongen', en zei verder dat hij pesterige briefjes naar de politie zou sturen. Alsof dit niet genoeg was, zou Allen ook hebben gezegd dat hij zich 'Zodiac' zou noemen.

Volgens het MBPD-rapport *'antwoordde Cheney: "Zodiac... waarom dat, waarom niet iets anders?" Toen werd Arthur Allen erg emotioneel en zei: "Ik vind 'Zodiac' een mooie naam en dat is de naam die ik ga gebruiken."'*

Op het eerste gezicht lijkt het verslag van Cheney erg belastend. Als Allen deze opmerkingen immers had gemaakt in december 1968 had hij laten blijken informatie te hebben over de moorden van de Lake Herman Road die tot augustus 1969 alleen de Zodiac bezat. Het dreigement van de Zodiac dat hij een schoolbus zou beschieten kwam zelfs nog later, in oktober van dat jaar. We kunnen kleine onjuistheden door de vingers zien, zoals het gebruik van de woorden 'kleine schatjes' in plaats van 'kleine kindertjes', het noemen van de politie in plaats van de kranten als ontvanger van de brieven en het ontbreken van het bepaald lidwoord dat de moordenaar altijd gebruikte bij zijn bijnaam. We zitten echter met de kwestie van de timing: waarom wachtte Cheney twee jaar voor hij met deze informatie naar voren kwam?

Cheney verhuisde in januari 1969 naar Zuid-Californië en het is mogelijk dat hij niets vernam over de tweede moordpartij in Vallejo en de brieven die erop volgden. Maar de Zodiac-zaak kwam na de moord op Paul Stine in de binnenstad van San Francisco volop in het nationale nieuws en het is onwaarschijnlijk dat iemand in de staat Californië niets zou hebben gehoord over de onbekende moordenaar die rondsloop in vrijerslaantjes, tartende brieven schreef naar de kranten en zichzelf 'de Zodiac' noemde en kennelijk was Cheney geen uitzondering. Naar eigen zeggen *'hadden dhr. Panzarella en dhr. Cheney artikelen gezien en gelezen in de krant, de Los Angeles Times, betreffende de "Zodiac"-moorden.'* Onwetendheid is dus geen excuus voor zijn stilzwijgen. We moeten uit zijn verklaring afleiden dat niets uit de berichtgeving over de Zodiac echt tot Cheney was doorgedrongen en dat hij nooit aan Allen had gedacht als een potentiële moordenaar tot 1971, toen hij hoorde over een duistere en totaal losstaande reeks onopgeloste moorden in Grass Valley, CA, een klein stadje ongeveer 225 km ten noorden van San Francisco en Vallejo.

Volgens Cheney en Panzarella waren het *'de recente moorden in de omgeving van Grass Valley door een onbekende verdachte die leidden tot gerichte verdenkingen.'*

De vraag dringt zich op hoe het kan dat de moorden van Grass Valley Allen en het verdachte gesprek terugbrachten in Cheney's herinnering, terwijl de bijna dagelijkse berichtgeving vanuit San Francisco over een moordenaar die veel weg had van degene die Allen beschreef dat niet deed. Een andere vraag is waarom Allen, als hij inderdaad de Zodiac was, de veelzeggende details van zijn wapenfeiten zou onthullen die binnen enkele dagen hun beslag zouden krijgen. Hij kon beslist niet verwachten dat Cheney's geheugen zo slecht zou zijn als het bleek te zijn; het afslachten van Jensen en Faraday op 20 december 1968 was wekenlang voorpaginanieuws in Vallejo. De Zodiac nam wel bepaalde risico's maar een van zijn kenmerken was het beheersen van de situatie. Dat hij zich daar druk over maakte, sloot vrijwel zeker uit dat hij iets stompzinnigs zou doen als het tot in details praten over zijn misdaden, vooral tegen iemand die mogelijk al verdenkingen jegens hem koesterde; Allen had namelijk jaren eerder het dochtertje van Cheney onzedelijk betast tijdens een kampeervakantie en Cheney had zich daarover beklaagd tegenover Allens broer. (In een rapport schreef een VPD-rechercheur: *'Dit zou een motief kunnen zijn waarom Cheney een dergelijke beschuldiging tegen Arthur Allen uitte.'*)

De zaak tegen Arthur Allen

Arthur Allen was volgens de meeste verslagen een beetje excentriek. Beschreven als 'anti-establishment' werd hij op zijn 19e afgewezen toen hij solliciteerde bij het VPD en op zijn 25ste oneervol ontslagen bij de marine. Hij bezat diverse pistolen en bewaarde er naar verluidt altijd een in zijn auto. Hij was ook een pedofiel en was banen kwijtgeraakt, had vrienden van zich vervreemd en zou worden opgenomen in het Atascadero State Hospital vanwege die afwijking. Cheney was niet de enige met wie hij had gesproken over de Zodiac-moorden: Allen maakte geen geheim van zijn gesprek in 1969 met rechercheur John Lynch en ging er openlijk prat op dat hij ervan werd verdacht de Zodiac te zijn. Hij bleek ook interesse te hebben voor psychopathologie: hij studeerde geestelijke gezondheidsleer en werkte in het Atascadero voor hij er werd opgesloten. Het vereist niet erg veel fantasie te denken dat Allen, met zijn belangstelling voor wapens, ordehandhaving en de criminele geest, mogelijk gewoon geïnteresseerd was in de schokkende lokale moord en het onderwerp op een avond met Cheney ter sprake bracht. Wellicht heeft hij zelfs het kennelijk ontbreken van een motief in de zaak doorzien en gebruikte hij *The Most Dangerous Game* om de moord te verklaren als sport.

De hoofdcommissaris van de Manhattan Beach Police nam spoedig na het gesprek contact op met het San Francisco Police Department en SFPD-inspecteur William Armstrong had een gesprek met Cheney op 26 juli. Tijdens de elf tussenliggende dagen begon Cheney met wat een interessante gewoonte is geworden: het terughalen van herinneringen die steeds uitvoeriger Arthur Allen als schuldige aanwijzen. Hij begon ermee het gesprek een jaar naar achteren te verschuiven door Armstrong te vertellen dat het had plaatsgevonden in december 1967 en niet in 1968. Vervolgens herinnerde hij zich dat Allen had gevraagd hoe je je eigen handschrift kon verhullen en beweerde dat hij Allen daarover advies had gegeven. In latere gesprekken herinnerde Cheney zich ook dat Allen het gesprek niet was begonnen door over het korte verhaal van Connell te beginnen maar door te verklaren dat hij van loopbaan wilde veranderen en graag politieagent zou willen worden. Wanneer dit plan niet lukte, zo had Allen volgens Cheney verklaard, zou hij in plaats daarvan een misdadiger worden en voorkomen dat hij werd gepakt door moorden te plegen zonder motief.

Dit verhaal werd opnieuw gewijzigd toen Cheney beweerde dat Allen zijn uitspraken inkleedde in plannen om een misdaadroman te schrijven. Vervolgens voegde hij Allens vermeende plan toe om de auto van een vrouw onklaar te maken door de moeren van één van haar wielen te verwijderen. (Dit verhaal zinspeelt duidelijk op de ontvoering van Kathleen Johns in maart 1970, waarvan niet is vastgesteld dat het een feitelijk Zodiac-incident is. Johns was er absoluut zeker van dat Allen niet de man was die haar auto onklaar maakte en haar meenam op een griezelige tocht over het platteland van San Joaquin County.) Tot slot zei Cheney dat hij niet was geïnspireerd om de politie te waarschuwen door de Grass Valley-moorden zoals hij eerder had verklaard, maar door een krantenartikel over het dreigement van de Zodiac om 'kleine schatjes' te vermoorden (wat niet eens de juiste woorden zijn die de Zodiac gebruikte) dat hij in verband bracht met de soortgelijke uitspraak van Allen. Mettertijd is duidelijk geworden dat het verhaal van Cheney niet uitblinkt in nauwkeurigheid. Hiervoor is een aantal aannemelijke verklaringen te bedenken, waaronder niet in de laatste plaats dat hetgeen hij zich van de gebeurtenissen herinnerde in de loop der jaren verward was geraakt doordat hij één of meer echt gevoerde gesprekken had vermengd met nieuwsberichten die hij had gelezen of gehoord. De enige verklaring die niet geloofwaardig lijkt, is degene die Cheney zelf gaf.

Het verhoor van Allen

Armstrong schoof deze kwesties terzijde en lichtte het Vallejo Police Department in. Na enig antecedentenonderzoek werd overeengekomen dat rechercheurs van beide districten samen contact zouden opnemen met Allen en hem zouden ondervragen als verdachte.

Het gesprek vond begin augustus plaats op Allens werkadres en was een bijna komisch voorbeeld van een verdachte die om de rechercheurs die hem ondervragen heen draait. Allen bleek veel af te weten van de verwijzingen naar de popcultuur die de Zodiac gebruikte en ook van de berichtgeving over de moordenaar, maar niets van de moorden zelf. Hij ontkende het belastende gesprek dat Cheney beschreef maar gaf toe dat hij *The Most Dangerous Game* had gelezen en zei dat het indruk op hem had gemaakt. Hij kwam met een alibi voor den dag van de moord bij het Berryessa-meer in de vorm van een monteur uit Treasure Island; dit was mogelijk een indirecte en voor de rechercheurs onbegrijpelijke verwijzing naar de film *Charlie Chan at Treasure Island* uit 1933 waarin de Chinese speurder het opneemt tegen een schurk uit San Francisco met de naam 'Doctor Zodiac'. Hij beweerde dat hij had gepraat met zijn buurman, de heer White, toen hij die middag thuiskwam – een mogelijke verwijzing naar boswachter William White die de dag na de moord bij het meer op de televisie was verschenen om over de plaats van het delict te spreken. Allen noemde ook *'de twee messen met bloed erop die ik in mijn auto had'* zonder dat de politie ernaar vroeg; het bloed, zo zei hij, *'kwam van een kip die ik doodde'.* Er is geopperd dat dit een verwijzing is naar de woorden van Brian Hartnell vlak voor hij bruut werd neergestoken door de Zodiac. Volgens verklaringen van boswachter White, die vrijelijk in de media werden geciteerd, vroeg Hartnell erom eerder te worden gestoken dan zijn vriendin omdat hij laf [in het Engels *chicken*, dat ook 'kip' betekent, vert.] was en het niet kon verdragen haar pijn te zien lijden. Toen de rapporten van de politie van Napa werden vrijgegeven werd duidelijk dat dit niet de woorden van Hartnell waren en dat ze omwille van de media aan hem werden toegeschreven. Toen hem tot slot werd gevraagd waar hij was in oktober 1966, antwoordde Allen: *'U bedoelt met de Riverside-moord?'* Had hij dit gezegd voor november 1970, dan had het enig gewicht kunnen hebben als bewijs, maar de Riverside-moord op Cheri Jo Bates was al bijna een jaar in verband gebracht met de Zodiac en haalde de voorpagina's toen het verhaal bekend werd.

Op enig moment tijdens het verhoor zeiden de rechercheurs iets over Allens polshorloge. Het was een duur Sea Wolf-model, gemaakt door de Zwitserse fabrikant Zodiac die als logo een cirkel-met-kruis heeft. Allen antwoordde dat hij het cadeau had gekregen in de zomer van 1969. Later werd Allens broer hiernaar gevraagd en hij zei dat zijn moeder het hem in 1967 met Kerstmis had gegeven. Bij het afscheid maakte Allen de snedige en duidelijk ironische opmerking dat hij *'hoopte dat er een tijd zou komen dat politieagenten niet langer "smerissen" zouden worden genoemd'.* De Zodiac had die benaming nu en dan gebruikt, vooral in zijn zeven pagina's tellende brief van november 1969, en hij was plichtsgetrouw door de San Francisco Chronicle gepubliceerd op 12, 13 en 26 november, tweemaal zelfs op de voorpagina.

In alle gevallen zien we dat Allen de nieuwsberichten over de misdaden en de brieven benut in een poging zijn ondervragers te tarten. Terwijl dit gedrag en de tergende brieven die de Zodiac naar de kranten stuurde zijn vergeleken, kan Allen even goed hebben gesproken vanuit de vaste zekerheid dat hij nooit in verband kon worden gebracht met de misdaden omdat hij ze niet had gepleegd. Alleen het merk van Allens horloge suggereert kennis van de Zodiac-daden voor ze plaatsvonden en zelfs dit element wekte alleen ongerechtvaardigde argwaan doordat Allen de politie zelf had verteld dat hij het had gekregen vlak voor de moordenaar zijn bijnaam aannam. Geen van zijn opmerkingen – of van de opmerkingen die door een betrouwbare bron aan hem worden toegeschreven – verraden enige informatie over de misdaden buiten wat iedereen wist die de verslaggeving over de zaak in de pers had gevolgd. In 1971 bezaten honderdduizenden mensen dergelijke informatie.

Geen bewijzen

Omdat ze geen andere veelbelovende aanwijzingen hadden, beschouwde de politie van San Francisco en Vallejo Allen echter als de waarschijnlijkste van hun Zodiac-verdachten. Op 14 september 1972 werd een huiszoekingsbevel voor zijn bezittingen in Santa Rosa afgegeven en al gauw kamden detectives zijn caravan en auto's uit op zoek naar wapens, munitie, kleding en ander bewijsmateriaal dat hem in verband kon brengen met de misdaden of de brieven. Er werd niets van dien aard gevonden. Er werden veel afdrukken genomen – inktafdrukken van de hele hand, van vingertop tot handpalm – evenals voorbeelden van zijn handschrift met de rechter- en met de linkerhand. Ze werden stuk voor stuk door federale experts vergeleken met het Zodiac-bewijsmateriaal. In geen enkel geval werd overeenkomst geconstateerd. Handschriftanalisten uit Californië gingen zelfs zo ver te verklaren dat Allens handschrift *'beslist niet dat van de Zodiac-moordenaar was'*. Hij onderging een leugendetectortest en kwam erdoor.

De zaak leek opgelost tot 1986, toen schrijver Robert Graysmith zijn pen richtte op Allen in zijn baanbrekende casestudy. Dit boek, ooit een bestseller en intussen 28 keer herdrukt, is als bron aangehaald door bijna al het latere werk over de zaak. Graysmith werd op de verdenking jegens Allen gewezen door plaatselijke autoriteiten en voerde in het begin van de jaren tachtig van de vorige eeuw een officieus onderzoek naar hem uit dat niets van betekenis opleverde. Toch bleef Allen de favoriete verdachte van de rechercheurs uit San Francisco en Graysmith volgde hun voorbeeld; daarbij overdreef hij de marginale schakels tussen Allen en de Zodiac-zaak en vermengde geruchten met feiten om het lezerspubliek ervan te overtuigen dat er geen twijfel over bestond wie de moordenaar was. De wereld kende hem als 'Robert Hall Starr', maar voor iedereen die hem had ontmoet was het onomstotelijk Allen.

In december 1990 werd Ralph Spinelli gearresteerd wegens een gewapende overval in Lake Tahoe, NV. Zijn verzoek om clementie behelsde een tip over de identiteit van de Zodiac: niemand anders dan Arthur Leigh Allen. Met dertig jaar gevangenisstraf in het vooruitzicht beweerde Spinelli dat Allen hem in 1969 had verteld dat hij naar San Francisco ging om een taxichauffeur te vermoorden. Misschien niet toevallig was Allen voor de aanklacht wegens pedofilie slechts één keer gearresteerd, namelijk voor een vechtpartij met Spinelli. Onder druk na het succes van Graysmiths boek en in de wetenschap dat Allens woning in Vallejo in 1972 niet was doorzocht, benutte het VPD de onbeduidende tip van Spinelli en doorzocht Allens souterrain in de Fresno Street. In beslag genomen werden materialen om bommen te maken, krantenknipsels, diverse wapens, een mes, een typemachine en Allens Zodiac-horloge. Hiervan hadden het mes en een pistool bewijzen kunnen zijn in de Zodiac-zaak (algemeen wordt geloofd dat de Zodiac niet verantwoordelijk was voor de moord op Cheri Jo Bates of de getypte bekentenis die erop volgde) maar geen van beide leidde tot een aanklacht of arrestatie en we kunnen aannemen dat er geen verband bestond. Allens vingerafdrukken werden voorgelegd aan het FBI-laboratorium en opnieuw bleek de vergelijking negatief. Volgens een krantenbericht '*werd Allen uitgesloten als verdachte*'.

Nog steeds favoriet

De grote hoeveelheid factoren die wezen op Allens onschuld heeft menige amateur-detective ertoe gebracht de gerapporteerde te feiten te controleren op zwakke plekken in de waarheidsvinding. Toen Allens vingerafdrukken niet bleken overeen te komen met de afdrukken van de plaats van het misdrijf werd hun authenticiteit in twijfel getrokken ondanks het vertrouwen dat justitie erin stelde. Toen zijn handschrift niet overeenkwam met dat van de Zodiac, werd gedacht aan een vergrootapparaat. Toen Allen een afmattende tien uur durende leugendetectortest goed had doorstaan, werd hij betiteld als een psychopaat die de machine kon verslaan. Je vraagt je af wat er voor nodig was geweest om uitsluiting op basis van DNA-materiaal te omzeilen, indien zulk bewijsmateriaal had bestaan.

Bij het voorleggen van belastend bijkomend bewijsmateriaal creëren Allens aanklagers hun eigen zwakke plekken. Allen kan worden 'geplaatst' in Riverside in 1966, maar kan even goed worden 'geplaatst' in Santa Rosa. Cheney's verslag wordt vaak geciteerd, maar niet de opmerkelijke timing of de talloze wijzigingen in zijn verhaal. Er wordt ook geloof gehecht aan het verhaal van Spinelli, maar zijn vijandige relatie met Allen, de dreigende gevangenisstraf en zijn stilzwijgen van twintig jaar worden gebagatelliseerd. Allen zou de beschikking hebben gehad over eenzelfde type auto als is gezien door een slachtoffer, maar de waarheid is dat Allen die auto was kwijtgeraakt toen hij drie maanden voor de moord was ontslagen. Allen had brieven in een mysterieuze code in een kluis, maar die waren hem gestuurd door een patiënt in Atascadero. De brieven van de Zodiac zouden zijn gestopt toen Allen in Atascadero zat, maar de brieven stopten acht maanden voor Allen werd opgesloten en degene die werd ontvangen bij zijn vrijlating was nep. Als veroordeeld pedofiel was Allen, net als de Zodiac, geïnteresseerd in 'kleine kindertjes', maar pedofielen moorden maar uiterst zelden buiten hun doelgroep. Globaal gezien zijn de samenvallende omstandigheden opvallend, maar als ze stuk voor stuk worden bekeken wordt de zaak tegen Allen een kaartenhuis: trek een kaart weg en het stort in elkaar.

In laatste instantie bestaat er slechts één voorwerp dat zou kunnen dienen om Allen in verband te brengen met de Zodiac-zaak en dat is het Sea Wolf-horloge dat hij van zijn moeder had gekregen. Zij stierf op 10 januari 1989. Het was nauwelijks doorslaggevend bewijs dat hij de moordenaar was of dat er sprake was van iets anders dan de gulheid van een moeder, maar toch werd het in beslag genomen door de politie van Vallejo tijdens de huiszoeking van Allens appartement in 1991. Ondanks zijn herhaalde verzoeken werd het nooit aan hem teruggegeven. Zo goed als blind, lijdend aan suikerziekte en nierinsufficiëntie en doelwit van een lastercampagne die hem tot het laatst achtervolgde, stierf Arthur Leigh Allen achttien maanden later – zonder zijn horloge.

9.

DE LONDENSE HAMER- MOORDE- NAAR

Marsha

De negentienjarige Marsha Louise McDonnell was een mooie en dynamische jonge vrouw met een passie voor kunst en muziek. Ook was ze een uitstekende studente die haar middelbare school met zulke hoge cijfers had afgesloten dat ze zonder meer werd toegelaten tot de universiteit. Marsha had een fantastisch leven voor zich. Maar op een koude winteravond werd haar dat leven ruw ontnomen.

Op 3 februari 2003 ging Marsha met twee vriendinnen naar de film *Catch Me If You Can*. Na afloop liepen ze naar het busstation waar ze ieder een andere bus naar huis namen. Marsha stapte op bus 111 vanuit Kingston en volgde het hele traject van 16 kilometer naar Hampton in Zuidwest-Londen. Kort voor middernacht stapte ze uit op Percy Road en liep naar haar huis dat enkele straten verder aan Priory Road lag. Op een paar passen van de deur werd ze echter bruut overvallen.

Kort na twaalven werd een buurvrouw wakker van harde geluiden en waagde zich naar buiten om te zien waar ze vandaan kwamen, meldde het BBC-nieuws. De vrouw trof Marsha languit op het trottoir aan. Ze lag in een plas bloed en dreigde het bewustzijn te verliezen door ernstige verwondingen aan haar hoofd. Marsha werd meteen naar het ziekenhuis vervoerd voor behandeling.

Marsha's twee doodongelukkige zusjes en haar ouders waren bij haar toen ze in haar ziekenhuisbed vocht voor haar leven. De kans dat ze ooit zou herstellen van het levensbedreigende letsel was echter gering. Haar familie nam de zware beslissing om de machines die haar in leven hielden uit te schakelen. Op 5 februari overleed Marsha.

Volgens het rapport moesten de intens verdrietige ouders van Marsha hun vijf jaar oude zoon Jack uitleggen wat er met zijn grote zus was gebeurd. De nachtmerrie was iets onbegrijpelijks, niet alleen voor het jongetje maar voor iedereen die Marsha kende. Wat voor mens kon zoiets gruwelijks doen?

Later wees autopsie uit dat Marsha was gestorven aan hoofdwonden die mogelijk waren toegebracht met een hamer of een soortgelijk stomp voorwerp. Ook werd vastgesteld dat er geen sporen waren van verkrachting. Ongeveer een week later deed Nathalie, de 21-jarige zus van Marsha, een oproep aan iedereen die informatie zou kunnen geven over de moord op haar zus. Haar smeekbede leverde verrassend veel reacties op.

Verbanden

Een maand eerder, op 8 januari, liep een *'zeventienjarige vrouw in het gebied Strawberry Hill in Zuidwest-Londen vanuit de plaatselijke winkelstraat terug naar huis. Terwijl ze luisterde naar haar walkman leek ze te zijn gevallen'* op het ijs, aldus de BBC. De vader van de vrouw vond haar. Ze was nauwelijks bij bewustzijn en werd direct naar een ziekenhuis in de buurt gebracht. Later bleek dat ze niet was gevallen maar was neergeslagen met een stomp voorwerp zoals een hamer. De getroffen vrouw was herhaaldelijk op het hoofd en in het gezicht geslagen, wat diepe sneden in haar hoofdhuid, een gebroken wang, een gebroken oogkas en een hersenschudding had veroorzaakt. Het trauma aan het hoofd was zo ernstig dat de vrouw zich niets kon herinneren van de gebeurtenis. De autoriteiten achtten het mogelijk dat de persoon die haar had aangevallen ook Marsha had gedood.

Een aantal weken na de moord op Marsha en minder dan anderhalve kilometer van de plek waar haar lichaam was aangetroffen vond nog een aanval plaats. Ditmaal was het slachtoffer een achttienjarige man die beweerde dat een onbekende man met capuchon had geprobeerd hem te slaan met een zwaar stuk gereedschap dat leek op een hamer of een moersleutel. De achttienjarige man kwam er zonder kleerscheuren af maar was niet in staat de politie een gedetailleerde beschrijving te geven van zijn belager. Rechercheurs maakten zich ernstig zorgen omdat ze weinig aanwijzingen hadden om mee te werken, ondanks de toenemende frequentie van de aanvallen.

Ongeveer een week daarna kwam er echter een getuige naar voren met belangrijk bewijsmateriaal. De politie hoopte dat dit zou helpen de belager te identificeren. De getuige hielp om een tekening te maken van een man die was gezien toen hij over het gehavende lichaam van een jonge vrouw gebogen stond, laat op de avond in Walpole Gardens, Strawberry Hill. Het slachtoffer dat de getuige had gezien bleek de zeventienjarige vrouw te zijn die net aan de dood was ontsnapt nadat ze gemeen was neergeslagen op 8 januari.

De compositietekening was de eerste belangrijke aanwijzing tijdens het onderzoek. Ze beeldde een man af van midden tot eind veertig met kort donker haar, een grote neus en donkere ogen met daarboven borstelige wenkbrauwen. De verdachte was volgens de beschrijving ongeveer 1.75 m lang en zwaar gebouwd. Hij zou een Barbourachtige jas op heuplengte hebben gedragen, berichtte Nick Hopkins in maart in een artikel in

The Guardian. De compositietekening werd gepubliceerd in de hoop dat iemand naar voren zou komen met nieuwe informatie over de identiteit en verblijfplaats van de man. De politie kreeg honderden tips, waarvan een aantal nuttig was voor het lopende onderzoek. Geen enkele leidde echter direct naar de dader.

Intussen nam het onderzoek een onverwachte wending toen het voor zover bekend enige mannelijke slachtoffer van de belager met de hamer werd aangehouden wegens het verspillen van politietijd. De politie stond na diverse verhoren sceptisch tegenover zijn verhaal over de vermeende aanval omdat het niet consistent was. Daarom werd het geval van de jongeman niet langer in verband gebracht met de andere twee aanvallen, die duidelijke overeenkomsten vertoonden. De achttienjarige man was niet de enige persoon die werd aangehouden in verband met de hameraanvallen. In feite werden diverse mannen en een zestienjarige jongen in hechtenis genomen en ondervraagd. Alle verdachten, met uitzondering van de zestienjarige, werden later op borgtocht vrijgelaten. Er was domweg onvoldoende concreet bewijs om een van hen in verband te brengen met de moord op Marsha of de aanval op het zeventienjarige meisje in Strawberry Hill.

Hoewel de tiener nooit officieel werd aangeklaagd voor de aanvallen, besloot de politie hem in bewaring te houden op basis van zijn geestelijke gezondheidstoestand. Ondanks uitgebreid onderzoek en speurwerk naar de aanvaller was de politie niet in staat enige verdachte te identificeren in verband met beide zaken. Men was bang dat hij opnieuw zou toeslaan als de verdachte niet snel zou worden gevonden. Weldra zou hun angst bewaarheid worden.

Meer aanvallen

Op 5 november 2003 liep assistent-accountant Dawn Brunton, 36 jaar, vanaf de bushalte langs een voetpad naar het metrostation Hatton Cross in Feltham, Londen, toen een onbekende belager haar van achteren aanviel met wat volgens de deskundigen een voorhamer was. Dawn liep zware verwondingen op waaronder een schedelbreuk, een gebroken kaak en oogkas, *'diverse steekwonden in haar achterhoofd en ernstige kneuzingen in haar maagstreek, mogelijk veroorzaakt door schoppen'*, berichtte de Hounslow Guardian in november 2003. De recherche dacht dat ze waarschijnlijk was aangevallen door dezelfde persoon die Marsha had vermoord en het zeventienjarige meisje had aangevallen in januari dat jaar.

Op 18 april 2004 werd opnieuw een jonge vrouw aangevallen. Toen ze op Trafalgar Road nabij Twickenham Green in West-Londen liep na een avondje uit met vrienden werd Edel Harbison, 34 jaar, van achteren neergeslagen met een voorwerp zoals een hamer. Ook al liep ze ernstige verwondingen op, ze had het geluk dat ze de afschuwelijke ervaring overleefde.

Net als de eerdere slachtoffers werd Edel noch verkracht noch beroofd en kon ze zich amper iets herinneren van de aanval of haar belager. Rechercheurs die aan de zaak werkten, meenden dat de belager mogelijk een specifieke afkeer had van vrouwen met lichtgekleurd haar omdat alle slachtoffers blond of lichtbruin haar hadden, berichtte The Mirror in augustus 2004. Zijn haat zou resulteren in nog een moord op 20 augustus 2004.

Na een avondje uit met een vriendin in de Cristalz Winebar nam de Française Amélie de la Grange, 22 jaar, afscheid en vertrok naar huis. Kort voor tien uur 's avonds stapte ze alleen op de bus naar Hampton, maar vergat uit te stappen bij haar halte. Justin Davenport van The Evening Standard suggereerde in een artikel dat ze *'in de bus bleef zitten tot het eindstation bij de Fulwel-(bus)garage'* voor ze merkte dat ze te ver was. Een beetje ongerust vroeg ze de weg aan de buschauffeur waarna ze begon aan haar lange wandeling naar huis. Onderweg kwam ze door Twickenham Green, waar ze werd aangevallen en vermoord. Een halfuur later vond een voorbijganger Amélies mishandelde lichaam naast het cricketveld en waarschuwde de politie. Ze werd onmiddellijk naar het dichtstbijzijnde ziekenhuis gebracht maar behandeling had al geen zin meer. Amélie overleed kort na middernacht aan hoofdwonden die leken te zijn toegebracht met een hamer of een koevoet. De familie van Amélie was kapot van het nieuws. Amélie was zo blij geweest dat ze in Engeland kon wonen en werken en ze was er nog maar een paar maanden toen haar leven zo abrupt tot een einde kwam. Terwijl de voorbereidingen voor haar begrafenis werden getroffen beten de rechercheurs zich vast in de zaak en startten een intensievere zoektocht naar de hamermoordenaar die het zuidwesten van Londen terroriseerde.

Het onderzoek

Rechercheurs die aan de zaak van Amélie werkten, realiseerden zich al snel dat deze moord zeer waarschijnlijk het werk was van de persoon die ook Marsha had vermoord en de drie andere meisjes had aangevallen. Uiterlijk leek

Amélie sterk op de andere slachtoffers en alle aanvallen hadden 's nachts plaatsgevonden binnen een straal van acht kilometer. Bovendien had het gebruikte wapen sporen achtergelaten die vergelijkbaar waren met de verwondingen bij de andere slachtoffers. Dit duidde erop dat de moordenaar bij alle aanvallen waarschijnlijk hetzelfde of een soortgelijk wapen had gebruikt.

Hoewel de moord op Amélie duidelijk overeenkomsten vertoonde met de andere aanvallen, was er toch een groot verschil: dit keer had de moordenaar een aantal persoonlijk eigendommen van zijn slachtoffer gestolen. Op de plaats van het misdrijf ontbraken het Sony Ericsson T300-mobieltje van Amélie, haar portemonnee, huissleutel en Sony-CD-walkman. Diefstal leek echter niet het motief voor de moord. Waarschijnlijk had de moordenaar de voorwerpen meegenomen als 'trofeeën'.

Enkele dagen na de moord was er een belangrijke doorbraak in de zaak toen enkele van de ontbrekende eigendommen van Amélie werden teruggevonden, inclusief haar mosterdkleurige portemonnee, walkman en huissleutels. De voorwerpen werden door politieduikers in de Thames gevonden, dicht bij een brug in Walton Surrey, 8 kilometer van de plaats waar ze was aangevallen, aldus de BBC. De politie had het signaal van haar mobiele telefoon kunnen traceren naar de locatie, waardoor de voorwerpen waren teruggevonden. Maar hoewel ze het signaal hadden kunnen oppikken werd het mobieltje zelf nooit gevonden.

Intussen verspreidden de recherche foto's van Amélie, gemaakt van beelden van bewakingscamera's. Men hoopte dat deze bij iemand een lichtje zouden doen opgaan. De beelden vertoonden Amélie op de bus, ongeveer twintig minuten voor ze zo bruut werd vermoord. De politie achtte het mogelijk dat de moordenaar Amélie had gezien nadat ze uit de bus was gestapt en haar had opgewacht tussen de twee cricketschermen op Twickenham Green. Jonathan Brown berichtte in The Independent dat de schermen door de politie werden *'losgemaakt en verwijderd'* voor sporenonderzoek.

Niet lang na de verspreiding van de foto's werden berichten vrijgegeven die suggereerden dat minuten voor Amélie werd vermoord, een jong blond schoolmeisje was achtervolgd toen ze vanaf de bushalte door Twickenham Green was gelopen. Justin Davenport van The Evening Standard verklaarde in zijn artikel dat een kleine man van een jaar of dertig 'met een scheiding opzij' de zestienjarige Emily Dillon was gevolgd toen ze had getracht haar zusje en twee vriendinnen die voor haar liepen in te halen. In het rapport werd Emily geciteerd: *'Het is heel eng als je bedenkt wat er had kunnen gebeuren.'* Waarschijnlijk had zij, in plaats van Amélie, het volgende slachtoffer van de moordenaar kunnen zijn. Het feit dat ze niet helemaal alleen was, heeft de moordenaar mogelijk afgeschrikt en haar leven gered.

Op zoek naar aanwijzingen

Een met een hamer zwaaiende maniak viel nog een blonde vrouw aan, een paar dagen nadat Amélie zo gruwelijk was vermoord. Sarah Bell berichtte in The Richmond and Twickenham Times dat het 28-jarige slachtoffer van achteren op het hoofd werd geslagen met een stomp voorwerp op Hounslow Road in Feltham ergens tussen 10.15

en 10.45 uur op 23 augustus 2004. Bell vertelde verder dat de vrouw zich niets herinnerde van het gebeurde, maar toen ze weer was bijgekomen naar huis was gegaan. Twee dagen later was ze naar het ziekenhuis gegaan om haar wonden te laten behandelen.

Dagen later werd niet ver van de plaats waar de laatste aanval had plaatsgevonden een verdachte hamer aangetroffen op een speelterrein aan Bear Road in Hounslow, berichtte Andrew Raine in The Richmond and Twickenham Times. Forensisch experts onderzochten het gereedschap op vingerafdrukken en enig bewijs dat het met het laatste slachtoffer, Amélies dood of een van de andere aanvallen in verband zou brengen. Deskundigen wisten niet zeker of het instrument dat bij de aanvallen was gebruikt werkelijk een hamer was. Was dat echter het geval, dan zou het een platte hamer van zo'n 2 kilo moeten zijn. Maar het wapen kon ook een schop, koevoet, pijp of ander stomp voorwerp zijn geweest.

Eind augustus 2004 trok de politie andere aanwijzingen na in verband met de moord op Amélie, waaronder een vierkamerbungalow met de naam St. Moritz die lag in Walton-on-Thames. Het onderzoek was gestart nadat iemand de politie op de tiplijn had gebeld met nieuwe informatie. Ben Taylor and Duncan Gardham berichtten in The Daily Mail dat zestig agenten drie dagen lang de bungalow doorzochten in de veronderstelling dat de verdachte zich had 'schuilgehouden in het leegstaande huis door er te kamperen.'

Forensisch experts hielpen de woning, die sporen vertoonde van een recente inbraak, te doorzoeken. Ze zochten naar vingerafdrukken, baggerden de leidingen uit en gebruikten honden om elk bewijsmateriaal dat mogelijk te maken had met de moord te vinden, aldus het bericht. *'Het blijft onduidelijk of er iets van belang werd gevonden.'*

Na een andere tip arresteerde de politie een 22-jarige man in het befaamde district Whitechapel in Oost-Londen in verband met de moord op Amélie. Een artikel uit september 2004 in The Independent beweerde dat de man was *'vrijgelaten op borgtocht hangende nader onderzoek, voor hij weer werd vastgenomen vanwege zijn geestelijke gezondheidstoestand.'* Het is onbekend of de man direct te maken heeft met de moord. Hij is echter de laatste die wordt verdacht in verband met haar dood.

In de maanden die volgden op de moord op Amélie werden nog vier mannen aangehouden. Drie werden vrijgelaten op borgtocht en een ander werd vastgehouden en onder psychiatrische behandeling gesteld. Geen van de verdachten is beschuldigd van één of meer van de aanvallen. Na de arrestatie van de vijfde verdachte vroeg de politie het publiek om hulp bij het opsporen van een witte Ford Courier met het kenteken P610 XCN, die mensen hadden zien rondrijden in de nacht dat Amélie was vermoord, berichtte The Richmond and Twickenham Times in een artikel op 23 November. Men denkt dat het busje een cruciale rol speelt in de zaak en de politie zou kunnen leiden naar de identiteit van de moordenaar. Maar tenzij er nog meer bewijsmateriaal wordt gevonden, zal de moordenaar nog niet zo snel worden opgepakt. Seriemoordenaars als de hamermoordenaar staken hun misdaden niet tenzij ze worden aangehouden. De lijst met slachtoffers zal dus waarschijnlijk nog langer worden.

TIRION

Dit boek is gepubliceerd door
Tirion Uitgevers BV
Postbus 309
3740 AH· Baarn
www.tirionuitgevers.nl

ISBN 90 4390 766 9
EAN 978 90 4390 766 8
NUR 402 en 330

Vertaling: InAksie, Akkie de Jong

© Marilyn Bardsley (*Black Dahlia Murder*), Rachael Bell (*UK Hammer Murders*),
Joseph Geringer (*Texarkana Moonlight Murders*), David Lohr (*Monster Of Florence*),
Seamus Mc Graw (*La Crosse*), Michael Newton (*Ciudad Juarez*), Katherine Ramsland
(*Axeman Of New Orleans, Frankford Slasher*), Jake Wark (*The Zodiac Killer Story*)

Omslagontwerp: Hans Britsemmer, Kudelstaart
Lay-out & zetwerk: Marc Provoost, Brugge

Voor het eerst gepubliceerd in België in 2005 door Borgerhoff & Lamberigts
Oorspronkelijke titel: De waargebeurde verhalen van 's werelds beruchtste onopgeloste
moordzaken

© 2005 Borgerhoff & Lamberigts
© 2006 voor Nederland: Tirion Uitgevers BV, Baarn

Dit boek werd gepubliceerd met de toestemming van
Courtroom Television Network LLC, New York

Alle artikelen komen voort uit intensief bronnenonderzoek waaronder o.a. boeken,
magazines, krantenartikelen en interviews.